조순 문집

이 時代의 希望과 現實(Ⅲ)

조순 문집 (2002~2010년)

이 時代의 希望과 現實(Ⅲ)

– 人本主義로 未來를 열자 –

趙 淳 著

比峰出版社

發刊辭

이 文集은 우리의 恩師이신 趙淳先生이 주로 2002년 정치활동을 청산하신 이후에 쓰신 글, 말씀하신 語錄 등을 모은 것이다. 「이 時代의 希望과 現實」이라는 제목으로 4권으로 이루어진 이 문집은 선생께서 정치활동을 그만두신 2002년 이후 지금까지 주로 다양한 매체에 기고하신 寄稿文, 연구모임 등에서 발표하신 論文, 祝辭, 追悼辭 및 書評, 錄取 등을 類別로 나눈 것이다. 대부분 우리가 사는 시대의 국내의 경제, 사회, 정치의 현실, 그리고 미래에 거는 期待 등이 그 내용이기 때문에 이 문집의 제목을 일괄하여 『이 時代의 希望과 現實』이라 하였다.

우리는 원래 이 문집을 선생께서 八旬이 된 작년에 奉呈하기로 하고 준비해 왔다. 그러나 원고 및 자료의 수집과 편집 작업이 지연되어 이제 겨우 작업이 완성되었다. 선생께는 매우 죄송하게 되었지만, 선생께서는 원래 回甲, 古稀, 喜壽, 八旬, 米壽 등에 거의 아무런 의미를 두지 않는 분이시기 때문에 이번 일의 지연에 대해서도 양해해 주실 것으로 믿는다.

돌이켜보면, 趙淳선생과 우리 제자들과의 因緣은 선생께서 1967년 9월 학기 초, 母校의 經濟學 교수로 부임해 오심으로써 시작되었다. 당시 선생께선 우리 나이로 40세, 이미 人生觀, 世界觀, 價値觀 등에 있어 不惑의 境地에 이르신 것으로 보이지만, 우리 제자들은 겨우 志學을 지나 成年에 이른 철부지들이었다.

先生께서는 부임 후 첫 강의 때부터 정해진 시간에서 단 1분도 일찍 끝내시는 일이 없었고, 제자들에게 조금이라도 더 가르쳐주기 위해 혼신의 힘을 다 쏟으셨다. 선생의 그 모습은 바라보는 것만으로도 제자들의 넋을 흔들기에 충분하였다. 강의의 내용은 물론 충실하였지만, 당시 우리로서는 그것은 부차적인 문제였다.

우리들은 先生으로부터 여러 가지 講義와 公私間의 對話를 통해 학문으로서의 經濟學의 意義를 절감하게 되었고, 경제학을 더욱 폭넓고 깊게 배워 보려는 뜻을 세우게 되었다. 졸업 후 많은 제자들이 미국 留學을 떠나게 된 것도 그 동기는 대부분 선생에 의해 觸發되었다. 미국 유학이 아니더라도 선생과 우리 사이의 돈독한 師弟關係는 졸업 후 社會에 나온 다음에도 계속되어 지금에 이르고 있다.

관악산, 북한산, 화악산, 설악산의 만개한 봄 꽃, 여름의 짙은 녹음, 가을의 화려한 단풍 밑에서 둘러앉아 소주를 마시면서 들었던 선생의 講論은 우리에게는 一種의 山上垂訓이었다. 때로는 선생의 自宅에서 벌어진 바둑 시합에서도 제자들은 둘러앉아 선생의 강의를 들었다. 때와 장소를 가리지 않고 우리는 수시로 배우고 수시로 익힐 수 있었으니, 말하자면 時學과 時習을 실천하는 幸運을 누리면서 40년을 살아온 셈이다.

趙淳선생이 우리에게 가르쳐 주신 것은 경제이론과 한국 및 세계경제에 관한 것으로 국한되지 않았다. 수시로 베풀어진 선생의 講義主題는 그 범위가 넓고 깊었다. 선생은 동서양의 歷史에 두루 밝고, 동서양의 학문과 사상, 특히 이채롭게도 東洋의 思想에 밝은 학자이시다. 다양한 분야에서의 높은 成就가 평소의 엄정한 修身, 치열한 內的 省察과 調和를 이룬 분이었다. 선생이 항상 강조하시는 知行合一의 생활신조는 부총리 겸 경제기획원장관, 한국은행총재, 서울市長 등의 관직과 변화무쌍한 정계에서의 활동에서도 그대로 실천되었다. 이런 활동이 거의 마감된 오늘에 있어서도 선생의 일상생활에는 이러한 다양한 素養이 적절히 渾融되어 있는 것을 엿볼 수 있다.

이 文集에 실린 선생의 말씀과 글들을 읽어보면 알 수 있듯이, 선생의 사상과 실천은 中庸, 나아가 時中을 얻은 경지에 이르러 있다. 선생은 맹자의 "깊이 道에 들어가서 스스로 얻는(深造之以道, 自得之)" 境地에 도달하신 것으로 우리는 본다. 선생의 時文과 言行은 "어떤 주제, 어떤 문제에 관해서건 그 本質과 根源에 닿고 있음(取之左右逢其源)"을 누구나 느낄 수 있다.

우리 제자들은 回甲의 나이가 지난 지금까지도 여전히 제자로서 선생의 말씀을 듣는 것을 큰 기쁨으로 여기고 있다. 선생의 글과 말씀은 우리뿐 아니라 사회에 대해서도 좋은 참고가 될 것으로 보고, 그 著述과 言行의 하나라도 散失되지 않고 사회의 많은 분들에게 전해질 수 있도록 하기 위하여 가능한 최대의 노력을 기울여 왔다. 그러나 선생은 八旬이 넘은 지금도 寸陰을 아끼면서 왕성하게 讀書와 思索, 강연과 집필활동을 계속하고 계시므로, 앞으로 나올 글들도 계속 책으로 發刊할 계획을 가지고 있다.

이 文集은 네 권과 別集으로 이루어져 있다. 제1권은 2003년 이후 최근에 이르는 기간 동안 다양한 매체에 기고하신 글과 여러 기관에서 초청되어 강연하신 말씀의 요지와 같은 短文들을 모은 것이다. 제2권은 책으로 출간되지 않은 선생의 研究論文들을 모은 것이고, 제3권은 선생께서 그동안 행하신 祝辭와 追悼辭, 碑文, 그리고 漢文 및 英文으로 쓰신 글들로 이루어져 있으며, 여기에는 2002년 이전에 쓰신 글들도 일부 수록되었다. 제4권은 2002~2009년 동안 인간개발경영자연구회에서 각 주제 발표자들의 발표에 대해 선생께서 즉석에서 綜合, 整理, 論評하신 것의 錄取 및 인터뷰의 抄錄을 모은 것이다. 마지막으로 別集에 수록된 것은 선생께서 1979년에 故 朴正熙 대통령에게 보고하기 위하여 작성하신 『中·長期 開發戰略에 관한 硏究』라는 연구 보고서인데, 故박대통령의 逝去로 보고되지 아니한 귀중한 자료이다.

선생은 평소 "사람이 쓰는 글에 '雜文' 이라는 것은 있을 수 없다. 옛날의 문집에는 '雜著' 부분이 가장 중요한 부분이었다"고 말씀하셨다. 글과 말은 곧 사람이라는 선생의 知性的, 人本的 태도가 이 문집에 나타나 있다고 생각된다.

이 문집 이외에도 선생이 지난 26년간 쓰신 漢詩集 『奉天昏曉三十年: 趙淳漢詩集』 두 권과 선생이 그 동안 쓰신 붓글씨를 모은 『奉天學人翰墨集』을 간행한다. 여기에도 선생의 면모와 뜻이 담겨 있다고 생각하기 때문이다. 앞에서도 말한 바와 같이, 이 文集은 주로 선생의 정치활동 마감 이후의 말씀과 글들을 모은 것이므로, 그 이전의 著述로서 이미 책으로 출간된 것, 그리고 外國機關에 제출되어 그 기관에서 책자로 만들어진 報告書 등은 補遺를 위한 경우를 제외하고는 모두 이 文集에서 제외되었다. 우리는 이 정도의 작은 成果나마 이루어냄으로써 그간 스승으로부터 받은 큰 恩惠에 작으나마 報答할 수 있게 된 것 같아 多幸으로 생각하고 있다.

우리는 우리의 모든 정성을 담아 선생의 康健과 長壽를 祈願해 마지않는다. 또 이 文集을 발간하는 데 財政的으로 후원해 주신 여러분, 그간 귀중한 資料를 제공해 주신 여러분, 出版을 맡아서 많은 어려움을 감수하신 여러분들에게 깊은 感謝를 드린다.

2010年 5月

趙淳先生 八旬紀念文集刊行委員會 委員長

韓國外國語大學校 敎授 金勝鎭

〈目 次〉

| 제 4 부 | 학교관련 祝辭

| 제 5 부 | 출판관련 序文, 祝辭, 推薦辭

| 제 6 부 | 序文

| 제 7 부 | 弔辭, 追悼辭, 碑文

| 제 8 부 | 漢 文 集

| 제 9 부 | 기 타

| 제 10 부 | 英文 에세이

| 제 1 부 |

역대 인물의 생애와 업적

李栗谷 先生의 사상을 다시 생각한다

安重根 先生을 다시 생각한다

안창호 선생을 다시 생각한다

김호길 박사를 추억한다

케인즈(J. M. Keynes)의 일생을 다시 생각한다

申師任堂 예술연구회 특별초대전 축사

李栗谷 先生의 사상을 다시 생각한다.*

- 율곡이 自任한 5大 事業 -

Ⅰ. 序言

이 글은 조선왕조 중기의 유학자이자 文臣인 栗谷 李珥(1536~1584)의 人權과 平和에 관련된 사상과 행적을 논함을 목적으로 한다. 동양과 서양은 자연환경, 역사와 문화의 배경 등의 면에서 근본적으로 다른 점이 많다. 人權, 自由, 平和 등의 槪念도 例外가 아니다. 이러한 본질적인 차이를 무시하고 現代 서양의 視覺에서 水平的으로 율곡을 논할 수는 없다. 이 글에서는 栗谷의 時代的, 學問的, 그리고 思想的 배경에 입각하여 그의 사상과 행적의 독특성을 이해하고, 그것이 오늘날 우리가 알고 있는 人權, 自由, 平和 등의 語彙의 의미와 어떻게 對比되는가, 그리고 이에 조감하여, 율곡의 思想이 우리에게 어떤 教訓과 示唆를 함축하는가를 고찰하고자 한다.

제Ⅱ절에서는 우선 동양과 서양의 인권 및 자유에 대한 인식의 기본적 차이를 간단히 서술한다. 제Ⅲ절에서는 율곡의 학문의 기본을 이루는 儒教의 人本主義的 사상에 대해 개괄적으로 논한다. 율곡은 많은 독창적 사상과 업적을 남긴 인물이었지만, 始終一貫 中正을 잃

* 이 글은 2006년 2월 16일 한림대 율곡학연구소가 주최한 율곡과 인권 · 평화에 관한 제2회 율곡학 학술회의에서 발표한 논문임.

지 않은 유학자였기 때문에 그의 사상과 활동을 이해하기 위해서는 유교의 기본사상을 간단히 짚어보는 것이 필요하다. 율곡 사상의 특수성은 그가 당시의 時代相에 비추어 國政 全般에 걸친 更張이 필요하다고 보고 入朝 18年 동안 이 기본 관점을 떠난 적이 없다는 데 있다. 물론 그의 更張 사상도 유교의 교리에 어긋난 것은 없지만, 그의 시대에 대한 이해, 국정의 本末과 정책의 緩急 등에 관한 그의 견해는 조선왕조 500년을 통해, 獨步的인 卓越性을 가지고 있다. 따라서 제Ⅳ절에서는 更張에 대한 그의 一般理論과 당시의 상황에서 更張을 하기 위해 그가 수행할 것을 自任한 것으로 보이는 다섯 가지의 사업을 摘出한다. 제Ⅳ절에서는 그 다섯 가지 사업의 내용과 그 성과를 논한다. 아울러 현재의 한국 및 21세기의 趨勢에 비추어 그의 사상이 남긴 教訓과 示唆에 관한 나 자신의 견해를 서술한다.

나는 원래, 역사와 철학에 대해서는 문외한이고, 율곡에 관한 연구도 거의 없는 사람이기 때문에, 이 글을 전문적 입장에서 쓸 수는 없다. 다만, 栗谷學 研究所에서 나에게 이 글을 쓰도록 한 이유는 내가 정치와 國家經濟 運營에 관한 다소의 경험이 있기 때문에, 그런 사람이 율곡을 어떻게 이해하느냐에 관심이 있기 때문인 것으로 忖度한다. 따라서 이 글도 전문적인 內容과 體制를 떠나서 나 자신의 평소의 관점을 平易한 말로 서술하고자 한다.

Ⅱ. 人權과 平和에 관한 東·西洋[1] 觀點의 차이

---

1) 여기서 동양이라 함은 韓中日을 포괄하는 이른바 漢字圈의 지역을 말하며, 서양이라 함은 유대교·기독교 문명권을 말하는 것으로 이해하고자 한다.

동 · 서양 사상의 가장 기본적 차이는 그 宗教觀의 차이를 始發로 하는 것이 便易할 것이다. 周知하는 바와 같이, 서양 종교는 一神教이다. 즉, 서양인들은 유대교나 기독교에서 보는 것처럼, 하나의 神(하나님)이 세계를 창조하고 인간 역시 하나님에 의해서 만들어진 被造物이라고 본다. 다윈(Charles Darwin)이 아무리 進化論을 주장하고 그 이론을 뒷받침하는 증거가 나와도, 이 기본 관념은 흔들리지 않는 것을 우리는 일상 보고 있다. 信心 깊은 기독교 신자들이 스스로 하나님의 "종" 임을 자부하는 데서도 하나님의 절대성에 관한 그들의 믿음을 확인할 수 있다. 미국 독립선언서의 序頭에도 천명되어 있듯이, 인간은 하나님이 만들어주신 것이기 때문에 인간은 누구나 "생명과 자유와 행복을 추구(life, liberty, and pursuit of happiness)할 불가침(不可侵)의 권리(inalienable rights)"를 타고나는 것으로 보는 것이다. 누구도 각 개인의 천부(天賦)의 이 권리를 침해할 수 없다는 열렬한 믿음이 미국 돈에 박혀 있는 "In God We Trust"라는 문구 속에 담겨져 있다. 이 사상은 또한 하나님이 만들어낸 인간은 우주의 모든 것을 지배하고 정복하고 이용할 권리를 하나님으로부터 부여받고 있는 것으로 본다.

이 사상을 신봉하는 서양(특히 英美)에서는 인간의 기본적 권리와 자유가 법적으로 보장되어야 하고, 이것을 보장하는 법질서가 여러 상반되는 이해관계자들 사이에 견제와 균형(check and balance)을 유지시키는 민주주의 정치체제가 필요하다고 본다. 이것이 서양 특히 영미의 자랑이고, 인권과 자유를 보장하는 민주주의를 未開한 지역에 전파하는 것이 '백인의 부담(whiteman's burden)' 이라고 自負해 왔다. 그러나 인권과 자유를 보장하는 민주주의를 전파한다는 좋은 의도가 다른 나라 사람들의 인권과 자유를 박탈하고 세계의 평화를 파괴하는 많은 史實을 세계는 많이 보아온 것도 사실이다. 18세기 영국의 대표적 知性人이었던 새뮤엘 존슨(Samuel Johnson, 1709~1772)이 말했듯이, "지옥으로 가는 길은 종종 善意에 의해 포장되고 있는 것(The path to hell is often paved with good intentions.)"이다.

중국을 필두로 하는 아시아에서는 원래 一神教의 神은 거의 없다. 세계사 대문명 중의 하나인 中華文明은 종교를 만들어내지 않은 유일한 문명이다. 이 문명에서는 신의 존재를 부인하지는 않으나, 그들의 신앙의 대상은 여러 가지의 神이고 따라서 그들의 종교는 多神教이다.

동양에서는 "사람"에 대한 관념도 서양의 그것과는 근본적으로 다르다. "天地人", "人乃天"이라는 표현이 나타내는 바와 같이, 동양인은 사람(人)을 하늘(天), 땅(地)과 同格으로 간주한다. 하늘이 上帝로서의 최종적인 권위를 가지는 것은 인정하지만, 그 권위는 全知全能한 서양의 "하나님"과는 다르다. 사람에 대한 하늘의 "命令"에는 항구불변의 것이 없고, 명령을 받은 사람이 하늘의 명령에 어떻게 대처하는가에 따라서 하늘의 명령의 내용 자체가 달라지는 것으로 본다. 엄격히 말해, 이 天人觀에 의하면 인간이 하늘의 명령에 따라야 하는 것으로 보지만, 인간의 행동 여하에 따라서 하늘의 명령 자체가 달라지기 때문에, 하늘이 인간의 운명을 결정하는 것이 아니라 인간이 하늘의 명령을 左右하는 것으로 보아야 할 것이다. 『書經』「商書」에 "天難諶, 命靡常(하늘은 믿기 어렵고, 운명도 일정한 것이 아니다)"라는 말이 있듯이[2], 동양에서는 天子, 즉 황제는 하늘의 명령에 의하여 그 지위를 얻었지만, 天子가 하늘만 믿는다고 그 지위를 확보

2) 伊尹曰「嗚呼, 天難諶, 命靡常. 常厥德, 保厥位. 厥德靡常, 九有以亡.」『書經』「商書」咸有一德章.

하는 것은 아니며, 天子 자신이 정치를 잘하고 백성을 잘 이끌고 다스려야 하늘이 천자의 지위를 확보해 준다고 생각하는 것이다. 중국 最古의 경서인 『易經』의 기본정신이 바로 이와 같다고 할 수 있다. 인간의 吉凶禍福은 陰陽의 작용에 따라 시시각각으로 달라지지만, 인간이 그 변화에 어떻게 대처하느냐에 따라 吉이 凶으로 변할 수도 있고 凶이 변하여 吉이 될 수도 있다. 따라서 중요한 것은 인간의 마음이지 占卦에 나타나는 운명이 아니라는 것이다. 이와 같이 인간은 하늘을 믿을 것이 아니라, 勸善懲惡을 통해 나라와 천하를 잘 만들어야 하고, 또 그렇게 할 수 있다는 것이 고대 중국의 사상이었고, 그 人間 中心의 사상이 오늘에 이르기까지 내려오고 있다.

『易經』에는 세상의 모든 변화는 '太極'이라 불리는 道에서 일어나는데, 태극으로부터 '陰陽'이 파생되고, 음양이 순환하는 과정에서 사람을 포함하는 모든 것이 생겨나고, 모든 변화가 일어난다는 세계관이 피력되고 있다.[3] 그러므로 세상의 모든 것에는 태극과 음양이 內在해 있다. 사람의 一身도 태극과 음양이 존재하는 小宇宙이다. 사람은 신으로부터 생명과 자유와 행복을 누리는 권리(즉, 人權)를 부여받은 존재가 아니라, 사람 자신이 자연 그 자체이기 때문에, 그 '권리'의 유무를 따질 필요가 없고 자연과 같이 자연스럽게 태어나고 살고 죽는 과정에서 吉運도 있고 凶運도 있을 수 있다고 보는 것이다. 인간은 하나님의 명령을 받고 살며, 세계의 모든 것을 정복하고 지배해도 좋다는 것이 아니라, 인간은 자연의 일부이기 때문에 오히려 자연을 존중하고 畏敬해야 하는 것으로 보는 것이다.

이와 같은 人間觀, 宇宙觀을 가진 모든 동양사상은 근본적으로 사

3) 易有太極, 是生兩儀. 太極者道也. 兩儀者陰陽也. --- 萬物之生, 負陰而抱陽, 莫不有太極, 莫不有兩儀 --. 程伊川, 「易序」『周易』.

람을 중심으로 모든 것을 생각한다는 의미에서 人本主義的이라 할 수 있다. 儒家思想은 말할 것도 없지만, 韓非子나 商鞅 등의 法家사상도 크게 보면 인본주의이며, 孫子나 吳起와 같은 兵家의 사상도 인본주의에 입각한 것이다. 현대 공산당의 행태를 보아도, 舊蘇聯의 행태에 비해, 중국 공산당은 '사람을 근본으로 한다(以人爲本)'는 슬로건을 내걸고 均衡成長을 지향하는 경제정책을 채택하고 있다. 이것은 중국 공산당이 전통적인 인본주의를 따르고 있다는 것을 나타내고 있다. 舊韓末에 일어난 東學의 '人乃天(사람이 곧 하늘이다)'이라는 슬로건도 東學思想의 인본주의 사상을 나타낸다. 이와 같이 동양의 모든 정치사상의 기본은 人本主義라 할 수 있다.

서양에서는 개인의 인권과 자유를 법적으로 보호함으로써 사회의 평화를 유지하는 것을 중요시하지만, 동양에서는 전체 사회의 安定과 평화를 달성하면 개인의 생명과 번영이 보장된다는 것을 중요시한다. 인간은 자연의 일부분이므로 자연이 전체적으로 균형과 조화를 이루면 그 가운데서 個體의 균형과 평화가 찾아지듯이, 인간사회에 있어서도 전체 사회의 조화와 균형이 이루어지면 그 속에서 개인 차원의 평화와 균형이 저절로 달성된다고 생각해 왔다. 서양사상에서는 인권과 평화는 법률에 의하여 보장되는 것으로 이해되는 데 비해, 동양사상에 있어서는 인권이나 평화는 이해당사자들 사이의 조화와 균형을 통해 달성된다고 본다. 그러한 조화와 균형은 저절로 이루어지는 것이 아니라 윤리도덕을 體得한 聖人이나 賢人이 좋은 정치를 베풂으로써 이루어진다. 다시 말해, 동양사상에서는 인권과 자유를 가장 잘 보장하는 길은 정치를 잘함으로써 인권을 유린하거나 평화를 교란하는 일이 原初的으로 일어나지 않도록 하는 데 있다고 보는 것이다.

Ⅲ. 유교와 인권 · 평화

범위를 좁혀서 유교에 있어서의 인권과 자유를 생각해 보자. 孔子의 사상, 즉 儒敎는 공자가 만들어낸 것이 아니라, 공자 당시까지 중국에 내려온 傳統思想을 孔子가 종합하여 설명한 것이다. 공자 스스로가 그의 사상은 "述而不作"이라 말한 바와 같이, 유교는 어떤 개인이 발명한 정형화된 이론체계가 아니고 오랫동안 내려온 여러 갈래의 경험과 지혜를 통해 얻어진 일종의 道德律이라 할 수 있다. 그 사고방식은 매우 신축적이고 현세적이며, 그 적용 범위는 能小能大하여 개인에게나 국가와 천하에도 합당하며, 어떤 시대, 어떤 사회에도 적응될 수 있다. 유교의 理想을 한마디로 말한다면, 작게는 개인의 心身을 수양하고 크게는 세상을 다스리는, 즉 修己治人의 방법을 그 내용으로 하고 있다고 할 수 있다. 栗谷 자신도 聖賢의 학문은 「修己治人」일 뿐이라 하였다.[4] 스스로를 수양하는 것(修己)과 세상을 다스리는 것(治人) 가운데 어느 것이 더 중요한가? 나의 견해로는 양자 간에는 꼭 輕重이 있다고 할 수는 없다. 다만, 儒者의 最終目標는 부득이한 경우를 제외하고는[5] 홀로 자기 몸을 깨끗하게 유지하는 것만으로는 부족하고, 그 理想은 천하를 태평하게 만드는 데 있다고 하겠으므로[6] 기회만 있다면 治人의 사업에 종사하는 것을 理想이라고 보아야

---

4) "臣按, 聖賢之學, 不過修己治人而已."「聖學輯要」『全書』上, 卷19, 426面.

5) 아무리 聖人이라 할지라도 시대가 그의 이상을 펼 수 없게 되면 부득이 退隱할 수밖에 없다.

6) 栗谷이 벼슬을 그만두고 고향에 돌아갈 때, 그가 쓴 다음의 詩句가 그의 素志를 잘 나타내고 있다. "나아가고 물러나는 것이 하늘이 시키는 것이지 어찌 사람이 선택하는 것인가. 내 본래의 뜻은 몸을 깨끗이 하는 데 있지 않았네(行藏由命豈由人, 素志曾非在潔身)." 이 시는 율곡이 세 번 상소하여 임금으로부터 은퇴를 허락받고 배를

할 것이다.

유교는 인간의 創意力, 教化力, 向上力 등은 무한히 크며, 따라서 인간사회는 교육을 통하여 얼마든지 좋게 만들 수 있다고 본다. 孔子가 "사람이 능히 道를 넓히는 것이지, 道가 사람을 넓히는 것이 아니다(人能弘道, 非道弘人)"라고 말한 것은 인간의 가능성에 대한 신뢰를 천명한 것이다. 그러므로 유교의 경전은 대부분 "巨視的" 이상인 治國平天下에 관련된 이론을 그 내용으로 한다. 유교 정치 이상의 하나는 『禮記』「禮運」篇에 나오는 大同社會의 실현이라고 할 수 있다. 대동사회를 정의한 『禮記』의 구절을 意譯해 보자.

> 천하에 큰 道가 행해질 때 천하는 公共(의 安寧)을 위한다. (그럴 때에는) 어질고 능력 있는 이를 골라서 천하를 전수하여 믿음을 넓히고 화목을 닦는다. 그러면 사람들은 오직 자기 어버이만을 어버이로 여기지 않으며 자기 자식만을 자식으로 여기지 않게 된다. 늙은이에게는 죽을 자리를, 젊은이에게는 일할 자리를 주고, 어린이를 잘 자랄 수 있게 하며, 홀아비, 홀어미, 고아, 노인, 불구자와 병약자를 모두 돌보아준다. 남자에게는 직분을, 여자에게는 가정을 갖게 한다. 돈이 땅에 버려져서는 안 되지만 반드시 내주머니에 넣으려 하지 않으며, 노력은 내 몸에서 나와야 하지만 반드시 나를 위할 필요는 없다. 그렇기 때문에 (그 사회에서는) 나쁜 생각은 없어져 나오지 않으며, 도둑이나 역적도 일어날 수 없다. 그래서 집의 外門은 닫지 않는다. 이것을 大同(社會)이라 한다.[7]

타고 한강과 임진강을 따라 고향인 坡州로 돌아가면서 지은 것인데, 자기의 뜻은 修己에만 있지는 않았다는 것을 극명하게 나타내고 있다. 『全書』 上, 30面.

7) 이 말은 공자가 한 것으로 되어 있지만 사실은 道家의 뜻을 담은 것이며 공자 말씀은 아니고 이 篇을 편집한 사람이 「孔子曰」을 붙인 것이라는 견해가 있으나, 예로부터 "大同社會"의 실현은 儒家에 의해서도 이상으로 여겨져 왔나.

한마디로 말해, 大同社會란 모든 사람이 다 보호되는 일종의 이상사회를 말한다. 그러므로 이 사회에 있어서는 인권의 侵害를 걱정할 필요가 없고, 항상 平和가 있기 때문에 전쟁을 걱정할 필요가 없다.

이런 좋은 사회가 실현될 수 있는 길은 현명한 임금이 좋은 臣下를 등용하여 정치를 잘 하여야 한다. 유교에서 인권과 평화의 보장은 개인 차원에서 법률의 보호를 통해 이루어져야 한다고 생각하는 것이 아니라, (그런 것도 있어야 하겠지만), 원초적으로 나라 전체의 차원에서 賢君이 정치를 잘 함으로써 이룰 수 있는 것으로 보는 것이다.

Ⅳ. 栗谷의 使命感과 政治活動

율곡은 이상주의자인 동시에 현실주의자였다. 그는 학문의 목적은 정치를 잘하는 데 있고, 정치를 잘하자면 정책을 잘 써야 하고 정책을 잘 쓰자면 시대의 특성을 잘 알아야 한다고 보았다. 그는 자신이 벼슬길에 오를 당시(1566년)의 시대적 특성을 조선왕조의 「中衰期」[8]라고 규정했다. 조선은 건국 이래로 근 200년이 되어 그동안 쌓인 惡法과 弊習 때문에 나라에는 기강이 해이해지고, 士林에는 정기가 없으며, 국민생활은 도탄에 빠져 있다고 보았다. 이러한 시대를 바로잡을 유일의 정책은 국정 전반에 걸친 "更張"을 단행함으로써 나라의 기구와 국민정신을 일신해야 한다고 판단했다. 율곡은 29세 때 戶曹佐郎을 除授받아 벼슬길에 올랐는데, 31세 때(1566년) 그는 司諫院 正言의 職分으로 임금에게 다음의 세 가지를 해야 한다고 上疏하였다.

"첫째, 임금이 마음을 바르게 하여 정치의 근본을 세우고, 둘째, 현

8) 「我朝立國旣二百年, 此是中衰之日--」「經筵日記」『全書』下, 225面.

인을 발탁하여 조정을 맑게 하며, 셋째, 백성을 평안하게 하여 나라의 근본을 공고히 해야 한다"[9]는 것이 그것이었다. 栗谷은 이 上疏 이후 17년에 걸친 仕宦 과정에서 時局에 관하여 많은 상소와 저술을 임금에게 올렸지만, 그의 국가 통치의 이념과 목표의 기본은 이미 이 상소에 소상히 밝혀져 있다고 나는 본다. 다만 한 가지 강조하고자 하는 점은, 율곡은 학문의 골격을 朱子學에 두었지만, 그는 시대의 風向을 예견하는 탁월한 心眼과 融通無礙의 성품으로 세상을 觀照하였고, 佛敎와 道敎의 敎理에도 能通한 大天才였으며, 결코 30대 초년에 굳어진 思考에 얽매인 固陋한 유학자는 아니었다는 사실이다.

율곡이 주장한 更張은 무엇을 말하는가? 弘文館 副提學으로 있던 40세의 율곡은 임금이 좋은 정치를 하는 데 참고할 수 있도록 「聖學輯要」라는 名著를 써 올렸다. 그는 王朝의 발전과정에는 創業, 守成, 그리고 更張의 세 段階가 있는데, 1560년대 당시의 조선은 경장의 시대라고 본 것이다. 율곡은 자신의 時代觀을 요약하면서 다음과 같이 임금에게 아뢰었다. "更張이라는 것은 盛하던 나라도 오래되면 사람들이 安逸과 陋習에 익숙해지고, 모든 제도가 다 解弛해져서 제대로 되는 일이 없고 나라를 건사할 수 없게 되는데. 이때에 필요한 것은 현명한 임금과 재상이 분발해서 舊習을 씻고 宿弊를 고쳐서 새로운 나라의 틀을 일구어내야 한다는 것을 의미한다. 다만 경장을 제대로 하자면, 임금과 대신이 높은 식견과 영특한 재주를 가지고 있어야 하는데, 그렇지 않고는 어렵다."[10]고 그는 보았다.

이상의 율곡의 말에서 경장이 본질적으로 어려운 이유와, 경장이 성공하기 위해서는 유능한 임금과 재상들이 있어야 하는 이유를 발견

---

9) 「諫院陳時事疏」 『全書』 卷3, 上, 50-55面.

10) 「聖學輯要」 爲政第四下, 識時務章第四 『全書』 下, 32面.

한다. 유능한 임금과 유능한 재상의 존재, 이 두 가지가 바로 경장 성공의 必須條件인 것이다. 율곡 당시에는 이 두 가지가 다 없었다. 특히 유능한 재상이 없었다. 율곡은 그러한 사람이 조정에 없다면 초야의 隱士를 찾아오면 될 것이라고 말했다. 그러나 그것은 오직 율곡의 희망사항에 불과했다. 유능하고 용기 있는 사람이 없다는 사실이야말로 조선이 500년 동안 극복할 수 없었던 가장 큰 更張의 걸림돌이었다.(後述 제Ⅳ절)

어쨌든 중쇠기에 접어든 나라는 경장을 절실히 필요로 하고 그것의 달성을 위해 헌신하겠다는 것이 율곡의 使命意識이었다. 율곡보다 15년이나 젊은 임금과 老獪한 대신들은 無事安逸하게 세월을 보내면서 썩어가는 나라를 위해 아무런 대책을 강구하지 않음으로써 나라의 사정은 나날이 어려워져 가고만 있었다. 그러면 그럴수록 율곡의 사명의식은 더욱 굳어지기만 했다.

18년에 걸친 在朝期間 동안 栗谷이 자기의 사명으로 여긴 국가적 과제는 다섯 가지로 요약할 수 있다고 나는 본다. 그 다섯 가지는;

첫째, 위기 국면에 있는 나라를 바로잡을 수 있도록 임금의 마음을 바로 잡는 일(格君心)

둘째, 流俗에 젖어 있는 조정을 깨끗하게 하는 일(淸朝廷)

셋째, 官紀 및 軍紀를 바로잡는 일(肅官紀)

넷째, 軍馬를 갖추고 변방의 방어를 굳게 하는 일(固國防)

다섯째, 도탄에 빠져있는 민생을 구제하는 일(救民生)

이다. 다섯 가지 중에 첫째와 둘째는 경장 성공의 조건이고, 셋째와 넷째는 경장의 내용이며, 다섯째는 경장의 최종 목표라 볼 수 있다. 당시 조선의 정치, 행정의 구조로는 人權과 平和의 달성은 이 다섯 가지의 國政刷新이 없이는 이루어질 수 없었다고 율곡은 보았다.

임금과 조정, 그리고 지배계급인 士林의 의식이 바뀌지 않고는 억압된 人權도 國家安保도 보장될 수 없었다. 율곡은 물론 이 다섯 가지 사업을 자기의 사명이라고 선언한 적도 없고, 그런 책임을 委任받은 적도 없으며, 그것을 수행할 수 있는 자리에 오른 적도 없다. 그러나 그는 18년 동안 조정에 있으면서 누구에도 볼 수 없는 자신의 判斷에 대한 확고한 신념과 일관된 言行으로 임금을 섬겼다. 그는 임금에게 만약 자기가 건의한 정책이 시행된 후 3년 동안 아무런 성과도 내지 못한다면 임금을 속인 죄로 어떤 처벌도 받겠다는 서약을 하기도 했다.[11] 그것이 선비로서의 자신의 도리라고 여겼던 것이다. 선비란 仁의 실현을 자기의 任務로 해야 하며, 죽은 후에야 그 임무가 끝나므로 넓고 굳센 마음을 가져야 한다는 曾子의 가르침을 그는 분명히 마음에 간직하고 있었던 것이다. 율곡이 自任한 이 다섯 가지의 사명에 관해 좀 더 자세히 살펴보자.

1. 임금의 마음을 바로잡는 일(格君心)

율곡이 조정에 있었던 어느 날, 명망이 있는 少壯官僚 몇 사람이 율곡을 모시고 士類에 대한 임금의 不信을 우려하면서 時局에 대한 의견을 교환한 적이 있다. 이 자리에서 柳成龍이 율곡에게 그들이 해야 할 근본적인 長久策이 무엇이냐고 물었다. 율곡은 "위로는 임금의 마음을 바로잡고, 아래로는 조정을 맑게 하는 일"이라고 대답했다.[12] 이것은 위에서 본 바와 같이 율곡이 이미 31세 때에 임금에게 상소한

11) 如是者三年, 而國不振, 民不寧, 兵不精, 則請治臣以欺罔之罪, 以爲妖言者之戒---. 「萬言封事」『全書』上, 109面.

12) 柳成龍問珥曰, 頃日闕廷之議, 公以謂非根本長策云, 如何是根本長策. 珥曰, 上格君心, 下淸朝廷, 是根本長策. 「經筵日記」『全書』下, 210面.

것과 같은 내용이다. 이와 같이 율곡은 자기의 임무 중에 가장 중요한 것은 임금의 마음을 분발시켜서 성군이 되겠다는 뜻을 가지게 하고 좋은 사람을 조정에 모으는 일이라고 생각했다. 특히 중요한 것이 임금의 뜻이라고 보고 율곡은 임금에게 쓴 소리도 하고 격려도 하면서 이 나라의 중흥을 이룩하리라는 큰 뜻을 가질 것, 즉 임금의 立志의 중요성을 강조했다.

『율곡전서』에 나오는 宣祖의 言行으로 미루어 볼 때, 선조 임금은 머리도 좋고 儒學經典에 관한 식견도 있었으며, 詩文의 능력도 상당했었고, 聲色에 빠져드는 성향도 없었으나, 아쉽게도 경장을 해낼 수 있는 리더십을 발휘할 만한 자질은 없었던 것 같다. '뜻(志)'과 '기(氣)'가 부족한 임금이었다.

선조에게는 성군이 되려는 '뜻'이 없었다. 율곡의「擊蒙要訣」의 서두에, 학문에 뜻을 둔 사람이 가져야 할 첫째 조건은 '뜻을 세우는 것(立志)'이며, 그 뜻은 聖人이 되겠다는 뜻이어야 한다고 했다.[13] 율곡은 임금도 성군이 되겠다는 큰 뜻을 가지고 있어야 나라를 제대로 다스릴 수 있다고 보고, 기회 있을 때마다 임금에게 이 나라를 堯

13) 聖人이란 아주 특수한 사람을 말하는 것이 아니라는 것이 유교의 사상이었다. 孟子는 "순(舜)은 누구이며 나는 누구인가? 좋은 일을 하는 사람이면 다 같은 사람이 아닌가(舜何人也, 予何人也. 有爲者, 亦若是也 - 『孟子』)." 누구든지 잘 배우고 수양을 함으로써 성인이 될 수 있다는 의미이다. 이 정신을 받아서, 宋의 大儒 周敦頤는 "누구든지 배움으로써 성인이 될 수 있습니까?"라는 물음에 대해 "그렇다"라고 대답하였다. "어떤 필수적인 방법이 있습니까?"라는 물음에 대해, "있다"라고 답했다. 그 방법은 正心誠意라는 것이다. 잘 배워서 바른 마음과 정성스러운 마음을 가질 수 있으면 그것이 곧 성인이라는 것이다.(William Theodore de Bary, *Liberal Tradition in China,* The Chinese University Press, Hong Kong, 1983. p.49.) 율곡이 선조에 대해 성군이 되고자 하는 뜻을 가져야 한다고 한 것도 어떤 특수한 임금이 되라는 뜻은 아니었고 잘 배워서 修己治人의 능력을 확고하게 갖추라는 뜻이었다고 할 수 있다. 이것은 佛教에서 어떤 사람이건 다 佛性이 있고 누구든지 成佛할 수 있다고 보는 것과 같은 인간관이라 할 수 있다.

舜時代처럼 만들겠다는 큰 뜻을 가지고, 단호히 更張을 추진할 의지를 가질 것을 강조했다. 율곡의 말은 항상 논리정연하고 句句節節이 凱切하였다. 그러나 宣祖는 율곡의 말에 별다른 감동을 표시하지도 않았고 그렇다고 심히 배척하지도 않았다. 그는 진정하게 백성을 사랑하는 정신이 있었던 것도 아니었고, 위기의식도 없었다. 東西 分黨을 눈앞에 보면서도 이에 대한 대책을 강구할 생각도 없었다. 한마디로 그는 處世術에 능한 무능한 庸君이었다.

선조에게는 지도자로서 '氣'도 부족했다. 40세의 율곡이 선조에게 지어 올린 「聖學輯要」에, 선조는 "聰明叡智의 자질과 孝友恭儉의 천성을 타고 났으나, 病痛은 도량이 좁고 私情에 끌려서 정직한 사람을 矯激한 사람으로 오인하고, 아첨하는 사람을 淳厚한 사람으로 混同한다"고 하였다.[14] 宣祖는 나이가 젊은 일국의 군주이면서도 그의 심리에는 낙관보다는 비관이 자리잡고 있었다.[15] 이런 점은 '氣'가 강한 편인 栗谷과 대조를 이룬다.[16] 율곡이 가끔 심한 말을 해도 성내는 경우도 없었고, 그를 파직하거나 左遷시킨 일도 없었다. 율곡이 여러 번 간곡히 사직하고자 간청해도 허락하지도 않으면서 나중에는 그저

---

14) 「聖學輯要」『全書』上, 418~420面.

15) 율곡은 선조의 비관적인 성품을 의아하게 생각하고 그 원인이 무엇인지 선조에게 물은 적이 있다. 栗谷이 예로 든 宣祖의 슬픈 詩는 「孤抱難攄獨依樓, 由中百感不勝愁--」「經筵日記」『全書』148面.

16) 율곡은 天才인 동시에 충신이었고 젊은 나이에 세상을 떠났음으로, 그의 이미지로는 「氣」가 강한 사람으로 여겨지지 않을는지 모른다. 그러나 그는 인정이 많은 반면 역대 문신 중 누구보다도 氣를 소중히 여긴 사람이었다. 그는 孟子의 「浩然之氣」에 대한 연구를 한 흔적이 있고 (「經筵日記」『全書』下, 147面의 국가의 紀綱과 浩然之氣에 대한 비교에 관한 대목 참조), 왕에 올린 말과 상소문을 보면, 맹자의 기를 연상시킨다. 율곡과 같은 경장 주장자인 宋代의 大政治家 王安石도 氣가 강한 사람으로 알려져 있는데, 仁宗皇帝 神宗皇帝에 올린 王安石의 상소문 및 言辭와 宣祖에 올린 율곡의 그것을 비교하면 율곡은 氣가 강한 사람이었다는 것을 느낀다.

일 년에 몇 번씩이나 判書 자리를 돌리면서 율곡에게 하염없는 세월을 보내게 했다. 선조는 流俗과 타협하여 안일하게 임금 자리를 지키는 것이 최상의 "處世"라고 느낀 듯하며, 경장을 해낼 의지는 처음부터 없는 庸君이었다.[17)]

율곡이 선조의 이러한 기질을 몰랐을 리는 없었을 테지만, 그래도 목숨을 바치는 심정으로 그가 40세 되던 해에 정치에 임한 군왕의 수양과 정치의 방향에 관한 指南을 담은 책자 『聖學輯要』를 저술하여 임금에게 바쳤다. 이 책은 그 내용이 儒敎經典에 버금가는 저술로서 율곡의 學問의 精到와 經綸의 卓越을 엿보게 한다. 그러나 선조는 임금이 된 지 최초 약 15년 동안은 율곡의 말을 진지하게 경청한 것 같지 않다. 가끔 좋은 말로 批答은 했으나 중요한 사안에 대해 율곡의 進言을 들어준 적은 거의 없었다. 그러나 日本의 움직임이 심상치 않게 되어 율곡을 兵曹判書로 敍任할 무렵, 宣祖는 율곡에 대하여 스스로를 庸君이라고 하면서 진정한 신임을 표시했으나 때는 이미 늦었다. 율곡의 몸은 병들어 있었고 당쟁 격화로 三司의 공격을 받는 그의 마음은 참담한 지경에 있었다. 율곡은 자기의 임무로 여겼던 임금의 마음을 바로 잡는 일에 전혀 성과를 거두지 못한 채 立朝 18년을 청산하고 조각배에 외로운 몸을 싣고 한강, 임진강을 따라 고향 파주로 돌아갔다.

2. 조정을 맑게 하는 일(淸朝廷)

---

17) 율곡은 「동호문답」에서 성군이 아닌 임금을 暴君, 昏君, 庸君으로 분류했다. 그 중에 용군은 "나약하여 뜻이 약하고 우유부단하여 정치가 서지 않으며 因循하고 고식적이며 날로 나라를 쇠약하게 만드는 임금"이라고 했다. 「東湖問答」, 『全書』 上, 15面. 율곡의 분류는 선조를 두고 한 말은 아니었다.

更張이 성공하기 위한 둘째 조건은 임금의 능력 부족을 보전하여 나라를 更張할 수 있는 賢臣이 있어야 한다는 것이었다. 「東湖問答」에 나오는 율곡의 평가대로라면, 우리나라에는 역사상 그런 賢臣은 거의 없었다. "高麗末의 鄭夢周는 다소 儒者의 기상이 있기는 했으나 忠臣에 불과했고, 세종 때의 許稠나 黃喜도 流俗 중의 좀 나은 정도에 불과했으며, 成宗은 聖主라 할만한 자질이 있었으나 당시의 신하들이 용렬하고 무식하여 성종 조에는 치적을 내지 못했다"고 했다. 燕山君의 虐政이 나라를 멍들게 한 후, 中宗 때 趙光祖가 나라를 바로 잡고자 했으나 "實用의 학문이 아직 대성하지 못하고, 일을 같이 하는 사람이 많기는 하였으나 이름을 좋아하는 사람들이 제 각기 나와서 내세우는 이론이 너무나 날카롭고, 일의 추진이 너무 급했으며, 임금의 마음을 바로잡는 것을 근본으로 하지 않고 겉으로 모양을 갖추는 것을 우선하였기 때문에 간사한 무리들의 모함에 걸려 순절했다"[18]고 아쉬워했다.

율곡은 賢人을 등용하지 않으면 아무리 임금이 좋아도 치적을 낼 수 없다는 것을 역설했다. 그러나 당시의 朝臣들은 大臣과 六卿을 비롯해 모두 임금의 눈치를 살피고 극도로 말조심을 하면서 자기 의견을 명확히 들어내지 않는 處世의 達人들이었다. 율곡처럼 왕도정치를 지향하여 국정을 쇄신하겠다는 포부를 가진 사람은 거의 없었다. 朴淳, 白仁傑 등이 율곡을 옹호하였으나 역시 역부족이었다. 조신들의 처세의 방법은 첫째, 말을 많이 하지 않는 것; 둘째, 말을 하지 않을 수 없는 때에는 가급적 모호하게 할 것; 셋째, 어떤 새로운 사안이 나왔을 때 그것은 前例가 없다면서 선뜻 응하지 않을 것; 넷째, 前朝에

18) "致用之學尙未大成, 共事之人固多, 忠賢而好名之士雜進, 論議太銳, 作事無漸, 不爲格君爲本, 徒爲文具爲先." 「東湖問答」『全書』上, 318面.

서 시행했던 일은 지금 고치기 어렵다는 것 등으로 요약될 수 있다.[19)]

이런 분위기 속에서도 율곡은 三代의 盛世를 이룩하는 것은 결코 어렵다고만 생각하지 않았다.[20)] 대신을 비롯하여 朝臣들이 바른 마음과 성의를 가진다면 다 실현할 수 있다고 보았다. 그러나 그는 大同社會가 당시의 조선의 상황에서 一朝에 이루어질 수 있다고 본 것은 아니다. 그는 조광조의 개혁의 실패를 누구보다도 애석하게 생각하고 애도하는 뜻이 조광조의 묘지명[21)]에도 역력히 나타나 있지만, 趙光祖와는 달리, 좋은 사람을 임명하여 일을 맡기고 漸進的인 개혁을 하면 된다고 주장했다.[22)] 마음은 급했지만 임금의 성격이나 주변의 상황으

---

19) 이러한 성향은 선조에게도 많이 있었다. 임금은 율곡이나 대신들의 말에 묵묵부답하는 경우가 많았다. 율곡이 이런 경우에 답답한 심정을 토로한 것은 한 두 번이 아니었다. 「經筵日記」『全書』下, 117-118面. 율곡은 흔히 이렇게 통탄했다. "아! 대신이나 시종이 다 이렇게 식견이 없으니 비록 임금을 바로잡고 일을 바로 하기를 원한다고 해도 어찌 가능하겠는가." "아, 나라일이 날로 잘못되고 폐습이 이미 굳어져 있는데 부질없이 전례만 지키면서 앉아서 망할 것을 기다리고 있고, 대신에 제대로 된 사람이 없으니, 화를 어찌 면할 수 있겠는가." 「經筵日記」『全書』下, 121面.

20) 율곡은 王道政治란 결코 높고 멀고 행하기 어렵기만(高遠難行) 한 것이 아니라는 것을 임금에게도 기회 있을 때마다 강조했다.

21) 그의 「靜庵趙先生墓誌銘」에도 있듯이, 趙光祖는 "임금과 백성을 요순처럼 만들고 유교를 일으켜세우는 것을 자기의 임무로 삼았다(以堯舜君民, 興起斯文爲己任)." 『全書』上, 388面.이것은 말할 나위도 없이 율곡 자신의 뜻과 완전히 일치하는 것이었는데, 조광조는 임금의 신임을 받았음에도 불구하고 己卯士禍로 무참한 최후를 맞은 것은 율곡에게도 큰 충격이요 교훈이었을 것이다. 그는 임금에게 "현실에 어두운 선비들은 요순의 정치가 당장에라도 가능하다고 보는 반면, 속된 무리들은 오늘에는 절대로 이것은 불가능하다고 하지만, 이것은 다 옳지 않습니다(迂儒則以爲堯舜之治, 朝夕可做, 流俗則以爲古道, 決不可行於今日, 此皆非也)."라고 했다. 「經筵日記」『全書』下, 137面.

22) 그는 "나의 소질이 부족한데 어떻게 옛 성현과 같은 정치를 할 수 있기를 바라겠는가"라는 임금의 말에 답하여, "그런 정치는 한꺼번에 달성될 수 있는 것이 아니라 오늘에 한 가지 좋은 일, 내일에 또 한 가지 좋은 일을 함으로써 한 발자국씩 좋은

로 보아 급진적인 변화란 생각할 수 없었다.

당시 조정을 깨끗하게 하는 일 중의 하나는 栗谷을 비롯한 젊은 선비들이 발의한 「乙巳僞勳」 삭제의 제안이었다. 明宗때 尹元衡 형제와 李芑 등의 무리가 계교를 꾸며 尹任과 다수의 충량한 선비를 모함하여 살육한 '功勳'을 삭탈하여 역사를 바로 잡아야 한다는 제안이었다. 임금은 前朝에서 이루어진 일이라 가볍게 고칠 수 없다고 하고, 대신들 역시 같은 의견이었다. 이에 대해 율곡과 그의 동지들은 무려 41번이나 상소를 올려 끝내 削勳을 관철했다. 그러나 임금과 대신은 율곡 등 士類의 뜻을 무시하였고, 조정을 淨化하자는 율곡의 뜻은 받아들여지기가 매우 어려웠다. 「經筵日記」의 다음의 말은 누구의 말인지 분명치 않으나 당시의 사정을 잘 요약하고 있다. "流俗이 조정에 충만하니 正論이 약하기는 한 줄기 털(毛)이 천근의 무게를 당기는 것과 같은데다가 임금의 마음이 깊이 士類를 싫어하니, 그 사이에서 율곡 등은 안달을 내면서 임금을 바로잡고 조정을 바로세우는 것을 자기의 임무로 삼았으니, --- 아! 그 사정이 가히 슬프고, 또한 이들이 스스로 헤아리지 못한 탓이기도 하구나."[23]

栗谷은 士林, 특히 뜻있고 젊은 사람들에 대해 많은 기대를 가지고 있었다. 국가가 믿고 국가를 유지할 수 있는 사람은 士林밖에 없다고 여겼다. 사림이 성하고 화목하면 나라가 다스려지고, 사림이 격하고 분열되면 나라가 어지러워지고, 士林이 敗하고 없어지면 나라가 망한다고 보았다.[24] 그래서 그는 임금에게 좀 마음에 들지 않는 경우가

일이 쌓여짐으로 이루어집니다. 나라를 다스리는 것은 마땅히 요순처럼 하기를 목표로 하되 업적을 올리는 것은 바라지 말아야 합니다."라고 했다. 「經筵日記」 『全書』 下. 137面.

23) 「經筵日記」 『全書』 下, 173面

24) 「辭大司諫兼陳洗滌東西疏」 『全書』 上, 131面.

있더라도 사림을 잘 대접하라고 권고했다. 그러나 사림에 대한 그의 기대는 그가 40세가 됐을 무렵부터 나타난 東西 分黨으로 여지없이 깨지고 말았다. 栗谷은 東西 分黨을 막기 위해 나름대로 노력을 했으나 허사였고, 오히려 그 자신이 西人에 가깝다는 이유로 거센 비난을 받았다. 朋黨이 일면서 士林은 理性과 理想을 잃고, 그들의 관심은 나라 일이 아니라 朋黨의 利害에 집중되었다.

3. 官紀와 軍紀를 바로잡는 일(肅官紀)

중앙정부가 무사안일한 세월을 보내고 士林이 분열되어 있는 마당에 부패가 만연하고 위로부터 아래의 지방 胥吏에 이르기까지 전반적으로 관기가 解弛하고 부패한 것은 당연한 일이었다. 당시 官紀 및 軍紀 해이의 양상은 『全書』의 全篇에 수없이 많이 나오기 때문에 여기서는 대표적 구절을 하나 인용하는 데 그치기로 한다. 39세 때 올린 「萬言封事」에 의하면, “중앙의 대관은 위에서 유유하게 지내면서 보신에 급급하고, 소관은 밑에서 범범하게 私利를 챙기며, 臺諫은 기강을 세우는 책임을 다하지 않고 한둘의 송사리를 잡음으로써 책임을 糊塗하고, 銓官은 오직 청탁에 의하여 인사를 하고 한 두 사람의 名士를 按排함으로써 겉치레를 하고, 말단의 庶司는 자기의 책임이 무엇인지 알지도 못하고 그저 세월을 보낸다. --- 지방의 監司는 놀러 다니면서 즐기기나 하고, 胥吏는 討索에 여념이 없다. 節制使는 엄한 형벌을 가지고 위엄을 부리며 백성을 벗기고 쪼개어서 스스로를 받들게 하면서 그들을 어루만지고 가르치는 일은 없다. 지방의 수령은 오직 백성을 착취해서 사리를 취하고 아첨으로 명예를 구한다. 鎭將들은 우선 軍卒의 숫자를 묻는 것은 緜布를 얼마나 받는가를 알기 위해서이고 防備의 걱정을 하는 자는 전무한 상태이다. 가끔 서리 중에도 제대로 하는 자가 있기는 하나 백성의 피 땀은 거의 서리의 손에서 소진된다고 해도 과언이 아니다."[25)]

당시 정부조직이나 행정체계의 해이의 심각성은 상식으로는 이해가 가지 않을 정도였다. 조선조 전체를 통하여 계속된 특징이지만 모든 관직 자리가 항상 엄청나게 빨리 바뀌었고, 관인들은 일 년에 몇 자리를 옮겨 앉는 일이 보통이었다. 감사나 지방수령의 임기는 일 년이었기 때문에 이들은 가족을 대동하지 않고 단독으로 임지에 부임하였다. 이들에게는 봉급이 없었기 때문에 서리가 지방민으로부터 중앙정부가 주어야 할 관록을 조달하여 주었다. 이것이 貪官汚吏를 양산하는 원인이 된 것은 당연한 일이었다. 관리들이 백성을 사랑하고 봉사할 마음이 있어도 이 제도 하에서는 현실적으로 어려운 일이었다.

그렇다고 이것을 한꺼번에 고칠 방법은 없었다. 한두 가지의 개혁조치를 가지고 해묵은 제도를 革罷할 방법은 없었다. 更張은 하되 점진적으로 할 것을 주장한 율곡이 진언한 몇 가지를 든다면,

㉠ 중앙정부로부터 地方官廳에 이르기까지 공정한 인사를 하고,
㉡ 불필요한 부서를 줄이고, 州와 縣을 통합하여 경비를 절감하고,
㉢ 監司의 임기를 1년으로부터 3년으로 늘려서 행정의 성과를 올리도록 하고,
㉣ 地方守令과 일선의 鎭將에게 봉급을 주도록 하고,
㉤ 궁중의 경비를 줄이고,
㉥ 공납제도를 개혁하여 국가재정을 강화하자는 것 등이었다.[26)]

---

25) 「萬言封事」, 『全書』 上, 99面.

26) 율곡의 경장에 관한 제안의 구체적 내용에 관하여는 〈이동인, 『율곡의 사회개혁사상』, 백산서당, 2004.〉에 잘 정리되어 있다. 여기에서는 다만 인권과 평화에 관련이

군기의 해이와 난맥도 일반 행정기구의 그것과 똑같은 것이었다고 짐작된다. 당시의 군대는 국방을 담당할만한 군졸이 아니었고 형식적인 군대였다. 군졸 수는 병부(兵簿)에만 있을 뿐 실제로는 없는 경우가 많았다. 임금 자신이 그 일부를 목격했을 정도였다.[27]

4. 국방을 堅固히 하는 일(固國防)[28]

율곡의 경장 중에 아주 특이한 것은 軍政을 개혁하고 兵馬를 보강하여 邊方의 방어를 견고히 하자는 제안이다. 율곡은 文臣이었고 문신은 옛날부터 항상 무력을 양성하는 데에는 반대하는 것이 상례였는데, 율곡은 39세 때 올린 「萬言封事」 당시부터 본격적으로 국방의 중요성을 역설했다. 당시 군정이 허술하였던 한 가지 예를 들면 兵使, 水使, 僉使, 萬戶, 權管 등의 군관들에게는 봉급이 없어서 군관은 병사들로부터 상납을 받기도 하고, 공공연하게 돈으로 군관의 자리를 매매하기도 하고, 군대에 徵集되는 자는 綿布를 가지고 징집을 면제

있는 항목만 열거하는 데 그쳤다.

27) 선조임금이 하루는 외출을 했는데 작은 어린아이가 창을 들고 있는 것을 보고 처음에는 이 아이가 군대 놀이를 하는 줄 알았는데 다시 자세히 보니 이 아이가 바로 군인이었다. 임금은 측은해서 말하기를 "이 아이는 마음속으로는 어머니 품을 떠나고 싶지 않았을 터인데 군대의 일을 어찌 감당할 수 있겠는가. 이 아이의 마음은 아플 것이고 밤잠도 못잘 것이니 兵曹에서는 군사를 점검해서 어린아이들은 다 돌려보내고 나이를 먹은 후에 오도록 하라. 나는 몇 천 명의 군사를 잃는 한이 있어도 아이에게 군역을 시키는 것은 원치 않는다."라고 했다. 兵曹에서 군대 중에 나이가 어린 아이들을 돌려보내고자 했으나 어린아이들은 집에 돌아가면 수령이 다시 불러 고역을 시킬 것이 두려워서 돌아가고자 하는 자는 몇 사람 되지 않았다. 「經筵日記」 『全書』 下, 189面.

28) 율곡의 국방에 관한 改革提案에 관해서도 李東仁 교수의 위의 책 제6장에 매우 자세하게 요약 설명되어 있다.

받고, 군관들은 그 면포를 받아서 뇌물로 쓰는 일이 일상화되고 있었다. 兵籍도 또한 이름만 있고 사람은 없는 경우가 많았다. 栗谷은 이러한 군정의 내용을 잘 파악해서

㉠ 軍官들에게 봉급을 주고,
㉡ 軍의 훈련을 독실히 하고,
㉢ 實技시험을 엄격히 하여 실력에 맞는 직위를 주도록 하는 등, 軍政의 正常化 방안을 매우 자세하게 진언하였다.[29)]

율곡은 당시의 국가 사정이나 서북 방면의 국방의 불안에 대하여 많은 危機意識을 가지고 반드시 禍亂이 일어나리라는 것을 屢屢히 임금에게 고하였다. 처음에는 임금도 대수롭지 않게 여기다가 차츰 栗谷의 말이 옳은 것으로 생각하여 栗谷이 47세 되던 해 12월에 그를 兵曹判書에 임명하였다. 율곡은 자신의 신병이 무겁다는 사실과 文官이 兵務를 맡는다는 것은 옳은 일이 아니라고 보고 사양하였으나, 임금은 나라의 국방이 허술해서 걱정이 크니, 경이 養兵의 規則을 마련하라는 간곡한 부탁을 했다. 때마침 북방의 胡兵이 변경을 침범하고 있다는 급보가 들어오기도 해서 율곡은 부득이 兵曹를 맡아 신병을 무릅쓰고 봉사하기로 결심했다. 다음 해 연초에 시국에 관한 여섯 가지 일을 임금에게 제의하였는데, 그 중 세 가지가 養兵에 관한 것이었다. 그것은

㉠ 軍과 民을 기르는 일,
㉡ 國境의 수비를 엄하게 하는 일,
㉢ 전투용 말(馬)을 준비할 것

29) 「萬言封事」『全書』上, 107~108面.

등이었다.[30]

율곡은 또한 국방에 관련된 몇 가지 개혁안을 임금에게 건의하였는데, 임금으로부터 정중한 批答을 받았다.[31] 율곡은 곧 이어 十萬養兵을 건의하여 만일에 대비하기를 청했다. 그는 經筵에서 國勢가 극도로 弱化되어 십년이 못되어 흙이 무너지는 듯이 禍가 올 것이므로 서울에 2만 명, 각 도에 1만 명 씩 배치하여 만일에 대비할 것을 건의하였다. 이 건의는 경장에 반대하는 보수파의 반대에 부딪쳐서 실행되지 못했다.

그 당시 국제정세에 어두운 조선에서는 大陸과 南海의 저편에서 무엇이 일어나고 있었는지에 대한 정보가 없었던 것 같고, 사태가 발생하면 對症療法으로 對處하는 것이 恒例였다. 栗谷이 십만 양병을 건의한 해에는 滿洲野人 이탕개가 북방에 침범하여 慶原府를 함락시킨 일이 발생했고, 바로 그해에는 '愛親覺羅 누루하치'라는 영웅이 기병(1583)하여 단숨에 만주 전역을 통일(1588)하는 큰 일이 발생했다. 이것은 12세기 초 滿洲族 女眞의 大國 〈金〉이 일어난 후 처음 있는 큰 事態였다. 또 일본을 보더라도 豊臣秀吉이라는 怪傑이 그 나라를 통일한 직후여서 매년 조선에게 通信使를 파견할 것을 요구하고, 한편 사신으로 玄蘇라는 중을 파견하여 조선의 사정을 정탐하고 있었다. 일본은 조선과 달라 오랜 內戰의 경험이 있었고, 軍事行動을 취하기 전에는 반드시 상대방 진영에 諜者를 넣어 內情을 살피고 그것

---

30) 「年譜(下)」 『全書』 下, 320-321面. 여섯 가지 중 나머지 세 가지는 ① 재정을 보강할 것, ② 현명하고 능력있는 인사를 등용할 것, ③ 敎化를 밝힐 것이었다. 율곡이 흔히 보는 迂儒가 아니라 정밀한 이론과 아울러 현실을 잘 알고 있는 實事求是 위주의 행정가였다는 것을 여실히 보여준다.

31) 선조는 율곡에게 이렇게 답했다. "내가 우연히 연전에 卿이 올린 상소를 다시 펴보던 중 마침 경의 상소가 또 올라왔소이다. 전후의 상소의 뜻이 간곡하여 庸君에 대한 경의 외로운 忠誠을 알았노라." 위의 「年譜」 321面.

을 분석한 후에 거사를 하는 것이 관례였다. 일본은 조선 출병을 하기 전에 조선의 지리와 민심, 나라의 기강 등에 대하여 치밀한 정보를 확보함으로써 조선에 대해 알만큼 알고 있었다. 조선은 나라의 紀綱이 없고 군대는 有名無實한데다가 국민생활은 도탄에 빠져 있었기 때문에, 일본군에게는 쉬운 상대로 보였던 것이다. 역사에는 만일이라는 것이 없지만, 만일 조선이 栗谷의 建議에 따라 更張을 추진하여 나라의 기강을 바로 잡고 군대를 養成하는 모습을 보였다면 壬辰倭亂은 일어나지 않았을 것으로 나는 본다. 豊臣秀吉로서도 모험을 감행할 처지는 아니었기 때문이다.

5. 민생을 구하는 일(救民生)

栗谷은 정말로 나라를 사랑하고 백성을 사랑한 진정한 愛國者였다. 그는 정성으로 임금을 섬기고, 뜻을 못다 이룬 채 병든 몸으로 퇴임한 후에도 전혀 불평이 없었다.[32] 그러나 나라의 근본은 임금이 아니라 백성이라는 것이 유교의 기본사상이다.[33] 宣祖도 "임금은 나라에 의지하고, 나라는 백성에 의지하며, 백관을 설정하고 온갖 職責을 나누는 것도 오직 민생을 위한 것일 뿐이다"[34] 라고 말하였다. 更張의

32) 栗谷이 조정에서 너무 힘들어하는 것을 보고, 成渾이 율곡에게 임금의 마음을 바로잡는 것이 선비의 일이기는 하나 임금이 마음을 돌리지 않는다면 속히 물러가는 것이 옳을 것이라고 말했다. 이에 대해 율곡은 "임금이 어찌 빨리 마음을 돌리겠는가. 천천히 정성 들여서 임금의 感悟를 바라야지, 여의치 않다고 즉시 물러나는 것이 신하의 도리가 아니라."고 말했다. 끝까지 임금을 모시겠다는 것이 율곡의 마음이었고 이것을 자기의 일로 自任한 것이다. 「經筵日記」『全書』下, 140-141面.

33) 맹자는 "民이 가장 귀하고, 社稷이 그 다음이고, 君主는 그 다음이다. 民의 지지를 받으면 천자가 되지만 천자의 지지를 받으면 諸侯밖에 안 된다."라고 했다. 『孟子』「盡心章」.

34)「聖敎有日; 君依於國, 國依於民, 設百官分庶職, 只爲民生而已.」「萬言封事」,

목적은 救國에 있었고, 구국은 곧 救民을 의미하는 것으로 볼 수 있다.

당시의 백성 중의 최하의 신분에 속한 常民, 奴婢 등은 아무리 노력해도 경제적으로나 사회적으로 그 계층으로부터 보다 낳은 계층으로 올라갈 수 없었고, 이중삼중으로 虐待와 搾取를 감수해야 했다. 양민이라고 할 수 있는 貧農, 中人, 庶孼 등은 이보다는 나았으나 그들에게도 신분상승의 길은 대단히 좁았다. 이들은 가혹하고 불합리한 租稅, 賦役, 貢物上納, 軍役 등 나라와 사회를 지탱하는 거의 모든 수단의 공급을 부담하고 있었다. 조세나 부역, 군역 등의 부담을 면제받고 있는 兩班은 그들의 특권을 유지하기 위해서는 社會階層의 유동화를 막는 것이 필요했고, 또 하층계급의 수가 많아야 유리하였으므로 가급적 이들의 수를 늘리는 방향으로 정책을 폈다. 그러나 반면 이들의 수가 늘어나면 날수록 사회문제는 커지고 불안은 가중되어 사회질서의 유지는 더욱 어려워지는 추세에 있었다.

栗谷은 社會階層의 下位圈에 속하는 백성들의 사회적 경제적 지위를 향상시키기 위한 많은 정책을 제안했다. 그는 나라를 위기로부터 구하는 것은 바로 이들의 신분과 생활수준을 향상시키는 데 있다고 보고 在朝 18년 동안 이들의 사회적 身分 향상, 조세, 부역, 군역의 경감, 교육의 확대 등 다방면에 걸쳐 많은 정책을 제안하였다. 栗谷의 제안의 細目에 관하여는 학자들의 많은 훌륭한 연구가 있으므로[35] 여기에서는 중요하다고 생각되는 부분만을 摘記하고자 한다.[36]

『全書』 卷5, 101面.

35) 예를 들어 李東俊, 『유교의 人道主義와 한국사상』, 한울아카데미, 1997. 李東仁, 『율곡의 사회개혁사상』 백산서당, 2004. 및 한림대학교 율곡학연구소, 『율곡학연구』 제1집, 2005년 10월 등 참조.

36) 이하의 항목은 위의 〈주35〉의 한림대학교 『율곡학연구』 제1집, 李東仁교수의

栗谷의 방안은

㉠ 賤民의 생명도 平民이나 兩班의 그것과 같이 존중되어야 하며, 殺人을 한 자는 똑같은 형벌에 처해야 한다.

㉡ 천민의 選上制度를 개선하여 그들의 부담을 덜어야 한다.[37)]

㉢ 庶孼 제도는 폐지되어야 한다.[38)]

㉣ 이미 본 바와 같이 군관에 대한 급여를 주어 사졸을 搾取하는 길을 덜어야 한다.

㉤ 병사들의 복무 장소를 그들의 거주지에 가깝게 해야 한다. 다만, 부득이 복무지가 먼 경우에는 멀리 가는 병사들에게 특별히 配慮해야 한다.

㉥ 언론의 자유를 광범위하게 허용해야 한다.

㉦ 임금과 궁중에 바치는 백성의 進上을 줄여야 한다. 구하기 어려운 특산물의 진상은 면제해야 한다.

㉧ 貢納制度[39)]를 개선하여 백성이 감당하지 못하는 과중한 공납이 없도록 해야 한다.

㉨ 타지역 산물의 공납과 防納制度는 폐지되어야 한다.[40)]

'율곡의 인권사상' 에서 발췌한 것이다. 다만, 여러 항목에 관한 이해의 잘못이 있다면 그것은 나의 것이다.

37) 選上制度란 원래 시골의 천민이 서울에 와서 일정기간 동안 부역에 종사하는 제도인데, 점차 서울에 못 가는 천민이 물건을 사서 대납하는 것이 관례화되어 백성의 엄청난 부담으로 된 제도이다.

38) 실제로 栗谷은 그의 庶母를 자신의 생모와 같이 대접하고 제사도 같이 모셨다.

39) 공납이란 현물세의 납입을 말함. 당시의 공납제도는 燕山朝에 마련된 것이었는데 백성들에게 매우 과중한 부담을 주었다.

40) 당시의 제도에는 타 지역에서 생산되는 (또는 납입자가 생산하지 않은) 공물을 납입자가 사서 납입해야 하는 경우가 있었다. (이것은 아마 원래는 해당지역의 산물이었지만, 기후나 지질의 변경 또는 인력의 변화 등으로 이미 납입자가 그것을 생산하지 못해서

이 밖에 위에서 고찰한 관기의 문란이나 士林의 不和 내지 腐敗 등은 모두 궁극적으로는 일반 백성의 부담으로 전가되는 것이므로 栗谷의 更張은 어떤 것이든 모두 백성의 부담을 덜고 백성의 인권을 보호하는 것을 목적으로 한 것으로 볼 수 있다.

Ⅴ. 結論 – 栗谷이 남긴 敎訓

1. 救國 次元의 更張

율곡은 나라나 사회를 항상 움직이는 동태적인 것으로 보고, 나라는 좋아지거나 나빠지거나 하는 것이지 停止해 있을 수는 없는 것으로 이해했다. 정치의 요령은 나라가 좋아지는 방향으로 조건을 만드는 데 있다. 구체적으로 무엇이 나라를 좋게 만드는 조건이냐의 문제는 국내외 정세의 변화에 의해 달라진다. 그러므로 바른 정치를 하자면 지도층이 시대의 특성을 잘 알아야 한다. 『近思錄』에는 知時識勢가 易의 大方이라고 했지만, 사실 知時識勢는 정치의 大方이라고 해도 좋을 것이다. 율곡은 그의 『聖學輯要』에서 知時識勢의 중요성을 많이 강조했다. 그가 나라의 發展過程을 創業, 守成, 그리고 更張의 세 과정으로 본 것은 위의 제Ⅳ절에서 본 바와 같다. 창업은 성군이 때를 만나서 모든 사람의 여망을 업음으로써 이루어지는 것이기 때문에 흔히 있는 일은 아니다. 守成은 보통 임금이 선왕이 남겨놓은 방향을 지키면 되는 것이다. 更張이란 전에서부터 내려오는 폐습을 革

부득이 타인으로부터 그 물건을 사서 납입하지 않으면 안 되는 경우를 말할 것이다.) 그 것을 사지 못하여 자기의 물건을 대신 납입하는 경우에는 지방의 서리가 그 물건의 값을 매우 적게 책정하여 납입자의 큰 부담으로 작용했다.

罷하여 새로운 시대를 여는 작업이다. 율곡은 경장이 수성에 비하여 월등히 어려운 것이라고 보았다.[41] 栗谷이 말한 대로 당시의 조선이 中衰期에 들어섰다고 본다면, 更張은 단순한 몇 개의 규칙을 바꾸는 것을 의미하는 것이 아니라 제2의 창업이라 할 만큼 중요하고 어려운 사업이며, 그것이 없으면 나라는 망하는 길로 접어든다는 것을 의미했다. 栗谷의 更張은 救國的 의미를 가지는 것으로 보아야 할 것이다. 栗谷이 인간 세상을 동태적으로 파악한 것은 『周易』을 비롯한 동양철학과 동양역사에 밝은 그에게는 당연한 社會觀이라 할 수 있다. 그러나 조선이 그 당시 中衰期에 접어들었다는 時代觀이나, 그것을 벗어나서 中興을 이룩하자면 更張이 절실하다고 판단한 것은 당시의 士類中 오직 栗谷만이 가진 卓見이라고 하지 않을 수 없다.[42]

栗谷과 宣祖는 끝내 更張을 이루지 못했다. 그 이유는 임금의 결심이 부족했고 朝臣들이 流俗에서 벗어나지 못하는 사람들이었기 때문이었다. 당쟁에 찌든 조신들은 원래 식견이 부족한데다가 임금이나 동료들의 눈치를 살피며 나라나 백성의 이익보다 자기의 가문과 朋黨의 이익을 우선시하면서 기득권을 수호하는 데 여념이 없었다. 경장을 주도할 임금도 없었고 대신도 없었다. 사람이 없었던 것이다.[43]

41) 「更張者, 非高見英才, 則不能也.」「經筵日記」『全書』下, 32面.

42) 동태적으로 시대를 보는 율곡의 역사관은 北宋의 王安石의 그것에 비하면 흥미롭다. 왕안석은 인종황제로부터 신종황제까지 여러 황제를 섬기다가 역사상 유례가 없는 많은 개혁법을 시행한 인물이다. 율곡은 왕안석을 왕도가 아니라 패도를 지향했다고 해서 비판하였으나, 왕안석은 역시 탁월한 사상가요 정치가였다. 송나라가 어떻게 백년을 유지할 수 있었느냐에 관한 신종황제의 下問에 답한 상소에서 왕안석은 백 년 동안에 많은 폐습이 생겨서 어렵게 되었으므로 개혁이 필요하다는 의견을 피력했다. 王安石, 「本朝百年無事箚子」『王臨川全集』卷10, 掃葉山房, 上海, 1939, 5~7面.

43) 왕안석은 仁宗황제에게 올린 글에서 송나라에서 경장을 설사 하고자 해도 할 만한 사람이 없기 때문에 안 될 것이라고 단언하면서, 인재의 부족을 시적했나. 王安石,

율곡이 趙光祖의 묘비명에서 말한 바와 같이, 사람이 있어야 시대를 만드는 것인데 아무리 때가 와도 사람이 없으면 시대를 만들어내지 못하는 것이다.44) 나라가 잘 되자면 인재가 있어야 한다는 것을 율곡이 보여주었다.

모든 일에는 때가 있다. 율곡이 재임하고 있을 때가 조선이 경장을 할 적기였다. 그 때를 놓치고 나니 조선은 壬辰倭亂으로 거덜이 났다. 조선은 壬辰倭亂 이후에도, 丙子胡亂 이후에도, 更張을 이루지 못하고 아무런 自己淨化도 못한 채 自己破壞의 길을 걷고 있었다. 更張을 해낼 임금도 없었고 대신도 없었다. 국력은 계속 내리막길을 걷다가 끝내 亡國을 맞고 말았다.

17세기 이후 조선에는 지식인의 수도 많았고 文集도 많이 쏟아져 나왔다. 그러나 佛教와 老莊, 그리고 陽明學에도 일단의 조예가 있었던 栗谷과 같은 학자는 드물었다. 黨爭에서 處身을 위주로 세상을 보는 士林에서 나라를 살리는 경륜을 가진 인물이 나오지 못할 것은 당연한 일이었다. 겨우 1884년이 되어 甲午更張이 추진되었으나 그것은 일본의 강압에 의한 似而非更張이었다. 金弘集 등 更張 主體勢力의 동기는 救國에 있었을는지 모르나, 결과적으로는 갑오경장은 구국경장이 아니라 亡國更張이 되었다.

율곡 당시의 지배계급인 양반들은 稅金도 賦役도 부담하지 않으면서 절대적 특권을 누리고 있었다. 그들에게는 先憂後樂의 지도자 정신과 스스로를 淨化하는 自淨能力이 없었다. 율곡의 경력은 지배계급이 自淨能力을 갖지 못하면 나라가 망한다는 것을 보여주었다.

급변하고 있는 북방이나 일본에 대한 정보를 갖고 있지도 않으면

「上仁宗皇帝言事書」『王臨川全集』, 卷9, 1-11面. 이것은 왕안석의 탁견이었다.

44) 「時者, 在上者所造也. 只是無人, 豈云無時.」「靜菴趙先生墓碑銘」『全書』下, 389面.

서, 다른 朝臣들과는 달리, 율곡이 곧 나라의 禍亂을 예견하면서 국방강화를 역설한 것은 아주 특이한 일이었다. 조정의 거의 모든 사람들이 養兵論에 반대하였는데, 군사전문가도 아닌 栗谷이 유독 국방강화의 비전(vision)을 가지게 된 것은 특이한 일이었다. 그 비전은 무엇에서 나왔는가? 그것은 변화를 아는 그의 학문과 백성을 사랑하는 그의 마음에서 나온 것으로 보인다. 그의 養兵論은 國防에 못지않게 民防을 하기 위함이었다. 백성이 도탄에 빠져 있는데 兵亂이라도 일어난다면 가장 먼저 魚肉이 되는 것은 백성이라고 보고, 양병을 통해 그것을 막자는 생각이었다고 생각된다. 궁지에서 헤어날 길이 없는 백성을 볼 때마다, 流俗에 젖은 조정을 볼 때마다, 그의 우국의 마음이 격발되었을 것이다. 냉철한 머리와 至誠惻怛의 뜨거운 마음이 그의 마음의 눈, 즉 心眼을 열어준 것으로 보인다. 옳은 비전은 心眼으로부터 나온다는 것을 栗谷이 보여주었다.

2. 栗谷과 21世紀

조선왕조는 支配階級인 士類가 國內外情勢의 변동에는 아랑곳없이 오직 그들의 旣得權을 수호하기 위한 정치를 펴다가 自滅의 길을 걸었다. 조선은 宮中에서의 權力暗鬪와 식민 列强의 책략 속에서 힘도 한번 쓰지 못하고 임금과 대신들이 침략자에 투항하여 나라를 내주고 말았다. 栗谷으로부터 420여년이 지난 지금, 모든 것이 달라졌다. 국민의 생활수준은 栗谷이 夢想도 못했을 수준으로 높아졌다. 이 나라는 세계 10위권에 진입한 경제대국이 되었다. 일인당 소득은 이미 2만달러에 달하고 있다. 그러나 나라 다스리는 기본 이념이나 방법이 달라진 것은 아니다.

이 나라 앞날을 바라보자. 나라는 낙관을 불허하는 關頭에 서 있다고 나는 본다. 栗谷 당시의 支配階級과 오늘의 지배계층의 사이에는 차이보다도 공통점이 더 많다. 자기들의 旣得權 유지를 위해서는 나라와 국민의 장래에 대해서는 거의 신경을 쓰지 않는 이 나라의 政治行態는 왕조시대 때나 지금에 있어서나 거의 차이가 없다. 경제에는 外富內貧의 양상이 날로 심화되고 있다. 國民總生産은 低速으로 늘어나는 반면 國民總所得은 늘어나기 어려운 生産構造와 兩極化라고 불리는 심각한 不平等의 分配構造 속에서 中産階級의 沒落, 失業率의 상승, 국가의 經濟機能의 衰退 등이 趨勢化 되고 있다. 사회도 낙관할 수 없다. 모든 가치가 돈의 多寡에 의해 측정되는 시대를 맞이하여 시대를 이끌어가는 사명을 실천해야 할 知識人들의 정신이 시들어가고 있다.

栗谷은 임금에게 선비는 나라의 元氣이니 잘 대우해줘야 마땅하다는 말을 했다. 그들은 평소 불평만 많이 하고 賞을 주어도 기뻐하지 않기 때문에 임금으로서는 귀찮은 존재로 보이기 쉽지만, 나라를 다스리는 방법은 결국 그들의 머리에서 나와야 하기 때문에 이에 대한 應分의 處遇를 해야 한다는 것이었다. 사실 왕조 시대에는 이들에 대하여 상당한 대우를 했다고 보아야 한다. 그런데도 士林이 黨爭에 열중한 나머지 나라를 위해 제 역할을 하지 못했다. 지금은 어떤가. 學者나 知性人의 정신이 왕성하다고 볼 수 없다. 왕조시대 때에 비하여 못하면 못했지 나을 것은 없지 않을까. 權力者나 國民이나 모두 이들의 말을 귀담아 듣지 않는 데에는 이들 자신에게도 責任의 一端이 있다. 학자나 지성인이 시대에 迎合하여 處世 爲主로 행세하면서 獨立特行의 모습을 보이지 않는다면, 나라의 장래가 밝게 보일 수 없다. 이것이 아마 栗谷이 우리에게 남겨준 가장 큰 교훈이 아닌가 생각된다.

安重根 先生을 다시 생각한다*

I

이 글의 목적은 1879년 9월 2일 황해도 해주에서 태어나, 1910년 3월 26일 旅順 刑場에서 殉國한 安重根선생의 생애와 업적의 의미를 다시 생각하는 데 있다. 우리나라는 현재 그가 살던 시대와 같이 암울하지는 않지만, 분단된 남북한 전체를 둘러싼 국내외 정세의 불확실성은 그 당시에 못지않게 복잡하다. 어떤 의미에서는 이 나라는 아직도 안중근선생이 당했던 그 아픔의 상처가 완전히 아물지 못한 상태에 있다고도 볼 수 있다.

안중근선생은 나라의 명운이 기울어져가는 절박한 시대에 비범한 집안에서 비범한 재주와 성품을 가지고 태어나서, 비상한 큰일을 성취하고 비상한 최후를 맞이했다. 그는 순국 이후에도 많은 神話를 남기면서 아직도 우리의 머리와 가슴 속에 깊이 각인돼 있다.

나는 이 글에서 안중근선생의 인간적인 측면을 객관적으로 고찰하고자 한다. 사람이라면 누구나 가지는 약점을 그는 어떻게 극복하였는가, 그리고 그의 정치철학을 어떻게 정립하게 되었는가를 보고자 하는 것이다.

이 글에서 나는 그의 일생을 前期와 後期의 두 기간으로 나누어

---

* 이 글은 2004년 10월 8일 안중근의사 숭모회가 주최한 안중근 의사에 관한 학술회의에서 발표한 주제논문임.

고찰한다. 前期는 1879년부터 그의 부친이 돌아가신 1907년에 이르는 28년 동안의 기간이다. 이 기간이 바로 黃海道 信川에서의 그의 청소년 시대이다. 여기서 나는 그의 家系와 부모에 관해, 그리고 그의 천부의 기질, 한문 수학과 천주교의 영향 및 그의 주요 활동을 살펴보고자 한다. 그는 아래에서 보는 바와 같이 장성해서는 文武를 兼全한 사람이 됐는데, 그런 사람이 되기 위한 준비는 모두 이 기간 동안에 이루어졌다고 볼 수 있다.

後期는 안선생이 家長이 된 1907년부터 1910년 3월 26일 여순에서 순국하기까지의 약 3년 동안의 기간이다. 이 기간 동안, 안선생은 사재를 털어 학교를 세워서 육영사업을 시작하다가 끝내는 구국운동에 헌신하여, 마침내 1909년 10월 26일 하얼빈 역두에서 나라의 仇讐를 처단한다. 이 기간 동안 그는 武將으로서의 智力과 勇力 그리고 인내심을 유감없이 발휘한다.

하얼빈에서의 거사가 끝난 후, 그는 여순 감옥에서 만 5개월이라는 세월을 보낸다. 죽음을 앞둔 이 5개월은 무장으로서의 능력보다는 志士의 진면목이 발휘되는 기간이다. 여기에서 그는 최후의 일각까지 矜持와 威嚴으로 지조를 지킴으로써 일본인도 감탄하는 莊嚴한 최후를 보낸다.

육체가 죽고 나라는 망했지만, 민족의 영웅은 죽는 법이 없다. 이 글의 말미에서는 그의 순국 후 지금에 이르기까지 이 나라의 후예들은 이 영웅을 어떻게 대접해오고 있는지에 대해 간단히 기술한다.

세상 사람들은 그를 '義士'라고 부른다. 나는 여기서 그를 '선생'이라고 부르고 싶다. 의사라는 호칭이 그에게 부족하기 때문은 아니고, 선생이라는 호칭이 그의 인격을 높인다는 뜻도 아니다. 선생이라고 부르는 것이 그를 가장 잘 나타낸다고 보기 때문이다. 義士라는 말은, 그 원래의 뜻이야 어떻든, 어떤 하나의 사건—특히 한국에 있어서는 나라의 怨讐를 처단하는 일—을 부각시키는 단어가 돼버렸다. 안중근선생이 주로 伊藤博文을 사살한 사람이라는 것으로 기억되는 것이 나에게는 좀 못마땅하다.

안중근선생은 인간의 폭과 사상의 깊이에 있어 伊藤 따위와는 비교할 수 없는 큰 인물이었다. 나는 그가 伊藤과 목숨을 바꾼 것이 참으로 아깝다는 느낌을 억제할 수 없다. 그가 좀 더 오래 살아서 이 나라를 보살피지 못한 것이 아쉬운 것이다. 그가 伊藤을 저격하는 역할을 맡은 것은 그가 아니고는 그 일을 해낼 이가 없었기 때문에 부득이한 일이었다. 그러나 그가 그 일을 담당한 것은 살쾡이를 잡는 데 호랑이가 나선 것이나 다름없었다. 살쾡이 사냥에 호랑이가 나설 수밖에 없었던 것은 이 나라의 불행이었다. 또 살쾡이를 잡다가 죽은 호랑이도 不運의 호랑이었다.

뿐만 아니라, 義士라는 말은 인간의 德性 중에서 '義'만을 특히 부각시키는 표현이다. 안중근은 義로운 인물이었고 義를 위해 목숨을 바쳤다는 의미에서 분명히 義士였다. 하지만, 그는 '義' 뿐 아니라 '仁'과 '智'와 '勇'을 아울러 갖춘 사람이었다. 그는 不義에 대해서는 秋霜과 같았지만, 죄 없는 인간에 대해서는 일본사람이건 한국사람이건 항상 春風과 같이 仁慈하였다. 그는 衆寡不敵으로 전투에서 패배한 적은 있었지만, 知彼知己하는 智力과 '千萬人이라도 吾往' 하는 勇力을 가진 장군이었다. 그런데도 그는 항상 수양과 성찰로 자신을 채찍질한 겸손한 선비였다. 가혹하고 절박한 상황 속에서도 편안한 마음으로 天人之際와 古今之事에 沈潛하는 여유를 가진 哲人이었다.

그가 감방에서 5개월 동안 일본인의 감시와 주목 그리고 회유와 협박을 받으면서도 완벽하게 지조를 지키고 추호의 실수도 없었을 뿐 아니라, 주위의 모든 일본인으로부터 존경을 받은 것은 우연한 일이 아니었다. 그것은 끊임없는 자기수양의 결과였다. 그는 감방에서 어떤 모습을 보였던가. 天主教에 대한 독실한 信心으로 일상생활을 다지는 모습, 선비의 기질로 殺身成仁하는 志士仁人의 모습, 그리고 理性的으로 天下의 대세를 내다보면서 동양평화를 구상하는 先覺者의 모습을 보여주었다. 그의 이런 모습은 伊藤을 擊殺한 업적보다 훨씬 더 귀중한 것이 아닐까. 그의 천품이 아무리 훌륭했던들 결국 그도 인간이었다. 보이지 않는 피나는 자기수양이 아니었다면 어떻게 남들이 감히 엿볼 수 없는 정신적인 경지에 도달할 수 있었겠는가. 이런 사람을 어찌 단순한 義士라 할 수 있겠는가.

그는 비록 32세의 젊은 나이로 殉節했지만, 그의 30년은 人生百年을 압축한 밀도를 가진 긴 세월이었다. 그는 나라가 망한 후 해방될 때까지의 50년 동안, 아니 어쩌면 오늘에 이르기까지 우리나라 사람들이 당한 그 엄청난 고통을 혼자서 먼저 당하고 세상을 떠났다. 그의 압축된 일생에는 우리에게 주는 교훈이 많다. 그는 우리 모두의 선생인 것이다.

Ⅱ

우선, 그의 家系를 보자. 그는 朝鮮王朝의 命運이 걷잡을 수 없는 내리막길을 걷기 시작할 무렵(1879년), 높은 선비의 기개를 이어받은 부유한 兩班 가문에서 훌륭한 부모의 맏아들로 태어났다.

안중근선생의 가족은 대가족이었다. 그의 부친의 대는 6형제 9남매였다. 따라서 그에게는 사촌이 많았다. 오촌당질은 더욱 많았고, 모두 준수했다. 가산도 넉넉했기 때문에 교육수준도 높았다. 특이한 것은 이 대가족 중의 많은 분들이 독립운동에 헌신하여 훌륭한 업적을 남겼다는 사실이다. 나는 이 점에서 안선생의 가문이야말로 우리나라에서 아마도 최고의 가문이 아닌가 생각한다.

그의 부친(諱 泰勳)은 매우 훌륭한 선비로 小科에 합격한 成均進士였다. 安進士 댁은 원래 황해도 해주에서 살다가 甲申政變 이후 개화당으로 지목되어 황해도 信川으로 避難 겸 이주했다. 安進士는 갑오년(1894년) 동학농민운동 때, 동학을 빙자한 무리들이 치안을 교란하고 물품을 탈취하는 것을 응징한, 順興安氏의 후예다운 知行一致의 선비였다. 안진사가 남긴 書札을 보면, 그의 筆致는 당시의 누구와 비교해도 전혀 손색이 없을 정도로 훌륭했다. 乙巳保護條約이 체결된 후, 1907년 맏아들이 중국에 망명할 뜻을 가지고 중국으로 가는 것을 허락한 것을 보아도 勇往邁進하는 그의 기상을 짐작할 수 있다. 안중근 선생의 慈堂(趙 마리아)도 매우 드물게 보는 훌륭한 분이었다(後述).

안중근선생이 옥중에서 쓴 자서전인 『安應七 歷史』에 의하면, 그의 천성은 글 배우기보다는 친구와 어울리며 술 마시고 노래 부르며 사냥하기를 좋아했다고 한다. 그는 글이란 성명을 쓸 줄 알면 됐지 그 이상은 불필요하다고 한 項羽의 말이 마음에 들었다고 한다. 실제로 그는 독서하는 데 힘쓴 것 같지는 않다. 소년 때부터 남다르게 義俠心이 강하고 磊落 不羈의 천성을 가진 그에게는 처음부터 風月이나 읊는 나약한 기질은 없었다.

항상 모험을 두려워하지 않은 그는 16세의 소년 때, 東學을 빙자한 엄청나게 많은 무리의 대군을 奇智를 써서 크게 무찌름으로써 무장이 될 수 있는 자질을 발휘했다. 목숨을 잃을 뻔한 사고를 내기도 했다.

그러나 그는 결코 글(漢文) 배우기를 소홀히 한 것은 아니었다고 나는 본다. 그의 한문교육은 25~26세 때로 끝났는데, 그는 그때 이미 한문 실력이 상당했다. 그가 쓴 漢詩 중, 伊藤을 사살한 前夜에 쓴 詩는 慷慨한 심정을 쏟아내는 웅장한 명작이었다. 옥중에서 純漢文으로 쓴 자서전을 보아도, 그는 어떤 복잡한 상황도 능란하게 묘사하는 한문 실력을 가지고 있었음을 엿볼 수 있다. 옥중에서 쓴 휘호를 보아도, 그 내용에는 四書와 書經 그리고 唐詩 등이 많은데, 글씨도 상당한 수준이었음을 알 수 있다. 공부를 게을리 했다면 어떻게 이런 일이 가능했겠는가. 한 마디로 그는 20때 초반까지 상당한 공부를 함으로써 이미 20대 초반에 文武兼全의 인물이 돼 있었던 것이다.

동학평정 이후 安進士 일가가 당한 일에 대해 상술할 겨를은 없다. 다만 한 가지 대서특필할 일은, 동학과의 전투를 계기로 안진사가 프랑스 신부의 집에 피신한 몇 달 동안 천주교도가 되었다는 사실이다. 그 후 안씨의 집안은 모두 천주교도가 되었다. 안중근 선생도 아주 독실한 천주교도가 되어, 그의 생활은 잠시도 신앙을 떠난 날이 없었다. 그가 어려운 상황 속에서도 흔들림 없이 지조를 지킨 데에는 그의 신앙이 결정적인 기여를 한 것으로 보인다.

그러나 한편, 안선생은 신앙과 나라경영을 위한 경륜과는 엄격히 구별했다. 안선생은 교육을 매우 중요시했다. 사실 그는 언제나 교육의 중요성을 강조한 교육자였다. 집에서 배운 유학의 영향이었을 것이다. 그는 천주교 교회에서 돈을 들여서 학교를 세워 많은 사람을 가르치면 반드시 좋은 효과가 있을 것으로 보고, 프랑스人 洪神父를 설득하여, 같이 서울에 가서 閔主教(프랑스인)에게 그렇게 할 것을 건의했다. 그러나 민주교는 “한국 사람에게 공부를 시키면 信敎에 해가 된다”고 하면서 그 건의를 거절했다. 아무리 간청해도 소용이 없었다. 안선생은 크게 분개하여 고향으로 돌아와, 배우기 시작한 프랑스어를 중단했다. 그는 자서전에서 프랑스어 배우기를 중지한 이유로 "러시아어를 배우면 러시아의 노예가 되고, 일본어를 배우면 일본의 노예가 되며, 프랑스어를 배우면 프랑스의 노예가 된다. 우리나라가 잘되면, 세계의 모든 사람이 다 우리나라 말을 배울 것이니 걱정할 것이 없다"고 쓰고 있다. 그는 그 후부터 "예수교는 믿을 만하나 외국인의 마음은 믿을 수 없다"고 생각하게 됐다.

안중근 선생이 을사보호조약 이후 중국으로 갔을 때에도 홍신부는 그의 행보에 찬성하지 않았고, 그 후 구국투쟁을 위해 망명의 길에 올랐을 때에도 역시 마찬가지였다. 그러나 안선생의 마음에는 전혀 동요가 없었다. 이것은 안선생의 마음에 '政教分離'의 원칙이 확실히 자리 잡고 있었기 때문이었다. 그의 마음속에는 信仰은 信仰, 나라경영의 經綸은 經綸으로 분리되어 있었던 것이다.

그렇다면 안선생의 경륜은 어떤 성격의 것인가. 그는 宋나라에 殉國한 충신 文天祥을 몹시 높게 생각했다. 아마 文天祥처럼 되기를 바랐을는지 모른다. 그는 평소 西洋列强에 의한 동양침략을 몹시 嫌惡했다. 그의 東洋平和論은 한 마디로 韓中日이 힘과 마음을 합쳐서 단결해서 서양의 침략을 막자는 것이었다. 단결이라는 것이 항상 안선생의 마음으로부터 떠난 적이 없었다.

朴殷植의 『安重根傳』에 의하면, 안선생은 동생들과의 작별에 즈음하여 "우리나라 사회는 화합이 가장 결여되어 있다. 이것은 사람들이 겸손한 덕이 적고 虛勢驕慢으로 일을 꾸미며, 남의 위에 서기를 일삼고 머리 숙이기를 싫어하기 때문이니, 너희들은 그러지 말고 남에게 겸손하며, 三興學校(後述)를 잘 경영하여 실효가 있게 하라"고 말했다. 大韓每日申報에의 寄稿에서 그는 "修身과 齊家와 治國은 사람의 大本이다. 신체가 서로 합하여 몸을 지키고, 가족이 서로 합하여 집을 지키며, 국민이 서로 합하여 나라를 지키는 것이니 이치는 다 마찬가지다. 지금 우리나라가 실패하여 이 지경에 이른 것은 국민의 不和가 그 큰 원인이다. 이 병의 뿌리는 驕慢에 있는데, 여러 가지 해독은 여기서 나온다. 자기보다 우수한 자를 시기하고 약한 자를 깔보며, 자기와 비슷한 자와 겨룰 때에는 이기려고만 하니 어찌 화합이 있을 수 있겠는가"라고 썼다. 이 모든 것을 미루어 볼 때, 안선생의 政治經綸의 기본은 東洋式 志士의 그것이며, 결국은 儒學에 그 근본이 있다고 나는 본다.

이렇게 볼 때, 안중근 선생은 20대 전반까지 확고한 신앙을 가지고 있었고, 현실과 이상을 배합한 동양의 지사적인 뜻을 갖추었었다. 東西洋의 윤리도덕을 兼備하고 文武兼全의 소양을 구비하고 있었다고 생각된다.

Ⅲ

1905년 12월, 안중근선생이 중국으로부터 귀국했을 때, 부친 安進士는 이미 세상을 떠나 있었다. 이때부터 그의 생애의 後氣가 시작된다. 정성을 다해 장례를 마친 후, 그는 곧 私財를 털어 三興學校, 敦義學校 두 개의 학교를 설립하여 후진 육성에 착수했다. 그러나 국내에서는 활발한 애국운동을 전개하기가 대단히 어려웠다. 1907년 8월 伊藤이 다시 7조약을 강제로 체결하여 대한제국 군대 해산이 이루어졌다. 안선생에게 남은 것은 국외에 亡命하여 武力 抗爭을 하는 길뿐이었다. 그는 집안 식구와 작별하여 북간도에 도착했다. 그러나 여기에도 벌써 일본군이 득실거리고 있어 발붙일 곳이 없었다. 그는 하는 수 없이 海參威에 망명하여 모든 것을 버리고 前後左右 살피지 않고 구국의 길을 걷기 시작했다.

그는 곧바로 동지들과 결성한 부대인 '大韓國 義軍'의 參謀中將의 자격으로 함경도와 만주 동남부에서 활발한 對日 武力鬪爭을 시작했다. 한 마디로 그는 홀로 日本帝國에 대해 宣戰을 布告한 것이다. 그 당시 그가 벌인 전투는 우리나라 무력독립투쟁사에서도 가장 赫赫한 장면을 많이 연출했다. 그 후 2년 동안 그가 가는 데마다 싸움터 아님이 없었고, 그가 하는 일마다 전투 아님이 없었다. 그러나 천하의 대세는 그에게 불리하여, 그는 會寧에서의 전투에 패배하여 九死一生으로 겨우 만주로 탈출했다.

그는 패배에 굴하지 않고 러시아 땅 煙秋에서 12인의 동지들과 決死의 徵標로 왼손 무명지 첫 關節을 잘라서 '斷指同盟'을 결성하여 한국 독립만세를 외쳤다. 이것은 동지들과의 결속을 다지기 위한 것이었다. 이와 같은 노력에도 불구하고 그와 뜻을 같이 하여 목숨을 내거는 동지의 수는 점점 줄어들었다. 그러나 그는 초지를 일관했다. 혈혈단신으로 전투를 계속하는 그에게 天惠의 싸움터가 제공됐다. 伊藤博文이 하얼빈으로 온다는 것이었다.

그는 伊藤을 주살할 것을 결심하고 계획을 세웠다. 그러나 그 계획의 어느 한 부분도 쉬운 일이 없었다. 일이 안 돼서 개죽음할 가능성이 십중팔구였다. 하얼빈으로 갈 여비도 없고, 러시아 말도 안 통하고, 伊藤의 얼굴도 본적이 없고, 伊藤이 어디에서 언제 오는지 확실한 정보도 없었다. 이 모든 것을 극복한 것은 오로지 그의 一念과 智力의 덕택이었다. 드디어 1909년 10월 26일, 안선생은 會心의 一擊으로 적장의 首級을 취함으로써 굴욕의 슬픈 역사의 한을 풀었다. 武將으로서의 그의 천품이 유감없이 발휘된 결과였다.

Ⅳ

여순의 감옥으로 압송되어 순절하기까지의 5개월은 안중근 선생으로서는 일생을 마감하는 중요한 기간이었다. 인간에게는 최후가 중요하고 志士에게는 晩節이 중요하다. 무장으로서의 임무는 끝났으나 그것에 못지않게 어려운 일, 즉 志士仁人으로서의 지조를 완전하게 堅持하는 일이 남아 있었다. 주위의 모든 사람이 일본 공작원이고 모든 것이 함정이라는 어려운 환경 속에서, 순간마다 눈에 보이지 않는 의혹과 갈등이 이어지는 매일이었다. 그러한 지루한 자기와의 전투에서 人間 安重根은 거의 완벽한 승리를 거둠으로써 빛나는 일생을 마감했다.

실제로 이 5개월 동안에 몇 가지 특기할 만한 일이 있었다. 첫째, 안중근선생은 항상 당당하고 논리정연하게 伊藤이 진 15個條에 걸친 犯罪를 규탄함으로써 義擧의 정당성과 志士로서의 기개를 보여주었다. 둘째, 일본은 안선생에게 모든 가능한 수단으로 懷柔했으나 안선생은 始終一貫 지조를 굽히지 않았다. 셋째, 안선생이 옥중에서 자서전 『安應七 歷史』의 집필을 완료하고 『東洋平和論』을 집필하기 시작하다가 사형집행으로 완성하지 못했다. 넷째, 5개월에 걸친 그의 감옥생활에서 안선생은 典獄을 비롯한 모든 일본인에게 온화하고도 의연한 인격으로 깊은 감명을 주었다. 다섯째, 안선생은 慈堂이 바라던 바와 같이 上告를 포기하고 일본신문에서도 보도한 바와 같이 장엄한 최후를 맞이했다.

이러한 사항의 法理的 政治的인 부분에 대해서는 다른 논문에서 전문적인 입장에서 깊이 있게 논의될 것으로 생각되므로 여기서는 생략한다. 여기서는 오직 이 글의 취지에 맞게 인간으로서의 안선생을 부각시키는 사항을 중심으로 간략히 몇 가지만 언급하고자 한다.

일본 감옥 당국은 안선생의 감방생활에 불편이 없도록 많은 배려를 했다. 안선생 자신도 한국에 온 일본인은 그렇게도 고약했는데 여기에서 보는 일본인은 어째서 이렇게 仁厚한지, 그 까닭을 알 수 없어 놀라고 의아스럽게 생각했다. 감옥 당국은 일주에 한 번씩 목욕을 시키고, 매일 오전 오후에 감방을 나와 사무실까지 갈 수 있게 하고, 각국의 고급담배를 주고, 서양과자와 차, 고급 백반의 식사, 감귤, 사과, 배를 하루에 몇 차례씩 주고, 우유도 매일 한 병씩 주고, 좋은 내복에다 綿이불 4벌을 지급했다. 뿐만 아니라, 하루는 해삼위의 한인들이 보냈다는 러시아 변호사, 영국 변호사가 와서 앞으로 변론을 담당하겠다고 했다. 그러더니 11월에는 동생 두 사람이 와서 며칠에 한 번씩 면회하여, 삼년 만에 만난 그리움을 풀기도 했다. 이 모든 대접을 받으면서 안선생 자신도 "이만하면 일본도 일등국이 아닌가, 내가 잘못 알았던가, 너무 과격한 행동을 한 건가"라고 의심할 정도였다.

그러나 여기에 일본의 계략이 있었다. 생각하건대, 이러한 후한 대접은 감옥 당국의 裁量에 의한 것이 아니고 일본정부의 최고위층의 지시에 의한 것이었다. 일본의 당시의 최고 국책목표는 바로 조선의 '안정'에 있었다. 조선을 안정시켜야만 국제적으로 조선을 합병하고 나아가서는 만주대륙으로 진출할 구실이 성립될 수 있었기 때문이었다. 이러한 정책의 증거는 얼마든지 있다. 一例로 안중근 선생이 해삼위에서 斷指同盟을 결성했을 때, 당시의 韓國統監은 그 상세한 내용을 낱낱이 직접 日本內閣總理大臣에게 보고하는 정도였다. 조선인들에 대한 일본의 첩보활동은 대단히 활발했다.

안선생의 감방에서의 태도도 틀림없이 일일이 일본 최고위층에 보고되었을 것이다. 이에 대한 세밀한 분석이 있은 후에 내려진 지시에 따라 여순 감옥 당국은 안선생에게 좋은 옷과 맛있는 음식을 제공하였을 것이다. 이런 후한 대접의 목적은 무엇이었는가. 재판이 신사적으로 이루어졌다는 것을 외국에 보이기 위해, 그리고 무엇보다도 바로 안선생 자신의 입으로 伊藤 저격이 너무했다는 말이 나오도록 懷柔하기 위함이었다. 그 말 한 마디를 얻기 위해 일본 당국은 재판을 5개월이나 끌었다고 나는 본다. 그 말 한 마디가 일본의 조선침략을 정당화시킬 수 있었기 때문이다. 그런 말이 나올 가망이 없어지거나 안 나와도 무방하다고 일본정부가 판단했을 때, 그에 대한 후대가 자취를 감추고 공판이 이루어지게 돼 있었던 것이다.

이 사정을 가장 잘 안 분이 바로 안선생의 慈堂 趙마리아 여사였다고 나는 생각한다. 안선생은 사실 양반집에서 자란 순박한 君子였다. 그는 高次元의 智力은 가지고 있었으나 低次元의 譎計는 몰랐다. '知子莫如母'라, 아들을 아는 데는 어머니만한 이가 없다. 아들은 어차피 살아나오지 못할 터인데 만에 하나라도 말 실수를 해서 그동안의 모든 일이 물거품이 될 것을 염려해서 상고를 하지 말라고 한 것이 아닌가 생각된다. 아들이 교수대에서 입을 하얀 한복을 만들면서 상고를 하지 말라고 당부한 어머니는 실로 위대한 어머니였다.

아니나 다를까, 동경의 일본정부는 드디어 안선생의 말 한 마디를 단념했다. 지금까지의 후한 대접은 간 곳이 없고, 일본인의 태도가 험악해지더니 갑자기 일주일 후에 공판을 한다는 결정을 내렸다. 안선생은 "너희들이 아무리 병력이 많고 무기가 많아도, 내게 할 수 있는 일은 내 목숨 하나 빼앗는 일밖에 더 있겠느냐. 마음대로 하라." 고 했다.

안중근선생이 옥중에서 자서전을 쓴 것은, 비록 그것이 한국 사람에게는 60년 후에 알려진 것이지만, 우리에게는 참으로 큰 다행이었다. 비록 일본인이 쓴 필사본이어서 아쉽기는 하지만, 안선생의 포부와 면모의 일부를 알 수 있다. 갑신정변 이후로 외국으로 망명한 우리나라 지사들은 많으나, 手記나 저서를 남긴 경우는 드물다. 안선생은 그의 자서전이 한국인에게 알려질 가능성이 없다는 것을 알면서도, 자신의 素志를 후세에 알리기 위해, 이 수기를 쓴 것이다. 말이 있는 자에게 꼭 뜻이 있는 것은 아니지만, 뜻이 있는 자에게는 꼭 말이 있는 법이다.

안선생의 명을 재촉하는 사형집행일이 일주일 후에 닥쳐올 무렵 그는 『東洋平和論』의 집필에 착수하고 있었는데, 그것이 완성되지 못한 것은 참으로 애석한 일이었다. 이 책의 첫머리에 〈合成散敗, 萬古定理〉, 즉 '합하면 성공하고 흩어지면 패한다' 라는 말은 안선생이 여러 군데에서 강조한 持論이지만, 여기서는 동양나라들이 힘을 합쳐서 서양의 침략을 막으면 동양의 평화가 오고, 서로 흩어지면 평화가 깨진다는 그의 소신을 담은 말이다.

『東洋平和論』은 (1) 前鑑 (2) 現狀 (3) 伏線 (4) 問答의 네 장으로 구상될 것이었었는데, 사형집행으로 (1)의 첫 부분에서 집필이 중단되고 말았다. 그러나 이 짧은 첫머리에 안선생의 大局觀이 잘 나타나 있다. 그는 서양세력의 동양침략을 동양 삼국이 막아야 동양의 평화가 유지될 터인데, 일본이 '同族' 인 이웃나라를 침략함으로써 동양의 평화가 깨어지고 있다고 보았다. 그러나 일본이 이렇게 하는 한, 일본도 끝내는 실패하고 말 것이라는 의미가 함축되어 있다.

『東洋平和論』의 뜻은 매우 좋으나, 그것은 하나의 이상론이고 그 現實性은 희박한 것이었다. 일본은 한국 및 청국과 협력해서 서양의 침략을 막을 생각은 추호도 없었고, 오히려 서양과 보조를 맞추어 동양을 침략해서 한국과 중국을 分割하려 한 것이다.

일본에는 원래 일본이 아시아의 나라라는 의식은 매우 희박했다. 특히 1895년 청일전쟁이 일본의 승리로 끝난 후로, 일본에서는 이른바 脫亞論이 크게 대두되었다. 民權論을 펴던 福澤諭吉 같은 사람에 이르기까지, 일본은 중국과 같은 야만국의 사정은 고려할 필요가 없고 사정없이 정벌하여 식민지화해도 좋다는 제국주의의 이론을 폈다.

1900년 청국에서 義和團事件이 있은 후, 러시아는 만주지방에 대하여 정치 및 군사적인 진출을 강화하여 일본과의 충돌이 불가피한 상황에 있었다. 일본은 한반도 및 만주지방에서의 권익을 보호하기 위해, 중국 침략을 노리던 영국과 1902년에 제1차 英日同盟을 체결했다. 6개조로 된 이 동맹은 두 제국주의 나라가 힘을 합하여 러시아의 南進을 막고, 일본은 한반도 및 만주에서의 특권을, 영국은 중국에서의 권익을 서로 보호하며, 이것을 확보하기 위해 英日 양국은 한국 및 중국에서의 민족운동을 억제한다는 기본 취지를 지향하는 것이었다. 침략을 당하는 약소국들은 분열되기 쉬운 데 비해, 침략을 하는 강대국들은 오히려 단결하는 현상은 역사상 많이 되풀이된 현상이다.

영일동맹의 유효기한은 5년이었으나, 러일전쟁이 일본의 승리로 끝날 무렵 제2차 영일동맹이 체결되어 영국은 한국에 대한 일본의 '지도, 감리 및 보호'를 인정하고 일본은 인도 북부에 대한 영국의 권익을 인정했다. 그 후 러·일 강화조약이 미국의 중재에 의하여 성립되고, 미국은 일본의 한국 합병을 승인했다는 것은 주지의 사실이다. 한 마디로 안선생이 구상한 동양평화의 로드맵은 처음부터 일본의 염두에는 없었다. 오직 열강과 협력하여 무력으로 韓·淸을 제압하는 것이 일본의 기본노선이었다.

나는 안선생이 당시의 일본의 기본노선을 잘 알고 있었다고 믿는다. 그럼에도 불구하고 현실성 없는 이론을 편 이유는 무엇인가. 첫째는 동양의 평화를 가지고 올 수 있는 방법은 현실이야 어쨌든 이 길밖에 없다고 확신했기 때문이다. 그것은 100년이 지난 오늘에 있어서도 마찬가지이다. 나는 일본이 脫亞意識을 탈피하지 않는 한, 항구적인 동양평화는 앞으로도 없다고 생각한다. 이 시각에서 안선생의 이론은 오늘에 있어서도 기본적으로 옳다고 본다. 인생을 마감하는 안선생으로서는 현실론과 같은 단기적인 시각보다는 멀고 긴 장래를 내다보는 시야를 제공하는 것이 동양의 지사인 자기의 임무라고 보았을 것이다.

안선생은 이 책을 완성하기 위해 사형집행을 한 달 정도 연기해 달라고 요청했다. 이에 대해 일본당국은 한 달이 아니라 몇 달이라도 좋으니 어서 집필을 계속하라고 했다. 그러나 이것 역시 안선생을 안심시킴으로써 무난히 사건을 마무리짓기 위한 사술이었다. 안선생이 看破한 대로, 일본인의 태도는 曲을 直으로 만들고 直을 曲으로 만드는 늘 보는 거짓말에 불과했다.

안중근 선생의 최후의 5개월 동안의 행적에서 가장 감명을 받는 점은 그의 말이나 행동에 하늘을 원망하거나 남을 나무라는 일이 없었다는 것이다. 그의 생각과 행동은 글자 그대로 '不怨天, 不尤人'이었다. 그는 자신이 罪없음에도 불구하고 극형을 받는 이유를 몰라 많은 사색을 했다. 곰곰이 생각한 끝에 마침내 결론을 얻었다. 우리나라가 "仁弱"하기 때문이라는 것이 그의 결론이었다. 우리나라가 어질고 약하기 때문[1]이라는 뜻인데, 이 결론을 얻은 그는 책상을 치고 기뻐

1) 내가 본 어떤 일본사람의 저서—저자와 책이름은 잊었다—에 '仁弱'하다는 말을 '仁'이 '弱'하다는 것으로 해석하고, 그 뜻은 국민이 각기 맡은 바 책임을 다하지 않는다는 의미로 해석한 것을 보았는데, 잘못된 해석이다. '仁弱'은 '文弱'의 경우와 같이 어질고 약하다는 뜻 밖에 없다.

했고 아주 마음이 편해졌다고 한다. 우리나라 사람들이 仁弱하다는 것은 나라와 사람들의 현실을 말했을 뿐, 전혀 국민을 나무라는 뜻은 아니었다. 안선생이 감옥의 모든 일본인들로부터 엄청난 존경을 받은 것은 잘 알려진 일이지만, 그 존경 중의 하나는 '威而不猛' 하며, '不怨天, 不尤人' 의 아량 때문이었다고 생각한다.

V

민족의 영웅은 그 민족이 있는 이상 죽지 않는다. 안중근 선생은 이순신 장군과 雙璧을 이루는 우리 민족의 영웅이다. 두 분은 다 文武兼全의 영웅이었다. 그러나 이순신장군은 좋은 때를 타고났기 때문에 일하기도 비교적 쉬웠고 나라로부터 응분의 대접을 받기도 했다. 그는 삼남의 수군통제사라는 높은 직함을 받았고, 나라가 주는 모든 명분을 가지고 있었다. 戰死 후에는 '忠武公' 이라는 아름다운 諡號를 받고 여러 번 임금이 내리는 致祭를 받았으며, 역대의 명인으로부터 제문과 찬사를 유감없이 받았다. 오늘날에는 그의 동상이 없는데 없고, 그의 얼굴은 화폐에 찍혀 있다.

이에 비해 안중근 선생은 나라로부터 아무런 도움도 못 받았다. '大韓國 義軍 參謀中將' 은 스스로 만든 직함이었다. 아무런 도움 없이 일본의 대군과 싸웠고, 손가락을 잘라 동지의 결속을 다졌다. 하얼빈의 먼 길을 여비도, 통역도, 정보도 없이 가야 했다. 순국 후에는 諡號도 없었다. 영웅도 때를 만나야 하는데, 안중근 선생은 최악의 때를 타고난 것이다.

웃지 못할 일이 있다. 임금은 안중근 선생에게 시호를 내리는 대신, 이미 太子의 太師로 돼 있던 伊藤博文에게는 가진 讚辭와 함께

'文忠公' 이라는 최고의 시호를 내렸다.[2] 李完用은 伊藤이 '毒手'에 쓰러졌다고 하면서 눈물을 흘렸다. 이 나라는 얼이 완전히 빠져 있었던 것이다.

나는 안중근은 우리의 선생이라고 했다. 안중근 선생은 우리에게 무엇을 가르쳐 주었는가. 많은 것을 가르쳐 주었지만, 특히 중요한 것은 한 나라가 제대로 독립을 유지한다는 것은 쉽지 않다는 것, 그리고 그것을 위해 궁극적으로 중요한 것은 '얼' 을 잃지 말아야 한다는 것이 아닌가 생각한다. '얼' 이 死語가 된 곳은 언제 어디에 있어서나 희망이 없다. 반면, '얼' 이 살아 있다면 다른 것이 없어도 걱정이 없다.

2) 伊藤에 대한 조선 國王의 찬사는 다음과 같다. "太子太師 伊藤博文은 뛰어난 기질에 세상을 구제할 지략을 지녔으며, 시대의 운수를 만회시키고 문명을 발전시키는 일에 수고를 아끼지 않았으며, 자신의 한 몸을 아랑곳하지 않고 스스로 (책임을) 맡아 나섬으로써 단연 동양의 기둥이 되었다. 일찍이 평화로운 큰 국면을 이룩하는 것을 큰 기본으로 삼았으며, 더욱이 한국과 일본의 관계에 대하여 정성을 다했다. 그리하여 일찍부터 우리나라에 오갔는데 위태롭고 어려운 국면을 부지하고 수습해 나간 것은 전적으로 그의 큰 지모에 기인한 것이다.---(中略)---속히 무사히 돌아오면 길이 의지하려 하였는데, 불측한 변고가 생겨 놀라운 기별이 올 줄을 어찌 생각이나 하였겠는가. 놀랍고 아픈 마음 금할 수 없다. ----(中略)---文忠公이라는 諡號를 특별히 주도록 할 것이다.『純宗 二年 十月 二十八日자, 高宗純宗實錄』

안창호 선생을 다시 생각한다*

– 도산 안창호의 유산과 미래 –

I

이 강연의 목적은 광복 60년 8월의 독립투사로 島山 安昌浩 선생[1]이 지정된 데 즈음하여, 도산선생의 생애와 사상을 그 시대적 배경에 비추어 생각함으로써 앞으로의 우리나라의 진로에 관한 교훈을 얻고자 함에 있습니다. 나는 우리나라 독립운동사에 관한 전문가가 아니고, 안중근선생에 관한 글[2] 하나를 쓴 것밖에는 이 분야에 대한 연구도 한 것이 없으므로 여러 훌륭한 전문가 앞에서 이런 강연을 한다는 것은 분명히 온당한 일이 아닐 것입니다. 그러나 도산과 같이 후세에 많은 足跡을 남긴 분에 관해서는 전문가만이 아니라 우리 모두가 잘 알고 교훈을 받아야 할 것으로 생각됩니다. 그래서 도산에 관한 한 여러 가지 자료를 섭렵한 끝에 나름대로의 관점을 피력하고자 僭越을 무릅쓰고 이 강단에 선 것입니다. 널리 양해해 주시기 바랍니다.

1905년 을사조약이 체결됨으로써 우리나라가 실질적으로 국권을 상실한 후로 수많은 애국지사들이 만주, 연해주, 중국 본토 및 미주

* 2005년 8월 10일 서울역사박물관 강당에서 행한 강연 요지임.

1) 앞으로 이 글에서는 특별한 경어를 쓰지 않기로 한다. 이것은 사고와 서술의 평이를 위함이오, 先烈에 대한 不敬을 의미하지는 않는다.

2) 拙稿, "안중근선생을 다시 생각한다," 안중근의사숭모회, 『안중근의사 기념 국제학술논문집』, 2005.

등으로 망명하였고, 각처에서 독립운동이 활발히 일어났습니다. 이것은 다른 나라의 역사에도 그리 흔치 않은 특기할 만한 일이었습니다. 독립지사들은 민족의 정기를 대표하는 탁월한 인물들로서 그 성장 배경, 사회적 신분, 종교, 직업, 정치적 견해 등은 천차만별이었습니다. 망국 이후 절망적인 국내외 정세 속에서 이분들이 견지한 애국의 정열과 행적은 모든 후생의 모범이 되기에 충분하였고, 해방 이후 우리나라가 독립을 이룬 것은 이분들의 희생의 덕택이었습니다. 이러한 견지에서 나는 당시의 애국지사의 언동에 사소한 무리가 있는 경우라도 항상 滿腔의 경의를 가지고 있습니다.

Ⅱ

사람은 누구에게나 타고난 성품이 있습니다. 애국지사, 독립운동가도 예외는 아닐 것입니다. 여러 애국지사 가운데서 도산은 매우 독특한 분이었습니다. 도산은 독립운동가로서 일생을 조국의 광복을 위해 바쳤습니다. 그러나 도산은 타고난 투사가 아니라 타고난 사상가요 교육가였습니다. 그의 행적은 독립투사로서의 행적보다는 나라의 독립을 위한 啓蒙思想家이자 교육가라는 면이 두드러집니다.

그의 독립관, 독립운동관은 당시의 다른 애국지사들의 그것과 많이 달랐습니다. 따라서 이 강연에서도 독립투사로서의 그의 활동의 내용보다는 그의 독립과 독립운동에 관한 독특한 인식, 그의 교육의 내용 및 그 방법에 관한 독특한 측면, 그리고 그의 일상생활에 나타나는 그의 성품 등에 관하여 몇 가지 견해를 말씀드리고자 합니다.

그는 철학을 깊이 공부할 겨를이 없었고, 학교다운 학교에 다닌 적도 없었습니다. 젊었을 때 漢文을 배웠다고는 하나 그 기간은 짧았습니다. 그는 가끔 교회에 가기는 했습니다만, 그의 전기에 의하면, 성경의 구절을 인용한 적은 거의 없었다고 합니다. 그는 일생동안 바쁜 나날을 보내는 과정에서 공부에 沈潛하거나 많은 글을 쓸 겨를이 없었습니다. 그런 배경을 가진 그가 어떻게 후세에 稱頌받는 사상가, 교육가가 됐는가. 그것은 그가 타고난 탁월한 直觀力과 합리적 판단력, 그리고 說得力 내지 感化力 때문이라고 나는 봅니다. 도산은 한편으로는 이상주의자로서 뜨거운 가슴을 가지고 있었지만, 다른 한편으로는 돈과 조직경영의 중요성을 아는 냉철한 현실주의자였습니다. 이러한 一見 모순된 天賦의 소질이 한 몸에 조화롭게 공존함으로써 이것이 사상가, 교육가로서의 그의 소질을 뒷받침한 것으로 보입니다.

도산은 1878년 대동강 가운데에 있는 조그만 섬의 농민의 아들로 태어났습니다. 24세 때에 처음으로 공부할 목적으로 미주로 갔는데, 그것은 그가 入信한 기독교의 영향이었습니다. 당시의 미국은 자본주의가 새로운 邊境을 찾아 활기 있게 西部로 뻗어나갈 때였고, 그가 갔던 샌프란시스코는 不毛의 바위덩어리 위에 젊은 모험가들이 세운 신흥도시였습니다. 24세의 청년 도산은 그 활기찬 광경으로부터 받은 강렬한 인상을 아마 평생 잊을 수 없었을 것입니다. 그들이 보인 〈거치른 개인주의(Rugged Individualism)〉의 雄健한 행태와 비교할 때, 우리의 모습은 처참하기 짝이 없었을 것입니다.

그 때를 전후하여 청년 도산은 조선이 일본인의 공세 앞에 맥을 못 쓰는 이유는 나라의 힘이 약한 데 있고, 나라의 힘이 약한 이유는 국민의 道德的 수준, 知的 수준 및 體力이 약한 데 있다고 보았습니다. 그는 우리 민족에게는 너무나 거짓과 私慾이 많고, 게으르고, 책임감이 적고, 단결심도 없어서 나라가 망국의 지경에 이르렀다고 보았습니다. 이런 退嬰的인 성향이 고쳐져서 국민의 德과 知와 體가 향상되지 않는 한, 한국의 독립은 있을 수 없다고 본 것입니다. 우리는 망국의 책임을 일본에 돌리고 이완용에게 돌리고 양반에게 돌리고, 조상에게 돌리지만, 사실 그 책임은 국민 모두에 있다는 것이 그의 지론이었습니다.

도산은 일본에 대해서도 특별히 미워 한 것 같지는 않습니다. 61세 되든 해 병원에서 숨을 거둘 때, 도산은 "睦仁[3])아! 네가 많은 죄를 지었구나!" 라고 외쳤다고 합니다만, 그것은 일본에 대한 憎惡라기보다는 그들의 罪業에 대한 歎聲처럼 들립니다. 그는 그의 수양운동에 일본관청에 다니는 사람도 포용하는 아량을 가졌습니다.

그는 매우 겸손하였고, 지도자연하는 태도는 거의 없었던 것 같습니다. 학교를 지어도 교장이 되기를 사양했고, 단체를 만들어도 회장이 되기를 사양한 적이 많았습니다. 임시정부 시절에도 정부 내의 어떤 지위를 바란 적이 없었습니다. 도산은 인재를 중요시하고 인재 양성을 위해 온갖 힘을 기울였습니다. 우리나라에는 왜 이렇게 인물이 없는가. 그것은 사람들이 인물이 되기 위한 노력을 하지 않기 때문이며, 원초적으로 인물을 배출할 수 없는 나라라는 말은 당치도 않다고 믿었습니다. 인물이라는 것, 지도자라는 것은 별다른 존재가 아니라 德力, 知力, 體力을 갖춘 사람이면 누구든지 인물이 되고 지도자가 될 수 있다는 것이 그의 사상이었습니다.

도산의 마음에는 理想과 현실이 공존해 있었습니다. 그는 평생 동안 이상촌을 만들기를 원했습니다. 이상촌 건설의 장소는 미국보다는 중국이 가장 적합하다고 보고, 그는 1925년 임시정부의 직책을 사임하고 南京 부근에 이상촌을 만들어 거기에서 재외동포에게 흥사단의 이념을 가르치고 실천할 것을 계획했습니다. 그러나 일본의 침략이

---

3) "睦仁"은 일본 명치제의 이름.

중국본토로 번지게 됨으로써 그의 계획은 좌절되고 말았습니다. 이상촌 건설의 좌절은 그에게는 가장 큰 실망이었다고 합니다. 도산은 晩年 세상을 떠나기 얼마 전, 평안남도 강서군 대보면 대보산에 "松笞山莊"을 마련하여, 거기서 세상을 관조하는 기간을 보낸 적이 있습니다. 이것도 당시의 절망적인 국내정세와 아울러, 淨潔하고 整頓된 삶에 대한 그의 천성을 반영하는 것으로 나는 봅니다.

이와 같이 도산의 "독립운동"은 그 이론과 방법에 있어 당시의 거의 모든 志士들의 그것과는 달랐습니다. 도산의 독립운동은 정치외교적인 운동이나 군사적인 운동이 아니라 사람의 德力, 知力 및 體力을 향상시키는 교육운동이 그 根幹이었습니다. 도산은 독립운동으로서의 정치, 외교, 군사운동이란 별 효과를 기대하기 어려울 수밖에 없다고 본 것입니다. 교육을 바로해서 점진적으로 덕과 지와 체를 갖춘 인재를 기르는 것, 이것이 가장 중요한 독립운동의 측면이라고 보았습니다.

그러나 유감스럽게도 그의 漸進的인 공부를 통한 수양운동도 일제하에서는 큰 효과를 기대할 수는 없었습니다. 도산이 세상을 떠날 무렵에는 大陸에 다한 總攻擊에 나선 日帝는 이미 우리 민족으로부터 姓名과 말(言語)을 빼앗고, 우리 민족의 皇民化 作業에 총력을 기울이고 있었습니다. 정치를 배제한 그의 수양운동도 조선의 것이라면 모든 것을 박탈하려드는 일본의 철권통치 앞에는 무력할 수밖에 없었던 것입니다.

Ⅲ

도산은 기본적으로 독창적인 교육가였습니다. 그의 교육의 내용은

務實, 力行, 忠義, 勇敢의 네 가지 덕목을 기르는 데 두어져있었습니다. 네 가지 덕목 중의 충의와 용감의 뜻은 비교적 알 수 있을 것 같습니다만, 務實, 力行이란 무슨 뜻이겠습니까. '務實' 이란 한마디로 空理 空談을 버리고 알맹이 있는 생각과 행동을 하라, 그리고 겉치레가 아니라 근본을 다지라는 것이라 생각되며, '力行' 이라는 것은 말만 하지 말고 힘써 실천하라는 것이 아닌가 생각됩니다. 이런 사상은 『論語』, 『大學』, 『中庸』 등에도 많이 나오는 것입니다만, 도산의 행적으로 보아, 이 덕목은 그가 독창적으로 만들어낸 것으로 봅니다.

그는 또한 도덕이란 어려운 것을 추구하는 데 있는 것이 아니라 비근한 곳에 있는 것임을 강조하고, 사회를 바로잡자면 먼저 자기 몸을 바로 잡아야 한다고 했습니다.[4] 그는 또 도덕의 근본은 자기 몸을 바로잡고 집안을 잘 관리해야 한다는 취지의 말을 여러 번 했습니다. 이것은 곧 「修身齊家」가 모든 도덕의 기본이라는 유교의 經旨와 부합됩니다만, 이것도 도산 자신의 상식에서 나온 것이 아닌가 생각합니다.

도산은 탁월한 啓蒙教育家였습니다. 도산의 사상에는 기독교나 유교에 그 淵源을 찾을 수 있는 요소가 있다고 보이기는 합니다만, 그는 어디까지나 독창적인 계몽교육가였습니다. 그는 〈동포에게 고하는 글〉에서 특히 옳은 일을 하고, 장래를 비관하지 말고, 불평을 하지 말며, 주인의식을 가지고, 신의를 지키며 협동정신을 발휘하여 지도자를 기르고, 浮華를 떠나 着實로 가야 한다는 뜻이 강조되고 있습니다. 모두 계몽교육가의 사상입니다.

또 하나 대단히 특이하게 독창적인 것은 도산의 교육방법입니다. 우리나라 사람들은 원래 理性보다는 感性이 강하기 때문에, 교육의

4) 그의 휘호에는 「欲改社會, 先改己躬」이라는 문구가 있다.

방법은 보통 선생이 일방적으로 문제를 설정하고, 피교육자에게 문제의 해답을 전수하는 방식을 취하는 경우가 많습니다. 도산의 방법은 이와는 달리 피교육자와의 문답을 통해 문제 자체를 설정하고 피교육자 스스로가 그 해답을 발견하도록 하는 것이었습니다. 이것은 바로 소크라테스의 방법, 孟子의 방법인데, 그 당시 도산이 과연 맹자나 소크라테스를 공부할 겨를이 있었는지 모르겠습니다만, 나는 그가 행한 흥사단 신입단원과의 문답 내용을 보고, 우리나라에서는 별로 보지 못한 교육방법을 개발한 데 대해 대단히 놀란 바 있습니다.

Ⅳ

나는 도산이 탁월한 "계몽사상교육자"라고 했습니다만, 그가 나라의 衰亡期에 태어나지 않고 興隆期에 태어났더라면, 그의 교육은 훨씬 더 성공했으리라고 봅니다. 왜냐하면, 점진적인 공부를 통해 덕성의 함양을 이루는 것을 내용으로 하는 그의 교육이념이나, 소크라테스나 맹자를 방불케 하는 그의 교육방법은 나라의 흥륭기에는 무한한 효과를 발휘할 수 있지만, 위에서도 말한 것처럼 망국의 상황 그리고 특히 일제와 같은 악착같은 식민 치하에서는 그 성공의 가능성에는 엄연한 한계가 있기 때문입니다.

도산의 傳記에 의하면, 그는 "진리와 실행과 충의와 용감의 四大精神으로 민족성을 다시 지어보는 것이 우리민족 부흥의 유일한 길"이라는 신념을 가지고 있었다고 합니다. 또 다른 기록에 의하면, 도산은 "우리가 다 힘을 합하여 한국을 개조하자. 교육과 종교도 개조하고 농업도 상업도 개조하고, 풍속과 습관도 개조하여야 한다. 음식, 의복, 거처도 개조하고 도시와 농촌도 개조하고, 우리의 강과 산도 개조하여야 한다"고 말했다고 합니다.

나는 이런 말들이 도산의 사상의 大旨였음을 굳이 부인할 생각은 없습니다만, 그가 구술한 말이 여러 입과 손을 거치면서 그 내용과 抑揚이 도산의 원래의 뜻과는 달라졌을 가능성이 있었으리라는 점에 주의하여야 한다고 봅니다. 일례를 들어 그의 '동포에게 고하는 글'은 1924년 북경에서 이광수에게 구술한 것이었습니다만, 구술이라는 것은 원래 아주 정확하기는 어렵고, 더구나 그 글은 동아일보에 게재되다가 나중에 잡지 『東光』에 승계되고, 그것마저 도중에 중단된 것이어서, 이런 과정에서 그 글이 도산의 의중을 정확히 전달한 것이었다고 확신할 수는 없을 것 같습니다. 그의 구술을 받아 쓴 글의 抑揚이 식민당국의 검열을 받는 과정에서 달라졌을 가능성은 충분히 있었을 것입니다. 토씨 하나만 가지고도 뜻을 달리 만들 수 있는 것이 글이 아니겠습니까. 도산의 民族改造의 의도는 순수한 "自省"을 통한 心身의 단련을 의미한 것이었는데도, 구술을 받아 쓴 글은 우리민족성의 근본적인 "결함"을 강조하는 의미로 脚色됐을 수도 있었을 것입니다.

어떤 사람을 막론하고 사람의 성격에는 장점과 단점이 공존해 있듯이 민족성에도 장점과 단점이 있을 것입니다. 시대의 상황에 따라 때로는 단점이 나타나고 때로는 장점이 나타날 뿐입니다. 도산이 살던 당시는 이 나라가 망하는 절박하고 암울한 상황이었습니다. 그러한 상황 속에서 당시의 우리 국민이 도산이 지적한 그런 이지러진 성향을 보인 것은 우리의 민족성의 缺陷 때문이라기보다는 이 나라가 당시 역사상 처음 보는 쇠망기에 있었던 때문으로 나는 보고 싶습니다. 나라가 흥할 때에는 도덕성도 흥하고 쇠할 때에는 도덕성도 쇠퇴하는 것은 당연한 일입니다. 韓民族은 수천 년간 동북아시아 대륙의 일각에서 중국의 식민지가 되지 않고 나라의 正體性을 유지하면서 상당한 문화를 만들어낸 민족입니다. 우리의 민족성에 상당한 장점이 없었다면 그렇게 오랜 세월을 두고 그만한 나라를 유지하지는 못했을 것입니다.

민족성 중의 좋은 점, 나쁜 점, 모두 몇 천 년의 경험을 통해 형성된 것입니다. 어떤 개인의 기억에도 영광의 기억과 치욕의 기억이 있듯이, 수천 년의 긴 세월을 살아온 민족의 기억(즉, 역사)에는 榮光의 장면도 있고 恥辱의 장면도 있을 것입니다. 榮光의 장면이든 屈辱의 장면이든, 민족이 의지할 디딤돌은 역사밖에 없습니다. 역사는 민족의 거울입니다. 요는 치욕의 기억은 반복하지 않으려는 진지한 自省의 노력이 중요할 뿐입니다. 도산의 많지 않는 遺墨 중에 「愛己愛他」라는 문구를 보았습니다만, 愛己, 즉 자기를 사랑하자는 말에는 자기를 개조하자는 의미보다는 보다 따뜻한 自省의 뜻이 담겨져 있는 것으로 보고 싶습니다.

V

지난 60년 동안 우리나라는 상당한 경제발전을 이룩했습니다. 정치발전도 우선은 좋은 평가를 받을 수 있습니다. 우리는 그 업적을 과소평가해서는 안 됩니다. 그것은 우리 민족의 장점이 발휘된 결과라고 보아야 할 것입니다. 그러나 이 나라의 현재의 모습을 보면, 앞으로 잘 돼 가리라는 확신을 가지기 어려운 대목이 많습니다. 그동안 이루었다고 하는 경제발전 동력마저 크게 약화되고 있습니다. 국민은 小成에 만족하고 자만하는 모습을 보이는가 하면, 때로는 의기소침한 모습을 보이기도 합니다. 지난 세월 동안 눈앞의 성과에 눈이 어두워

먼 장래를 내다보지 못한 정치와 교육의 결과가 나오기 시작하고 있습니다. 우리의 성품 중의 장점은 사라지고 약점이 다시 고개를 들고 있는 것입니다.

도산이 강조한 덕성과 지성은 찾아볼 수 없고 사회에는 무질서가 횡행하고 있습니다. 恒心을 잃은 민심은 極으로부터 極으로 요동치고 있는데도 그것을 제어할 수단은 없습니다. 어려운 것을 쉽게 이루려는 안일한 心理가 국민에 퍼지고 있습니다. 私利를 위해서는 나라의 이익은 안중에 두지 않는 병폐가 도지고 있습니다. 나라의 먼 장래를 우려하는 先憂後樂의 자세가 지도층의 언동에 보이지 않습니다. "고구려사 왜곡", "독도 영유" 등에 관해 국민은 흥분합니다만, 문제의 본질에 대한 깊은 성찰이 이루어지고 있는지는 의문입니다. 漢字로는 부모의 이름도 알아보지 못하는 세대에 역사의식을 가지라든가, 역사로부터 배우라는 등의 말은 처음부터 아무런 의미를 가질 수 없습니다.

도산이 지적한대로, 우리는 교육을 개선하여 국민의 德性, 知性을 기르고 체력을 단련함으로써 국민성 중의 장점을 살려야 합니다. 우리는 각 방면에 번지고 있는 韓流를 자랑하지만, 아! 거기에는 덕성도 없고 지성도 없습니다. 거기에는 務實도 없고 力行도 없습니다. 잃어버린 덕성, 지성을 기르는 方法이 무엇이냐의 문제는 간단치 않습니다. 지난 수십 년의 경험으로 보아, 허공에서 헤매는 사람들이 과연 그 실마리를 찾을 수 있을지 낙관할 수 없습니다. 도산의 정신대로, 낙심하지 말고 각자가 자기의 위치에서 최선을 다해야 할 것입니다만, 워낙 기초 없는 樓閣 위에 앉은 사람들이라, 자기 위치가 어디인지, 무엇이 최선인지 알기도 어렵다고 보아야 할 것입니다.

옳은 길은 물론 있습니다. 그러나 그 길은 진지하게 찾는 사람들에게만 열릴 것입니다. 도산의 정신대로라면, 浮華를 버리고 착실하게, 實事求是의 정신으로 각자가 최선을 다하는 것이 그 길이 아닌가 생각합니다. 그 길을 찾아 새 출발을 해야 국운이 열릴 것입니다.

지루한 강연, 경청해 주셔서 감사합니다.

김호길 박사를 추억한다*

I

金浩吉 박사는 탁월한 과학자였다. 그는 少時로부터 과학자로 입신하고자 했고, 보통 과학자가 가지지 않는 큰 꿈을 가지고 있었다. 세계에 자랑할만한 공과대학을 한국에 만들어야 하고, 그것을 하기 위해서는 기존의 공과대학을 개선하는 방법이 아니라, 새로운 공과대학의 설립이 필요하다는 것이 그의 신념이었다. 그는 이 꿈을 실현하기 위하여 千辛萬苦 끝에 浦項工科大學을 설립함으로써, 끝내 그의 꿈을 이루었다. 그는 과학자, 교육자로서의 이름을 천하에 날렸고, 평생의 소원을 성취하였다. 그는 아마 우리나라에서는 누구보다도 성공한 과학자일 것이다.

김호길 박사는 과학자인 동시에 철두철미한 儒者였다. 그는 유교적인 人本主義의 價値觀을 가지고 학문을 하고 일상생활을 했다. 그는 유학을 체계적으로 공부하지는 않았지만, 그 眞髓를 잘 알고 있었고 그것을 몸소 실천했다. 그는 그가 아니면 엄두를 낼 수 없는 儒林의 조직인 博約會를 創始하여, 스스로 떠맡은 유자로서의 임무를 다 했다.

이 두 가지 임무—세계적인 공과대학의 설립과 유교적 인본주의의 가치관의 부흥—는 그가 스스로 갚기로 작정한 빚이었지, 남이 억지

* 2004년 4월 30일 金浩吉 博士 10주기에 쓴 글임.

로 맡긴 것은 아니었다. 그는 60세의 짧은 생애를 통하여 이 두 가지 빚을 다 갚고 세상을 떠났다. 좀 더 살았더라면 하는 아쉬움은 크지만, 그는 이 시대에 누구보다도 성공한 儒者였다.

나는 그의 물리학의 내용은 모른다. 내가 그와 가진 많은 대화에서 과학에 관한 이야기는 가속기에 대한 언급이 있는 정도였다. 다만 새로운 훌륭한 공과대학의 설립이 한국의 과학기술의 발전을 위하여 필수적이라는 그의 지론은 수없이 많이 들었다.

인간 김호길에는 몇 가지 두드러진 측면이 있었다. 우선, 그는 우리나라에서는 고금에 드물게 보는 호걸이었다. 그는 기골 있는 인물을 많이 배출한 義城金氏의 후예답게 鶴峯 金誠一 선생의 이야기를 많이 했다. 언젠가 미국에 있을 때, 나는 학봉은 호걸이었다는 그의 말을 듣고 그에게 이렇게 말한 적이 있다. "뭘 그래, 학봉도 호걸이었겠지만, 내가 보기에는 그대(김박사)가 더 큰 호걸인 것 같네." 우리는 허허 웃으면서 이야기를 계속했지만, 내 말에는 농담 속에 진담이 있었다. 나는 그가 정말로 큰 호걸이라는 인상을 받았고, 지금도 그렇게 생각하고 있다. 내가 이 말을 한 것은 우리의 交友관계의 초기였지만, 나는 어지간히 그를 잘 알아보았다고 생각한다. 그는 어느 모임, 어느 좌석에 가나 당장에 좌석의 판세를 읽고 그 분위기를 휘어잡는 걸물이었다.

그는 호걸이었을 뿐 아니라, 하나의 君子였다. '군자' 라는 말은 원래 儒家의 말이며, 높은 수준의 덕성과, 修已治人의 능력을 갖춘 사람을 말한다. 영어의 gentleman과 비슷하지만 함축된 뜻에는 차이가 있다. 그는 가슴속에 나라를 향한 정렬과 울분도 많이 간직한 일종의 風雲兒였다. 그러나 그는 외모나 겉으로 나타나는 인상과는 달리 온화한 성품을 가진 인물이었다. 나는 그가 얼굴을 찌푸리는 것을 본

적이 없다. 그는 자신 있는 사람만이 가지는 '樂而忘憂' 하는 낙관파였다. 나는 미국 버클리에 있었을 때, 한동안 많은 주말을 그의 집에서 보냈다. 그 당시 그는 버클리에서 멀리 떨어진, 차로 30~40분 걸리는, 장기간 동안 휴가를 떠난 그의 미국인 친구의 집에 살고 있었다. 그때 나는 자동차가 없었기 때문에, 그가 주말마다 나를 데려가고 또 밤늦게라도 버클리까지 나를 데려다 주는 수고를 해주었다.

김박사와 나와는 성장과정에 있어서나, 타고난 성품에 있어서나, 전공과목에 있어서나, 모든 것이 사뭇 달랐다. 그러나 두 사람은 묘하게도 서로 아무런 거부감 없이, 어떤 문제에 대해 이야기를 나누어도 서로 공감하는 경우가 대부분이었다. 지금 그때를 회상하면, 어두운 면이라고는 티끌만큼도 없는 맑은 추억만 남아 있다. 나는 틀림없이 그에게는 損友였겠지만, 그는 나에게는 드물게 보는 益友였다. 그때에는 몰랐지만, 지금 생각해 보면 그는 익우가 될 세 가지 조건, 直, 諒, 多聞을 다 갖춘 군자였다. 그 밖에 그는 의리와 넓은 아량을 가지고 있었고, 다정다감한 인물이었다.

우리는 만날 때마다 그저 많은 이야기를 나누고, 그리고 가끔은 바둑을 두었다. 君子之交는 淡如水라, 나 자신은 군자라 할 수 없지만, 그와의 交友 관계에는 서로 아무런 이해관계가 없는 담담하고 맑은 면이 있었다.

Ⅱ

김호길 박사는 안동의 유서 있는 儒家에서 태어나, 어렸을 때부터 儒者의 덕목이 몸에 배어 있었다. 그의 타고난 호걸기질이 유가의 교양을 받음으로써, 마음에 均衡과 中庸을 갖추고, 당연히 국가와 사회에 기여해야 한다는 사명감을 가지는 '志士仁人'이 된 것이다.

그는 그의 호걸풍의 기질을 그의 先考丈으로부터 물려받았다고 나는 본다. 그는 집에서 그리고 그가 평생 존경하던 고모부로부터 많은 감화를 받았다는 말을 나에게 여러 번 했다. 그는 흔히 하는 말로 어깨너머로부터 유학의 경전을 어느 정도 배웠던 것 같다. 그러나 유학자가 될 만큼 체계적으로 많은 것을 배우지는 못했고, 그럴 겨를도 없었다. 그는 평소 小學이나 論語 등의 구절을 암송하면서 이야기하기를 좋아했다. 한 번은 그가 외우는 논어의 구절이 틀렸다는 것을 내가 지적했더니, 그는 자기 기억이 옳다고 우겼다. 그가 잘못 기억하고 있다는 것은 아주 확실했으므로 나는 이 점만은 양보하기 어려워 그의 기억이 잘못이라고 주장할 수밖에 없었다. 그래도 그는 수긍하지 않고 그럴 리가 없다고 하면서, 내기를 하자고 했다. 나는 할 수 없이 그의 도전을 받아들여 대학의 동아시아도서관(East Asian Library)에 가서 일본 판 논어 책에서 관련 부분을 복사해서 그 다음 주 토요일에 그에게 보여주었다. 그는 그래도 수긍하지 않고, 일본 논어 책이 미스프린트라고 주장했다. 그 억지는 농담이었겠지만, 이렇게 나오는 데 대해서는 나도 대책이 없어 그저 허허 서로 웃고 말았다.

小學이나 論語를 아무리 줄줄 암송한대도 그 자체가 그리 중요한 것은 아니다. 儒者로서의 마음가짐과 군자로서의 처세의 기본이 무엇인지 이해하고 그것을 일상생활에서 실천하는 것이 중요하다. 그는 비록 小學이나 論語의 암송에는 짧았지만, 그는 어디에 내놔도 손색이 없는 儒者였다. 그는 유자로서의 그의 가치관을 비판하는 어떤 선배과학자에게 "과학도 인간이 하는 겁니다"라고 말하면서, 그가 가지는 유자로서의 가치관의 중요성을 주장한 적도 있었다고 하지만, 그는 과학자이면서도 철저한 유가적 휴머니스트였다. 그리고 이것이 그의 타고난 바탕을 빛나게 하였다.

Ⅲ

말할 나위도 없이 그는 그의 先考(부친)로부터 많은 것을 배웠을 것이다. 나는 그 어른(諱는 龍大, 號는 雲田)을 두 번 뵌 적이 있다. 한 번은 내가 성북구 장위동에 살고 있을 때, 雲田翁을 집에 모신 적이 있다. 雲田翁은 연세에 비해 해학과 활기가 넘치는 분으로 보였다. 김호길 박사의 호걸풍은 아버지를 닮은 것 같았다. 운전옹은 역사에 대한 이야기, 임진왜란 당시의 학봉 선생에 관련된 이야기, 조선왕조 말기의 시인 黃伍(호는 綠此)의 七言律詩「古木」,「彈琴臺」등의 漢詩 이야기를 하신 기억이 난다. 나는 그때에 들은 彈琴臺詩는 지금도 잘 기억하고 있으나, 古木詩의 일부분은 잊었다. 참으로 멋있는 시인데, 이제 어디서 그것을 아는 분을 만날 수 있을지, 마치 다시는 찾지 못할 보배를 잃은 것 같은 애석하고 무상한 느낌을 금할 수 없다.

두 번째 雲田翁을 뵌 것은 1983년 9월, 李佑成 敎授, 金東漢 會長, 李憲祖 會長 그리고 金容稷 敎授 등과 같이 안동 知禮의 김박사 생가를 방문했을 때였다. 그곳이 곧 水沒된다고 하여, 수몰이 되기 전에 한 번 방문하자는 취지로 간 것이다. 우리는 김박사 생가 이웃에 있는 芝村宗宅도 방문하여 金時潤翁에 인사를 드리고 김박사 고향에서 그 고장의 남아 있는 유가의 전통의 여러 가지 면모를 보고 많은 것을 느꼈다. 우리 일행 6인은 거기서 앞으로 漢詩會를 정기적으로 가지기로 합의하였다. 이우성 교수의 命名으로「蘭社」라는 詩社를 만들어, 지금은 9인이 한 달에 한 번씩 정기적으로 모이고 있다. 지례를 방문한 것이 계기가 되어 蘭社가 태어나고, 그 덕택으로 나도

漢詩를 짓기 시작한 것이다. 그 때에 지은 나의 自作詩, 「訪知禮」는 내가 평생 처음 지은 한시로서, 이 졸작이 나에게는 나름대로 의의가 있다. 그것은 한시로서만이 아니라, 평생 처음 지은 詩였다.

雲田翁은 우리일행이 서울로 돌아온 후, 우리가 방문하여 고맙다는 뜻을 담은 七言律詩 「枉臨回謝」 한 수를 지어서 한지에다가 모필로 써 보내주셨다. 유자다운 응수였다. 나는 그것을 지금도 잘 보관하고 있다.

나는 김박사로부터 들은 운전옹에 관한 한두 가지 이야기를 회상하고자 한다. 이 이야기들은 모두 김호길 박사의 유자로서의 소양과 무관치 않다. 김박사가 안동농림학교를 거쳐 서울로 유학을 떠날 때, 운전옹은 아들을 불러 이렇게 말하였다고 한다. “네가 서울 가서 어떤 공부를 하든, 그것은 너의 자유지만, 집으로부터 학비를 갖다 쓸 생각은 아예 하지 말라. 나는 이 집에 양자로 들어 왔기 때문에 이 집의 재산은 내 마음대로 할 수 없다.” 한 마디로 김박사의 집 재산은 많든 적든 조상님의 재산이지 운전옹이 마음대로 처분할 수 있는 재산이 아니라는 것을 알라는 뜻이었다. 재산을 아껴서가 아니라, 선조로부터 위탁받은 책임을 수행하는 것이 중요하다는 이 말씀 속에 나는 유자로서의 태도가 배어 있다고 느낀다. 많은 교훈을 함축한 좋은 자세가 아닐 수 없다. 집을 팔아서 자식의 교육비를 마련하는 것도 유자에게는 흔히 있는 일이다. 반면, 운전옹의 경우처럼 조상의 집은 어떤 경우에도 지켜야 하는 것도 유자의 정신이다. 이 두 가지는 서로 상반된 것 같지만, 전혀 그렇지 않다. 다 같은 정신의 소산인 것이다.

내가 버클리에 있을 때 김호길 박사가 나에게 휘호를 부탁한 일이 있다. 나는 당시 대학원 학생이었고 김박사는 연구교수였기 때문에 나나 그나 한가한 처지가 아니었다. 그와 나는 가끔 바둑을 두었는데, 바둑판은 없었고, 보자기 같은 천 위에 그린 바둑판으로 바둑을 두었다. 우리의 바둑은 그야말로 「勝固欣然, 敗亦可笑」의 淸戱였기 때문에 보자기 위에 그린 바둑판을 가지고도 하등 지장이 없이 바둑을 즐길 수 있었다.

그런 상태에서 휘호를 하기 위한 紙筆墨이 있을 리가 없었다.

얼마 후 내가 무엇인가 몇 자 써서 김박사한테 건네 준 것 같다. 그 후 운전옹이 미국을 방문하셨을 때, 이 글씨는 누가 쓴 것이냐고 물었다. 김박사가 어떤 친구의 글씨라고 대답했더니, 운전옹 왈, “이 글씨는 잘 쓰고 못쓰고는 고사하고 요즘 필객으로부터 배운 글씨가 아니고 유가의 글씨다. 표구를 해서 걸어놓는 것이 좋겠으니 내가 가지고 가서 표구를 하도록 하겠다.” 나의 글씨가 표구할만한 것은 분명히 아니었지만, 나는 운전옹이 그 말씀을 하셨다는 말을 듣고 적지 않게 감동했다. 사실 그 말씀대로, 나는 정식으로 글씨를 배운 적이 없다. 그저 옛날 글씨를 좋아하고 그 흉내를 낼 뿐인데도, 부지불식간에 나의 글씨에는 옛날 글씨를 닮은 점이 있는 모양이다.

내가 商大敎授로 있을 시절, 어떤 書畵商이 옛날 명인들의 글씨를 가지고 내게 찾아왔다. 나는 서화에 대한 흥미가 없는 것은 아니었으나, 이것에 대한 貪溺은 玩物喪心으로 될 우려가 있으므로 이에 대한 관심을 버린 지 오래였다. 그러나 서화상이 가지고 온 옛 명인들의 眞蹟 중에 학봉의 진적이 있기에 그것을 구입하여 훗날 김박사에 선사한 적이 있다.

Ⅳ

김호길박사는 그의 고향 안동에 대한 애정과 긍지가 대단했다. 그의 세계에는 안동이라는 중심이 있었다. 그가 안동을 사랑한 가장 큰 이유는 안동이 그의 선조와 아울러 퇴계선생을 중심으로 한 유교의 중심이기 때문이었다. 언젠가 그와의 대화에서 내가 물었다. “안동은 盆地지요?” 이에 대해, 그는 즉각 “뭐락꼬요? 聖地입니다. 성지!” 이것은 물론 농담이었지만, 그는 안동을 성지시한 것만은 사실이다. 그는 안동이야말로 과거와 마찬가지로 앞으로도 유학의 중심이 돼야 한다고 믿고 있는 듯했다. 그리하여 안동 유가 출신의 인사들이 당연히 닦아야 할 유교철학의 공부를 하지 않고 시문을 숭상하고 있는 데 대해 못마땅하게 생각하고 있었다. 그는 이러한 개탄을 여러 번 내게도 했다. 그가 포항공대학장—그때는 총장이 아니라 학장이라고 불렀다—으로 있을 때, 나에게 학생을 위해 강연을 부탁했다. 강연을 하기 전에 학장실에 들렀을 때, 그는 미처 안부도 묻기 전에, 晦齋를 칭찬하는 退溪의 글을 내놓고, 나에게 이것저것 설명하는 것이었다. 공대 학장이 한문 이야기를 한다는 것은 포항공대 외에는 아마 찾기 어려울 것이다.

나는 안동의 사정은 모르지만, 우리나라에서 유교가 오늘에 있어서처럼 몰락하고 있는 것은 이 학문에 관한 훌륭한 학자를 배출하지 못하여 정신적인 쇄신을 이루지 못하고 있는 데에 그 원인의 일단이 있다고 본다. 유학이란 원래 전혀 고루한 것이 없는 것인데도 유림이 고루한 구습을 지키는 데 급급하게 됨으로써 시대에 뒤떨어지고 있기 때문이라는 김박사의 인식에 공감한다. 유교는 시대에 뒤떨어져서는 안 된다. 진지한 學問思辨行 없는 유교란 있을 수 없다.

나는 안동 분들과 여러 가지 의미에서 비교적 가까운 편인데, 이렇게 된 이면에는 김호길박사의 영향이 있었기 때문이다. 안동의 鄕校가 새로 건축되어 그 낙성을 기념하기 위한 행사 때, 김호길박사 주선으로 내가 유교사상과 경제발전에 관하여 향교에서 강연을 행하였다. 그 후 나는 도산서원의 上有司로 위촉받는 영광을 가지기도 했는데, 이에 대해서도 직간접적으로 김박사의 영향력이 있었다고 본다. 김박사가 타계한 이후의 일이지만, 나는 서울에서의 안동 향우회행사에 내빈으로 참석한 적도 있다. 그리고 九潭으로 낙향하여 고향을 위해 많은 좋은 일을 하고 있는 權五春씨의 주선으로, 안동 청년유도회 주최로 강연을 한 적도 있다. 또 안동김씨 종친회의 위촉으로 淸陰金尙憲先生의 시비건립위원회 위원장으로서, 그 비의 제막식에서 청음선생에 관한 강연을 한 적도 있다. 이러한 일로 안동에 갈 때마다 나는 안동을 성지라고 한 김박사의 추억을 새롭게 한다.

김호길박사는 단순한 보수주의자도 아니고, 그렇다고 단순한 진보주의자도 아니었다. 그는 합리적인 휴머니스트였다. 그는 세상을 떠나기 몇 해 전, 우선 경남북 중심으로 유가의 후예들이나 유학에 관심 있는 인사들을 중심으로 유교의 정신을 살리고 친목도 도모하기 위하여 논어의 「博學以文 約之以禮」를 딴 「博約會」라는 일종의 儒者조직을 만들었다. 그는 그 초대회장으로 취임하여 엄청나게 바쁜 일정에도 불구하고 이 조직의 발전에 헌신하였다. 안동이나 영남에 유자가 많다고는 하지만, 아마 김호길이가 아니고는 이런 조직을 만들지는 못했을 것이다. 나는 김박사의 요청에 의하여 박약회가 龜尾에서 열렸을 때에 가서 강연을 하였고, 김박사 작고 후에도 몇 번 박약회 모임에 가서 강연을 했다. 지금은 박약회가 어디에서 모임을 가지거나 성황을 이루는데, 蔚珍에서의 모임이 있었을 때 내가 연사로 가보니, 정말로 대단한 성황이었다. 들리는 말에 의하면, 울진이 생긴 이후 최대의 모임이었다고 할 정도였다. 이 모임이 김박사의 창의로 이루어진 것이었으니, 유교에 대한 그의 공헌은 어떤 老士宿儒보다도 월등한 것이었다. 그는 과학기술을 위해서는 포항공대를, 유교를 위해서는 박약회를 창시하는 稀代의 업적을 남겼다. 그는 바로 유교적 과학자였다고 할 수 있다.

V

김호길 박사가 유교적 과학자라고 쓰고 보니 생각나는 것이 한 가지 있다. 김박사와는 직접적인 관련은 없으나, 미국 대통령 리처드 닉슨은 대통령직을 사임한 후에 10권에 달하는 좋은 책을 썼다. 10권의 저서 중의 하나인 *The Leaders*에서 그는 중국의 周恩來총리를 「유교적 공산주의자 — Confucian Communist」라고 부르면서 많은 칭찬을 아끼지 않았다. 닉슨은 그의 성격 중 어딘가에 대인관계에 부자연스러운 점이 있어 이 때문에 끝내 대통령직에서 落馬하였다. 그러나 그의 大局的인 시야와 예리한 통찰력에는 감명을 받지 않을 수 없다.

어떤 의미에서는 유교는 정치를 완전히 떠나서는 존재하기 어렵다. 그 궁극적인 목표는 개인의 安心立命에 있다기보다는, 天下爲公을 실천함으로써 평화로운 세상을 만들어내자는데 있다고 할 수 있다. 이러한 맥락에서 호길박사 같은 '유교적 과학자'는 과학을 위한 과학보다도 오히려 인간을 위한 과학을 존중하는 과학관을 가지게 된 것이 아닐까. 그가 그처럼 한국 최고의 공과대학을 만들기를 원한 것도 유교적 휴머니즘이 그의 사상의 근저에 있기 때문이 아니겠는가. 그가 "과학도 인간이 하는 겁니다"라고 한 것은 "과학도 인간을 위한 겁니다"라고 하는 말과 같은 것으로 볼 수 있다. 간디는 '윤리 없는 과학'은 죄악이라는 취지의 말을 했지만, 윤리 없는 과학은 정말로 좋지 않은 것이다.

Ⅵ

나는 그가 메리랜드 대학으로 전근했을 때, 그곳 Silver Spring의 김박사 집을 찾아갔다. 나는 김박사를 방문할 때마다 그와 그의 가족들에게서 많은 시간을 빼앗는데 대해 무척 미안하게 생각하는 터였다. 그래서 그때에는 호텔에 예약을 하여 짐을 거기로 옮겨놓고 그에게 도착을 알렸다. 결과는 참담했다. 나의 의도가 무산된 것이다. "당장에 오라"는 그의 호통에 할 수 없이 또 그의 신세를 졌다. 이럴 때마다 대단히 고맙게 느끼는 사실은, 김박사 부인 권봉순 여사가 한결같이 나를 편하게 해주었다는 사실이다. 권여사는 한 번도 나에게 불편한 느낌을 준 적이 없다. 그 남편에 그 부인, 참으로 훌륭했다. 김호길 박사는 가정생활에 있어서도 모범적인 군자였다. 자상한 남편이었고, 아버지였다. 그의 가정은 고풍과 현대풍이 알맞게 조화를 이루는 단란한 가정이었다. 내가 김박사를 그렇게 여러 번 방문한 것은 그와의 대담이 즐거웠기 때문이었다. 뭣이 그리 즐거웠느냐고 묻는다면, 그것은 그와의 담담한 '淸談'이었다고 할 수밖에 없다.

나는 1978년, UN의 FAO의 위촉으로 약 한 달 동안 인도, 스리랑카 및 네팔의 농어업의 실태를 조사하는 일을 했다. 처음 보는 남아시아, 이 나라들의 농촌과 어촌, 참으로 감동적인 여행이었다. 그 여행을 끝내고 보고서를 쓰기 위해 약 한 달을 로마에서 보냈다. 로마에서의 한 달, 이것도 대단한 감동을 주는 기간이었다. 그 당시 김박사는 독일의 칼즈루헤의 연구소에서 연구에 종사하고 있었다. 나는 오랜 여행에 지치기도 했고, 김박사를 먼 공항까지 나오게 하는 것도 미안해서, 독일 여행을 취소하고 로마에서 귀국할 뜻을 그에게 말했다.

그 당시 로마와 독일의 칼즈루헤 사이의 전화는 아주 어려웠다. 몇 번의 시도 끝에 겨우 통화가 이루어졌는데, 당시의 통화는 지금도 내 기억에 생생하다. 김박사는 나의 말을 듣고 한참 있다가, "좋소. 앞으로 나는 당신과 말을 안 할 것이오, 내 아들과 당신의 아들도 말을 하지 않을 것이오, 내 손자와 당신의 손자도 말을 하지 않을 것이니 그래도 좋다면, 안 와도 좋소." 그 말을 하고 나서 또 한순간 가만히 있다가 김박사 왈, "아니 그래, 내가 얼마나 당신 오기를 기다리고 있다는 것을 알고나 있소? 여기까지 왔다가 그냥 가다니, 말이 되오. 비행기는 무슨 비행기! 잔말 말고 당장에 기차를 타고 오시오!" 나는 기쁘기도 하고 두렵기도 해서 하라는 대로, 로마역에서 천신만고 끝에 기차를 잡아 독일로 갔다. 김박사는 기차역에서 기다리고 있었다. 나는 칼즈루헤에서 한국의 실정에 대한 이야기, 그의 여러 가지 경험담 등 즐거운 이야기를 나누고, 하이델베르그 시가와 네카 강변의 산책 등으로 좋은 며칠을 보냈다.

Ⅶ

김호길 박사는 처음에는 1983년에 귀국하여 진주의 蓮菴工專의 학장으로 취임하여 그 학교를 위해 많은 노력을 하다가, 1986년에 浦項工大 학장이 되어 그의 꿈을 펼치는 기회를 만났다. 포항에서는 박태준 회장의 적극적인 후원을 얻어, 그는 드디어 평생의 소원인 세계적인 공과대학의 설립에 성공했다. 포항공대에는 그가 평소 잘 알았던 우수한 재미 과학자들이 많이 초빙되었고, 또 동양근세사로 미국에 學名이 높았던 金基赫 교수, 그리고 한학 및 퇴계 연구에 조예가 깊은 權五鳳 교수 등도 초빙되었다.

10년 전 1994년 4월 30일, 김호길 박사는 졸지에 세상을 떠났다. 포항공대에서의 그의 찬란한 업적과 그 뒤에 숨은 신고와 노력은 길이 우리 역사에 남을 것이다. 다만 나로서는 그로부터 받은 호의에 충분히 보답하지 못해 아쉬울 뿐이다. 그럴 기회가 많이 있을 줄 안 것이 잘못이었다. 김박사의 명복을 빌며, 유족의 행복을 빈다.

케인즈(J. M. Keynes)의 일생을 다시 생각한다.*

− 케인즈 전기(고세훈 역) 추천사 −

I

저자인 로버트 스키델스키(Robert Skidelsky)는 영국 워윅 대학(Warwick University)의 교수로서 1960년대 말부터 존 메이너드 케인즈의 전기를 쓰기로 작정하여 약 30년에 걸쳐서 케인즈의 생애를 세 권의 책으로 그려낸 바 있다. 이 3부작은 케인즈에 관한 거의 모든 것(그의 가계, 부모 형제 자매, 교육, 경력, 취미, 교우, 결혼, 가정생활, 사회생활, 경제사상과 그 변천 과정, 당시의 영국 및 유럽의 정세, 1 · 2 차 세계대전 시기의 정책 방향, 그리고 그의 저작물 및 문필활동 등)을 엄청나게 상세하게 기술했다. 케인즈에 관한 모든 자료를 다 수집 열람하고 케인즈를 아는 모든 사람을 만났으며, 케인즈에 영향을 미친 시대상 등을 망라하여 종횡으로 평가했다. 그 3부작은 총 2,200페이지에 달하는, 내가 아는 역사상 어떤 전기보다 방대한 전기이다. 그것은 또 19세기 말부터 1960년대까지의 영국 및 유럽의 역사, 사회, 경제의 해설서이기도 하다.

---

* 2009년 2월 18일

스키델스키는 다시 이 3부작의 약 40% 분량이 되는 케인즈의 단행본 전기『John Maynard Keynes 1883~1946: Economist, Philosopher, Statesman(2003)』을 펴냈다. 여기서 소개하고자 하는 책이 바로 이 책인데, 연세대학교의 고세훈 교수가『경제학자 철학자 정치가 존 메이너드 케인즈』라는 제호로 완역했다. 고 교수는 이 책을 완역하는 데 약 4년이 걸렸고, 우리말로 총 1,600면에 달하는 방대한 분량을 1, 2 두 권으로 나누어서 출간했다. 고 교수는 이 책을 완역함으로써 우리 학계와 일반인들에게 크게 공헌했고, 아마 그 자신도 많은 것을 배웠으리라 생각한다.

스키델스키의 케인즈 전기들은 어느 것을 막론하고 모두 방대하다. 그 이유는 어디에 있는가. 첫째는 케인즈가 살던 시대는 1, 2차 대전을 겪은 격동의 세기였는데, 케인즈는 이 격동기의 흐름을 누구보다도 잘 관찰하고, 이해하고, 그 시대정신을 주도하고, 정책방향을 제시했다. 그의 사상과 생애는 바로 20세기 역사의 주요 부분이라고 해도 과언이 아니다. 짧은 책으로 그것을 요약할 수는 없기 때문이다. 둘째, 케인즈는 아마 어떤 사람보다도 다양한 분야에 대해 폭넓은 관심을 가지고 다채로운 활동을 펼침으로써 각 분야에서 성공을 거둔 사람이다. 그의 활동 하나하나가 자연스럽게 경제, 정치, 역사 및 철학과 관련되어 있어서, 간단한 책으로 그를 묘사할 수는 없기 때문이다. 나 자신도 28년 전 로이 해로드(Roy Harrod)가 쓴 케인즈 전기인『케인즈 생애』(The Life of John Maynard Keynes, 1951)를 읽은 후에, 그의 이론과 업적에 관한 책[1])을 낸 적이 있었지만, 그의 수제자 격인 해로드의 전기조차도 부족한 점이 있다고 생각한 바 있다. 케인즈의

1) 조 순『케인즈 – *John Maynard Keynes*』『經濟學全集(古典篇)』15, 裕豊출판사. 1981.

전기는 이 밖에도 많다. 『케인즈 전집』(The Collected Writings of John Maynard Keynes) 30권을 편집한 D. E. 모그리지(Moggridge)가 쓴 방대한 Maynard Keynes: An Economist's Biography(1992)도 900페이지에 달하는 전기이다. 그러나 이 책 역시 완벽한 것은 아니다. 그래서 스키델스키는 보다 완전한 "최종적"인 전기를 내기 위해 이 단행본을 쓴 것으로 보인다.

고 교수가 상 · 하 두 권으로 완역한 스키델스키의 전기의 내용을 여기서 요약할 수는 없고, 지적할 만한 점도 없다. 케인즈에 관한 자세한 것을 알고 싶으면 이 책을 독파하는 수밖에 없을 것이다. 역사학자 카(E. H. Carr)가 주장한 바와 같이,2) 완전히 객관적인 역사란 있을 수 없다. 케인즈의 일생에 관해서도 그것을 관찰하는 사람에 따라 그의 사상과 행동에 대한 평가는 다를 것이다. 그의 경제관, 세계관, 문명관, 정치관, 사회관 등은 독자에게 각기 다른 많은 교훈과 감동을 줄 것이다. 그래서 이하에서 나는 최근 세계경제에 나타나고 있는 몇 가지 중요한 변화와 앞으로의 향방에 관해, 독자들의 참고로 제공하고자 한다.

Ⅱ

아무리 위대한 인물의 사상도 時空을 초월할 수는 없다. 케인즈의 세계관, 경제관은 그가 살던 시대(19세기 말부터 20세기 상반에 이르는 기간)의 영국을 떠나서 논할 수는 없다. 케인즈는 에드워드 시대 영국의 상류 지식계층 출신으로 나중에는 귀족이 된 사람이다. 따라서 그의 경제관은 당시의 영국의 상류 지성인의 의식을 반영한다. 당시

---

2) E. H. Carr, *What Is History?* Chapter 1. The Historian and His Facts.

의 영국은 제국의 全盛時代가 지나서 覇權이 기울어가고 있었다. 그는 제국의 落照를 보면서 자랐고, 영국이 표방한 自由放任 정책과 영국이 이끌던 金本位制度가 무너지기 시작한 것을 다른 학자보다 먼저 감지했다. 케인즈는 자본주의 문명의 본질을 못마땅하게 생각했으나, 에드워드 시대의 영국 지성인의 가치관은 유지돼야 한다고 보고 그의 모든 공사의 활동은 이 가치관을 중심으로 펼쳐졌다. 對內對外 정책을 자유방임의 족쇄로부터 해방시켜서, 정부의 적극적인 시장개입을 통해 자본주의를 위기로부터 구출해야 한다고 보았다. 그렇게 하기 위해서는 우선 경제학계부터 설득해야 한다고 생각했다. 그가 戰間期에 쓴 논문과 소책자를 모은 책의 표제를 『說得論集(Essays in Persuasion)』이라고 한 것이라든지, 1911년 28세 때부터 1946년 세상을 떠나기 직전까지 35년의 긴 세월에 걸쳐, Economic Journal의 편집장을 맡은 이유도 그가 경제학계를 설득하기 위한 때문이 아닌가 생각된다. 나는 그의 『一般理論』을 번역하는 과정에서 그 책은 이론서이기도 하지만, 순수이론보다는 설득을 염두에 두고 쓴 책이라는 인상을 강하게 받은 바 있다. 그는 자기의 지성과 설득력에 자신을 가진 인물이었다.

사상가, 경제학자, 그리고 經世家로서의 케인즈의 특징은 스키델스키 전기의 도처에 잘 나타나 있듯이, 모든 固定觀念으로부터 자유로웠다는 데 있다. 그는 진정한 자유주의자인 동시에 애국자였다.

1차대전 직후, 대독일 강화조약의 협상 당시, 영국 대표단의 일원으로 참가한 36세의 케인즈는 유럽 문명의 기반은 결코 사람들이 생각하는 것처럼 견고한 것이 아니고, 연합국이 독일에 대한 가혹한 賠償요구로 독일경제의 존립을 막는다면 유럽문명은 죽는다는 것을 역설했다. 그의 비전이 끝내 무시됐을 때, 그는 1919년 6월 파리를 철수하여 그해 11월『평화의 경제적 歸結』(The Economic Consequences of the Peace, 1919)이라는 저서를 냈다. 이 책은 유명한 警句, 명석한 경제분석, 그리고 유럽문명에 대한 그의 천재적인 이해가 번득이는 지금 읽어도 마음이 후련해지는 명저이다.

케인즈는『一般理論』이전부터 이미 경제를 살리기 위해서는 정부의 경제개입이 필요하다는 것을 역설했다. 그는 정책적으로는 1925년에 이미 自由放任은 나쁜 정책이며, 자본주의를 구하기 위해서는 정부의 공공투자가 민간부문의 투자부족을 보전해야 한다고 주장했다. 金本位制度로의 복귀는 디플레를 가지고 올 뿐 유익하지 않다고 보고 영국의 복귀를 통렬히 반대했다. 다만 이론상으로 失業의 장기화, 貨幣數量說의 결함 등 고전학파의 기본명제의 결함을 증명할 수 없는 것이 그의 고민이었다. 그 고민은 1936년『雇傭, 利子 및 貨幣의 一般理論』의 출간으로 해소되었다.

1936년까지의 그의 생애는,『一般理論』에서 언급했듯이, 고전학파의 잘못된 이론으로부터 '탈출하기 위한 긴 투쟁(a long struggle to escape)' 의 과정이었다. 그는 끝내 그 투쟁에서 승리함으로써 자기의 시대를 열었다. 그 투쟁 과정에서 심지어 자기 스스로의 일생의 勞作 중의 하나인『貨幣論』(A Treatise on Money, 1930)이 출간되자마자 자신의 생각이 부족함을 감지하고, 하이예크(F. A. Hayek)에게, '나는 이미 그 책의 내용을 믿지 않고 있다' 고 했다.

그는 2차대전 후의 세계경제질서의 확립을 위한 Bretton Woods 협상에서 그의 새로운 '국제통화' 로서의 bancor 구상이 미국대표 Harry White에 의해 산산조각이 났다. 그것은 그에게는 심리적으로 견디기 어려웠으나, 그는 끝까지 잘 참아냈다. 실망을 안고 귀국했지만 오히려 미국의 입장을 변호했다. 그의 애국심이 그렇게 시킨 것으로 보인다.

Ⅲ

케인즈 이론은 단기이론이었다. 70년대에 접어들어 세계경제에는 인플레의 만연과 성장동력의 침체 등이 나타나면서, 케인즈 이론은 보수파의 격렬한 공격을 받아 빛을 잃었다. 사실, 임금의 하향경직성이 있는 제도 하에서 정부투자로 완전고용을 달성하자는 케인즈 정책은 인플레를 유발하지 않을 수 없었다. 이것이 자본주의의 기본 약점이고, 케인즈 이론의 약점이기도 했다.

케인즈 이론이 물러난 후로, 1980년대 초부터 미국과 영국에는 다시 자유방임주의가 경제정책의 중심으로 복귀했다. 케인즈를 포기하고 강한 영국과 미국을 표방한 '신자유주의'로 알려진 이 사상과 정책은, 두 나라 지도층의 열렬한 지지를 받았다. 소련이 붕괴한 후로 미영 양국은 자유방임의 원칙을 금융부문에까지 확대하여 '자유화, 개방화, 민영화 및 작은 정부'의 이념을 전 세계에 전파했다. 90년대에는 이 정책으로 인해 세계는 상당한 활기를 거두는 듯이 보였다. 그러나 그 활기는 거품의 활기였다. 케인즈가 1925년에 천명한 대로 자유방임은 영미 양국의 패러다임을 침몰시키고 말았다. 특히 금융부분의 자유방임은 많은 '파괴적인 이노베이션(destructive innovation)'을 불러옴으로써 자유방임의 폐해를 드러냈다.

미국 발 금융위기를 계기로 케인즈에 대한 관심이 다시 대두되기 시작했다. 미국 오바마 행정부는 '新뉴딜'로 알려진 금융재정의 확대정책을 채택하고 있다. 금리를 0%로 내리고, 직접적으로 유동성을 공급하는 통화정책, 그리고 부실금융자산 매입을 위해 1조 달러를 푸는 재정정책을 펴고 있다. 동시에 미국정부는 유럽에 대해 재정적자가 GDP의 2%에 달할 정도의 재정확대정책의 채택을 권고했다.

이러한 '新케인즈 주의'의 정책은 성공할 수 있을 것인가. 나는 이런 정책이 단기적으로는 금융부문의 활성화를 달성할 수 있겠지만, 합리적인 실물부문의 부활을 가져오기는 어려울 것으로 본다. 이번의 위기는 유효수요의 부족 때문이 아니라 경제의 거의 모든 부문에 깔려 있는 '불균형' 때문이었다. 유효수요는 돈을 뿌림으로써 완화되지만, 구조의 불균형은 돈을 뿌린다고 해소될 수는 없다.

어떤 불균형을 말하는가. 여기서 상론할 수는 없으나, 그 몇 가지를 든다면, 거시적으로는 금융부문의 과잉肥大와 실물부문의 과잉瘦瘠, 과다소비와 과소저축, 경상수지와 정부수지의 적자 누적 등을 들 수 있다. 미시적으로는 공공부문의 약화와 제조업의 경쟁력 상실, 부와 소득분배의 양극화를 들 수 있다. 기업 차원에서는 CEO 및 고소득자에 대한 과잉 보수, 株價지상주의 기업경영 등의 폐해를 들 수 있다. 이 모든 불합리와 불균형을 시정하자면, 정부가 유능하다고 해도 오랜 세월이 걸릴 것이다.

실물부문의 고용확대가 이루어지자면 산업보호가 강화되어야 하며, 산업보호가 강화되자면 글로벌 경제의 이념이 완화되어야 한다. 자유방임과 고용 확대, 자유방임과 분배의 양극화 축소는 양립하기 어려운 목표이다. 이것이 글로벌경제의 딜레마이다.

1930년대의 케인즈주의는 봉쇄경제와 어느 정도의 산업보호를 전제로 하는 것이었다. 케인즈는 『一般理論』에서 고용을 위해서는 고전학파보다는 중상주의가 더 낫다는 것을 강조한 점에 유념해야 한다. 케인즈는 자기와 같은 지성을 가진 엘리트가 경제를 관리해야 한다고 마음속으로 믿고 있었다. 그는 자기와 고정관념에 억매이지 않는 지성의 힘을 믿었다. 그는 자기의 지성을 과신했다고 나는 보지만, 어쨌든 그는 지성주의자였다.

케인즈는 세계금융제도를 달러를 기축통화로 할 것이 아니라, bancor를 결제단위로 해야 한다고 주장했다. 케인즈가 살아 있다면, 지금의 달러본위제도는 1차 대전 후의 금본위제도와 같이 그 有用性이 사라졌다고 볼 것이다. 지난 날 미국경제는 달러본위 제도로 많은 덕을 본 것처럼 보였다. 그러나 그것은 미국인의 節制의 상실을 촉진했고 끝내는 국제수지의 만성적인 적자를 장기화함으로써 경제운영을 파탄으로 몰아넣었다.

Ⅳ

나는 1980년대의 어느 날 서울에서 만난 하이예크에게, "케인즈에 대해 어떻게 생각하느냐"고 물은 적이 있다. 하이예크는 "케인즈는 천재였지만, 경제학은 잘 몰랐다"고 대답했다. 나는 케인즈와 하이예크에 대해 어느 정도의 이해가 있었기 때문에, 하이예크의 이 대답에 전혀 놀라지는 않았다.

사실 케인즈는 하이예크만큼 경제이론을 공부하지 않았을 것이고, 보통 경제학자들만큼 경제학을 중요시하지도 않았으며, 대부분의 경제학자에 대해 높은 존경심을 표시하지도 않았다. 그는 『우리 손자 시대의 경제문제(Economic Possibilities for Our Grandchildren, 1930)』라는 글[3])에서, "세계경제는 지금부터 100년 후(2030년)에는 먹고 사는 문제를 대부분 해결할 것이기 때문에, 경제학자들은 그들이 하는 학문을 세상에서 가장 중요한 학문이라고 생각할 필요는 없으며, 따라

3) J. M. Keynes, *Essays in Persuasion.* Economic Possibilities for Our Grandchildren (1930).

서 먹고 사는 문제보다는 좀 더 중요한 문제를 생각하라"고 충고했다.

그는 스승인 마셜(Alfred Marshall)이 『經濟學原理』를 쓰는 데 20년이 걸린 사실에 대해, "좀 덜 완벽한 것일지라도 빨리 내놓아야 했을 것이며, 경제학에서 不朽의 名著는 하나만 있으면 족했다"는 취지의 말을 했다.

케인즈는 그의 『人物評傳(Essays in Biography)』의 「마셜 傳」에서 경제학자에 필요한 자질에 대해 다음과 같이 쓰고 있다.[4] "경제학의 연구는 아주 높은 전문적 자질을 필요로 하는 것이 아니다. 그것은 知的 관점에서는, 철학이나 순수과학처럼 보다 높은 부문과 비교하면, 오히려 쉬운 분야이다. 그럼에도 불구하고 훌륭한 경제학자는, 아니 유능한 경제학자조차도 대단히 드물다. 쉬운데도 불구하고 뛰어난 학자가 대단히 드문 학문! 이 逆說에 대한 설명은, 아마도 경제학의 巨匠은 여러 가지 재능의 드물게 보는 結合을 가지고 있어야 한다는 데 있다. 경제학자는 어느 정도까지는 수학자이고, 역사학자이고, 정치가이고, 철학자여야 한다. ---(中略)--- 그는 미래의 목적을 위해, 과거에 비추어 현재를 연구해야 한다. 인간성이나 제도의 어떤 부분도 그의 관심 밖에 있어서는 안 된다. 그는 목적의식이 풍부해야 하며, 公平無私해야 하며, 예술가처럼 높이 날 수 있는 동시에, 때로는 정치가처럼 땅과 접근해 있어야 한다."

이것은 마셜의 다양한 능력을 두고 한 말이지만, 그 자신에 요구되는 자질의 평가이기도 할 것이다. 확실히 케인즈는 그 누구보다도 이런 자질을 두루 갖춘 사람이었다. 그는 무엇이 산 경제를 움직이는가를 알고자 했지, 경제학을 잘 알려고 한 사람은 아니었다. 그 노력이

---

4) J. M. Keynes, *Essays in Biography*. Chapter 14. Alfred Marshall.

성공해서 그는 20세기를 움직였다. 앞으로도 그의 영향력은 계속될 것이다.

申師任堂 예술연구회 특별초대전 축사*

강릉 連谷에 정착하여 활발한 예술활동을 하시면서 신사임당의 작품을 수집하여 화첩을 내시고, 그 예술을 사랑하여 많은 연구를 해 오신 金信子교수께서 이 초대전을 개최하신 데 대해 우선 깊은 감사와 치하의 말씀을 드립니다. 참으로 훌륭한 일이며, 충심으로 축하합니다.

김신자 교수님은 지난 여름, 그동안 애써 만드신 신사임당의 화첩을 가지고 安信吉 사무총장과 같이 강릉의 저의 옛집을 방문하셨습니다. 나는 김교수님이 사임당을 顯彰함으로써 스스로의 예술세계를 넓히고 우리나라 여성의 긍지를 고취하며, 교육의 질을 높이기 위해 헌신적인 노력을 하시는 데 대해 깊은 감명을 받았습니다. 김교수님의 높은 뜻을 기리며, 그 수고에 대해 충심으로 경의를 표합니다. 부디 이 노력이 훌륭한 결실을 맺기를 빌어마지 않습니다.

강릉은 예로부터 여성, 특히 여성 예술가를 많이 배출한 고장입니다. 나는 예술과는 거리가 먼 일을 하면서 살아왔습니다만, 예술에

---

* 2009년 10월 1일.

대한 愛情만은 아직도 가지고 있습니다. 오늘 이 뜻깊은 자리에서 잘 알지도 못하는 일에 관해 축사를 올리게 되어 여러분께 미안하게 생각합니다. 그러나 그저 축하한다는 말씀 한마디로 축사에 가늠한다는 것도 여러분의 호의를 저버리는 일일 것 같아서, 여러분이 허락하신다면 申師任堂의 生涯에 대해 생각한 점을 말씀드리면 어떨까 생각합니다.

누구나 다 알다시피, 申師任堂(1504~1551)은 조선 시대의 탁월한 예술가이며, 우리나라의 대표적인 학자·경세가인 李栗谷선생의 慈堂이십니다. 사임당은 1504년 강릉 北坪에서 己卯名賢 중의 한 분인 申進士 命和의 둘째 따님으로 태어났습니다. 申進士의 집은 명문이었지만 申進士 스스로는 벼슬길에 나가지 않았고, 가정 형편은 비교적 넉넉한 편이었습니다. 申進士는 딸만 다섯을 두었고 아들이 없었기 때문에 넷째 사위 權和를 데릴사위로 삼았습니다만, 가장 명석한 둘째 따님 사임당을 매우 사랑했습니다. 申進士는 항상 서울에 사셨고 강릉에는 그리 자주 오질 못했는데, 19세 된 師任堂을 서울에서 알게 된 士大夫 가문의 德水 李元秀公의 아내로 出嫁시켰습니다. 이 결혼은 양가의 어른들 사이의 신뢰와 우의로 이루어진 것으로 보입니다.

옛날 풍속으로는 처녀가 결혼식을 올리면 당장 시댁으로 가서 사는 것이 아니라 친정에서 살다가 1년 후에 시댁으로 가는 것이 상례였습니다. 申進士는 사임당 결혼 후 곧 돌아가셨으므로, 사임당은 喪을 마친 후, 신부의 예를 갖추어 서울로 가서 시어머니 洪氏를 뵈었습니다. 사임당은 시어머니를 극진한 효도로 섬겼고, 冢婦(총부) 노릇을 완벽하게 잘 수행함으로써 모든 사람의 사랑과 존경을 받았습니다.

시어머니가 돌아가신 후로 사임당은 시댁에서 온갖 일을 매우 잘 수행했습니다. 남편 李元秀公은 천성이 대범하여 가사에는 소홀한 편이었으나, 사임당은 節用으로 살림을 챙기고 윗분을 잘 받들고 아래 사람들을 下人에 이르기까지 잘 거느렸습니다. 남편은 水運判官이라는 벼슬을 하였는데, 명종 6년(1551년) 漕運에 관련된 公務를 마치고 任地에서 서울로 돌아오는 도중 2, 3일 동안 병석에서 앓다가 세상을 떠났습니다.

신사임당의 생애의 개요는 栗谷선생이 지으신 「先妣行狀」에 상당 부분 나와 있습니다. 이 글은 불과 701字에 지나지 않는 간략한 것이지만, 나는 평소 이 문장이야말로 이런 종류의 문장의 白眉라고 생각해 왔습니다. 이 글은 名文은 아니지만 군더더기 글자가 하나도 없고, 過讚도 없으며, 사실을 사실대로 서술한 데 불과하지만, 읽는 사람으로 하여금 慈堂에 대한 선생의 극진한 애정과 존경을 자연스럽게 느끼게 합니다. 『栗谷全書』에는 이 글뿐 아니라 선생의 외조부(사임당의 친정아버님) 行狀인 「外祖考進士申公行狀」 및 외조모(사임당의 친정어머니)의 묘지명인 「外祖妣李氏墓誌銘」, 외가 申氏 집의 데릴사위가 된 사임당의 넷째 妹氏의 남편(율곡선생의 이모부) 權和의 墓誌銘인 「習讀官權公墓誌銘」, 그리고 栗谷先生의 長兄 璿의 墓誌銘인 「伯氏參奉公墓誌銘」도 수록돼 있어서, 이런 글들을 통해 당시의 사임당의 집안 사정을 대충 짐작할 수 있습니다. 나는 사임당에 관한 깊은 연구는 없지만 이러한 글들을 종합하여 사임당의 생애에 대해 얻은 다소의 이해를 여러분에게 피력하고자 합니다.

申師任堂은 어렸을 때에 經傳에 통했고, 글을 잘 지었고, 글씨를 잘 썼으며, 바느질과 수놓기에 이르기까지 정묘하지 않은 것이 없었습니다. 거기에다가 온화한 성품과 貞潔한 지조를 타고나서 擧動이 고요하고 일 처리가 자상하였으며, 말이 적고 행동이 신중하고 겸손하였으므로, 친정아버님 申進士가 애지중지하였습니다.

師任堂이 시도 잘하고 글씨도 잘 쓰고 그림도 잘 그린 것은 무엇에 유래합니까. 사임당이 어느 누구로부터 이러한 것을 배웠다는 이야기는 어디에도 없습니다. 아버님은 항상 서울에 계셨음으로 아버님으로부터 배울 겨를은 없었습니다. 사임당 주변에 그림 그리는 분은 없었습니다. 「先妣行狀」에 의하면, 사임당은 '일곱 살 때부터 安堅의 그림을 모방하여 山水圖를 그림으로써 지극히 정묘한 경지에 이르렀고, 또 포도 그림을 잘 그려서 세상 사람들이 모방할 수 없는 지경에 도달하였는데, 다만 병풍이나 족자 등에는 모방 작품이 더러 나돌고 있었습니다.

사임당에게는 글씨의 스승도 없었습니다. 나는 글씨에 대해 공부한 적이 없고, 연구는 더더욱 없습니다만, 사임당은 중국으로부터 들어온 書帖 내지 拓本을 모방함으로써 글씨를 배운 것으로 짐작할 수 있다고 생각합니다. 지금 江陵 烏竹軒에 남아 있는 사임당의 6폭 板刻 글씨를 보면, 사임당의 글씨체는 元 나라 趙孟頫(조맹부)의 서첩을 본받은 것이 아닌가 느낍니다만, 그것은 물론 확실치 않습니다. 어떻든 사임당에게 글씨 스승이 있었다는 말은 들어본 적이 없습니다. 한마디로 사임당은 스승으로부터 詩書畵를 배운 것이 아니라, 집안에 다소의 敎本이 있어서 그것을 통한 '獨學' 내지 '獨習'에 의해 이런 예술을 터득하여 독자적인 경지를 개발한 것이 분명하다고 생각됩니다. 신사임당은 그런 大天才였습니다.

經傳(이를테면 四書三經 등)은 누구에게서 배웠는가. 여기에도 스승은 없었던 것 같습니다. 물론 한문의 초보는 누군가가 가르쳤겠지만, 經傳의 깊은 뜻은 사임당 스스로가 천부의 '生而知之'의 능력으로 터득한 것으로 보아야 할 것입니다.

사임당이 몸에 익힌 貞潔한 志操와 溫雅한 태도, 閒靜한 擧動과 安詳한 處事 등은 어디에서 나왔는가. 나는 그것은 상당부분 사임당의 慈親(즉, 율곡의 외조모) 용인 李氏에서 나왔다고 봅니다. 이씨는 90평생을 통해, 남편에 대한 지극한 정성으로 中宗 때에 旌門을 허락받은 賢夫人이었습니다. 純孝의 정성으로 부모를 섬기고 자상하게 집안을 보살핀 어머니 李氏의 모습을 사임당은 자연스럽게 본받은 것으로 나는 봅니다.

사임당이 出嫁했을 때, 申進士는 사위인 李元秀公에게 이렇게 말했습니다. '나는 딸이 많은데, 다른 딸은 집을 떠나 시집을 가도 그리 섭섭하지 않으나, 그대의 아내(사임당)에 대해서는 내 곁을 떠나도록 하지 않겠네(吾多女息. 他女則辭家適人, 吾不戀也. 若子之妻, 則不使離我側矣).' 이 말에는 딸에 대한 부친의 간절한 마음이 잘 나타나고 있습니다. 그 말 속에는 앞으로 그대의 아내가 친정에 오고 싶다고 하거든 언제나 허락해 주기를 바란다는 간곡한 부탁이 있었다고 봅니다. 사위 이원수공과 그의 자당 홍씨는 사실 신진사의 이 부탁을 일생동안 잘 들어주었습니다. 시어머니 洪氏와 남편은 친정어머니에 대한 사임당의 지극한 효성을 잘 알고 있었습니다. 또 사임당의 예술적 천재성을 충분히 인식하고 있었습니다. 그래서 사임당에게 최대한의 자유를 허용하였습니다. 사임당으로 하여금 자주 강릉 친정에 가서 어머니를 모실 수 있도록 하고, 平昌郡 蓬坪의 산수 좋은 데 가서 천부의 예술 소질을 닦을 수 있게 허락하였습니다.

위대한 율곡선생도 강릉에서 탄생하여, 어머니로부터 글을 배우고 강릉지방의 여러 곳에서 독서와 연구를 했습니다. 강릉 서쪽 백두대간에 魯鄒山이라는 높은 산이 있습니다. 우리나라의 거의 모든 명산이 불교 이름을 가지고 있는데, 노추산만은 유교식 이름을 가지고 있습니다. '魯'는 孔子를, 鄒는 孟子를 가리키는 글자입니다. 나는 언젠가 이 산에 가본 적이 있는데, 산의 북쪽 언덕에 '二聖閣'이라는 허름한 樓閣이 있었습니다. 가보니 二聖이란 薛聰과 李栗谷을 指稱한 것이며, 그 樓閣은 여기 와서 공부를 하였다는 두 분을 위한 일종의 기념관이자 숙소였습니다. 율곡이 어머니를 여읜 후 강릉 부근의 山水를 헤맬 때, 여기에 잠시 머문 것이 아닌가 생각했습니다. 19세의 율곡이 금강산에서 거의 1년 동안 불교공부를 한 것은 알게 모르게 그에게 큰 도움이 된 것으로 나는 봅니다.

빈약한 능력과 많지 않은 자료를 통해 내가 그리는 신사임당의 모습은 매우 행복한 여성이었다는 것입니다. 47세의 짧은 壽命은 아쉽습니다만, 당시의 人命公算으로 보면 그리 恨스러운 정도는 아니었습니다. 사임당은 친정어머니의 생각을 하면서 여러 번 많은 눈물을 흘린 것 같습니다만, 그 눈물은 당연한 눈물이며, 불행에서 나온 것은 아니었습니다. 사임당은 일생동안 지극한 효성으로 두 어머니(시어머니와 친정어머니)를 모셨습니다. 그러면서도 5남매의 자녀를 훌륭하게 기르고 가르쳤습니다. 어머니가 아이들의 스승이었습니다.

사임당은 天賦의 藝術素質을 최대한 연마할 수 있는 행복을 누린 분입니다. 그 이면에는 친정 申進士宅과 시댁 李監察宅의 크나큰 도움이 있었습니다. 강릉의 친정부모의 모범과 넉넉한 살림은 사임당에게는 物心兩面으로 엄청난 혜택을 주었습니다. 坡州 시어머니의 開明한 家規와 小節에 구애되지 않는 남편 李主簿의 넓은 理解는 사임당에게는 다시없는 평생의 선물이었습니다. 사임당에게는 당시 우리나라 여성이 누릴 수 있는 최대한의 자유가 주어졌던 것입니다. 그가 원할 때에는 언제든 먼 강릉 친정으로 가서 편하게 글씨 쓰고 그림 그릴 수 있었습니다. 신사임당은 분명히 이 나라 역사상 가장 탁월한 천재였습니다. 동시에 가장 행복한 여성이었습니다. 사임당은 돌아간 지 460년 만에 이 나라 高額券에 아름다운 초상화가 인쇄됨으로써 이 나라가 줄 수 있는 가장 큰 영광을 받았습니다. 사임당의 모습이 지폐에 오른 것은 아들의 덕택은 아닙니다. 그 분 스스로가 그만한 대접을 받을 만했기 때문이었습니다.

나는 8년 전, 중국 山東省을 여행하면서 鄒縣(지금은 鄒城市) 四基山 기슭에 있는 맹자의 산소와 거기에서 상당히 떨어진 馬鞍山 기슭에 있는 맹자 어머니의 산소를 다녀 온 적이 있었습니다. 나는 맹자로부터 많은 것을 배웠고, 맹자의 어머니는 맹자를 가르친 분이었기 때문에 가본 것입니다. 이 두 산소는 문화대혁명 때에 많은 수난을 겪은 흔적이 역력하였습니다만, 지금은 달라져 있을 것입니다. 이 두 산소를 보면 역대의 중국인들이 이 두 분을 얼마나 높여 왔는가를 알 수 있습니다. 그때 율곡과 사임당의 생각을 했습니다.

나라가 잘 되자면 훌륭한 어머니가 많이 나와야 합니다. 교육의 기본은 가정에서 이루어져야 하며, 가정의 주인은 여성입니다. 그런 의미에서도 신사임당의 예술을 연구하는 김신자 여사님의 뜻이 잘 이루지기를 기원하며, 김여사님의 행운을 빕니다. 감사합니다.

| 제 2 부 |

式辭

민족문화추진회 직원에게 드리는 말씀

2004학년도 민족문화추진회 국역연수원 입학식 式辭

「SK 社外理事 倫理綱領」의 선포에 즈음하여

科學先賢 蔣英實紀念事業會 會長 就任辭

제30회 국역연수원 졸업식 式辭

민족문화추진회 직원에게 드리는 말씀*

본인이 회장으로 취임한 지 1년이 지났습니다. 그동안 여러분들이 주신 많은 도움에 대해 진심으로 감사드립니다. 민족문화추진회는 여러분들의 덕분으로 어려운 환경에서도 무난히 업무를 수행하고 있습니다. 그러나 개선이 필요한 점도 있어 보입니다. 너무 많은 욕심을 낼 수 있는 처지는 아닙니다만, 본인이 보기에는 우리의 矜持를 살리고 우리 스스로의 능력과 인격의 向上을 기하며, 우리의 직장을 보다 즐거운 곳으로 만들기 위해 우선 몇 가지 '更張'이 필요하다고 봅니다. 이제부터는 본인이 책임지고 업무를 챙기겠습니다.

I

민족문화추진회 직원들은 다음과 같은 사항에 유념해 주시기 바랍니다. 민족문화추진회는 국가의 지원을 받는 기관입니다. 국가의 기대에 부응하여야 합니다. 국민의 세금으로 우리의 일이 추진되고 있습니다. 대우가 불충분하다고 너무 불평하지 말고 일합시다.

현재 민족문화추진회에서는 서로 사이의 壁이 많아 의사소통이 어렵고, 각자의 잠재력을 개발하는 데 지장이 되는 점이 있는 것 같습

---

* 2003년 11월 27일 민족문화추진회 직원조회에서 사용한 원고임.

니다. 그런 점이 있다면, 적극적으로 고쳐 나갑시다. 짧은 인생에 세월이 빠르게 흐르고 있습니다. 각자가 다소의 '損害'를 감수합시다.

Ⅱ

이 직장을 보다 좋게 만들기 위하여 그 운영의 원칙으로 合理化, 透明化, 公平化, 能率化, 精銳化를 지향하도록 합시다. 우리가 하는 일을 철저하게 합리화하도록 하여, 우리의 능률을 최대한 발휘하도록 함으로써, 지금까지 하여온 모든 일을 과부족 없이 잘 수행합시다.

국역실, 편찬실, 연수원은 가급적 공평하게 업무를 분장하고, 補職은 循環交流하도록 합시다. 한 사람이 한 가지 일만 너무 오래 하는 일이 없도록 합시다. 精銳化를 기하기 위해, 질이 좋은 사람이 아니면 결원이 생기더라도 충원하지 말도록 합시다. 충원은 철저하게 透明하게 합시다. 번역의 책임량은 꼭 달성하도록 해야 합니다. 1999년 이후로 우리의 일이 현저하게 더디어지는 경향이 있습니다. 만에 하나라도 우리의 노력이 부족한 일이 없도록 합시다. 5校까지 본다는 것은 지나칩니다. 번역이 지나치게 기준미달이라면 그런 번역자에게는 번역을 맡기지 말아야 할 것입니다.

연수원의 교육은 능률의 향상을 지향합시다. 철저하게 합리적으로 교육을 추진합시다. 不合理한 점이 있으면 때를 놓치지 말고 시정합시다.

모든 것을 규정대로 합시다. 교수의 담당시간이 過多해서는 안 됩니다. 교수 자신과 학생을 위해서도 이것은 좋지 않습니다. 교무처장은 국역연구소 및 세미나에 관한 업무를 맡아야 합니다. 이 경우 국역실, 편찬실, 사무국에서 人力支援을 받을 수 있어야 합니다. 교무처장의 강의 담당시간은 適切히 줄여 주어야 할 것입니다.

세미나의 제목은 꼭 번역이 완료된 文集일 필요는 없습니다. 민족문화의 추진을 위해 시대가 요구하는 제목이 있을 것입니다. 번역하는 직원들이 가급적 논문을 쓰고 討議에 참석하도록 해야 합니다. 번역은 민족문화추진회에서 다하고 그것을 토대로 논문은 몽땅 다른 사람들이 쓴다는 것은 不合理합니다. 민족문화추진회의 세미나는 우리 스스로를 위해 있는 것이지 남을 위해 있는 것은 아닙니다.

국역실, 편찬실의 一定 職級 이상의 직원은 希望에 따라 國譯研修院의 교원이 될 수 있고, 번역과 아울러 강의시간을 담당할 수 있을 것입니다. 이를테면 四書三經이나 古文眞寶 등은 민족문화추진회의 고참 專門職員이면 누구나 가르칠 수 있고 또 있어야 합니다. '學不厭, 教不倦', '學 · 問 · 思 · 辨 · 行'이 같이 가도록 함으로써 우리 스스로의 향상을 기합시다. 가급적 많은 분들이 강의에 참여하여야 민족문화추진회에 活氣가 살아날 수 있습니다. 교원의 강의는 學期가 끝날 때마다 학생들의 評價를 받도록 해야 합니다. 학생이 선생의 평가를 한다는 것이 나쁜 점도 있습니다만, 시대가 이것을 요구하고 있습니다. '與時俱進', 우리도 시대와 발을 맞춰야 합니다.

교과목 및 교재의 選定에는 본회 직원들의 의견을 가급적 반영해야 합니다. 교과목은 需要者爲主로 짜져야 하며, 供給者爲主로 되어서는 안 됩니다.

2004학년도 민족문화추진회 국역연수원 입학식 式辭*

우선, 漢文의 修學에 뜻을 두고 어려운 試驗을 통과하여 이 연수원에 입학한 新入生 여러분에게 진심으로 祝賀와 歡迎의 뜻을 표합니다. 여러분이 앞으로 좋은 成果를 거두기를 진심으로 바랍니다.

그리고 公私 多忙하신데도 왕림해주신 內賓과 敎授 講師 여러분께 심심한 감사의 말씀을 드립니다.

우리 民族은 오랜 歷史를 통해 훌륭한 文化를 創造한 세계에서도 이름 난 文化民族입니다. 우리나라가 오늘날 어려운 국제 환경 속에서도 이 만큼 經濟發展을 하고 外交的으로 국제사회에 높은 위상을 성취한 것도, 다 우리의 先祖들이 독특한 高度의 文化를 만들어내어 그것을 우리에게 물려준 덕택이라고 생각합니다.

그러나 불행하게도, 우리나라는 19세기 하반기, 近代化에 낙후되어 國權을 잃는 悲運을 겪었습니다. 그 비극이 있은 후로, 우리는 선조들이 물려준 문화의 遺産을 송두리째 무시하고, 심지어는 그것을 죄악시하는 心理를 가지게 됨으로써 1,000년 동안 조상들이 힘써 이룩

---

* 2004년 3월 2일.

한 文化遺産이 우리에게 거의 아무런 도움이 되지 못하고 있습니다. 오늘날 우리가 겪고 있는 이 참혹한 混亂도 조상으로부터 물려받은 문화적인 智慧를 활용하지 못하고 있는 데 기인하는 것입니다. 한문 지식이 박약할 뿐 아니라 한자조차 폐지되어, 조상들이 남긴 그 방대한 文獻이 그냥 먼지 속에서 썩고 있습니다. 1,000년 동안 갈고 닦은 문화적 遺産이 그냥 버려진다는 것은 野蠻國에나 있을 수 있는 일이며, 이것은 참으로 慨嘆스러운 일이라고 하지 않을 수 없습니다.

조상으로부터 물려받은 것을 모른다면, 그것은 결국 나 자신을 모르는 것이나 다름없습니다. 나의 父母가 무엇을 하셨는지, 나의 祖父母가 무엇을 하셨는지를 모른다면, 그리고 심지어는 이런 것은 모르는 것이 낫다고 생각한다면, 그 사람은 결국 자기 자신이 누군지, 내가 서있는 곳이 어디인지를 모르게 되고 맙니다. 부모가 하신 일, 조부모가 하신 일이 다 훌륭했다는 것은 물론 아니며, 그 중에는 現代狀況에 맞지 않은 것도 있고, 고쳐야 할 점도 물론 많을 것입니다. 이것은 당연한 일입니다. 그것은 서양나라에 있어서나 日本의 경우에 있어서나 사정은 마찬가지입니다. 지금의 서양인들이나 일본인들의 조상이 100년 전에 한 일들은 오늘의 實情에 맞지 않는 것이 엄청나게 많았습니다. 그러나 서양 사람들이나 日本사람들은 조상으로부터 물려받은 것을 소중하게 여기고 그것을 改造하여 그들의 삶에 보탬이 되도록 한 데에 우리와의 差異가 있다고 봅니다. 옛날부터 죽지 않은 사람은 없습니다. 망하지 않은 나라도 없습니다. 죽은 사람이나 망한 나라의 經驗을 거울로 삼느냐 아니냐에 民族으로서의 叡智가 있는 것입니다.

民族文化推進會는 지금으로부터 39년 前인 1965년 11월 6일, 學藝術界의 지도급인사 50여 분이 喪失 危機에 있는 民族文化를 창달하여 나라의 進運에 이바지하고자 설립되었습니다. 제일 먼저 추진된 사업이 古典國譯이었습니다. 그러나 당시 국역을 담당하던 元老 學者들이 한 분 두 분 세상을 떠나시고, 傳統漢學의 脈 또한 단절돼 가는 추세에 雪上加霜으로 한글전용이 실시됨에 즈음하여, 이대로 가다가는 國譯事業조차 계속될 수 없다는 우려에서 推進會의 先輩들이 1974년에 이 國譯硏修院을 설립하여 漢文教育을 실시하기 시작했습니다. 그 후 29년 동안, 어려운 여건 속에서도 이 연수원은 1000여명의 人材를 양성하였으며, 오늘에 와서는 우리나라 漢學 및 國譯의 本山이 되었습니다. 여러분의 선배들은 대부분 대학에서 漢文教育을 받은 분이 많으나, 그것으로는 부족하여, 여기서 다시 깊이 있는 수업을 받음으로써 현재에는 漢文과 관련 있는 여러 분야에서 훌륭한 中樞的인 활동을 하고 있습니다.

오늘 이 자리를 빌어, 여러분에게 당부하고 싶은 말이 한 가지 있습니다. 앞으로 어려운 사정이 있더라도 中途에서 공부를 폐지하지 말라는 것입니다. 어려움을 견디십시오. 세상에 가치 있는 일치고 어렵지 않은 일이 어디에 있습니까. 大學院에 간다, 또는 論文을 쓴다는 등의 사정이 발생하겠습니다만, 어렵더라도 끝까지 연수원 과정을 이수하십시오. 우리 연수원의 임무는 우수한 專門家, 우수한 學者를 배출하는 일입니다. 연수원의 教講師들도 여러분과 같이 공부하고 연구하는 우수한 분들이기 때문에, 여러분만 잘 하면 아마 공부가 무척 재미 있을 것으로 확신합니다. 그러나 여러분이 적당히 시간만 채우려 한다면 여러분의 硏修過程은 쉽다고 할 수는 없을 것입니다. 부디 서로가 서로를 도와주고 격려하고 切磋琢磨하여, 여러분이 졸업할 때에는 훌륭한 專門家, 우수한 學者가 되기를 바랍니다.

여러분은 참으로 좋은 공부를 선택하였습니다. 여러분이 선택한 學問은 지금 세상에 큰 인기는 없습니다만, 그것은 세상의 잘못이지 여러분의 잘못은 아닙니다. 여러분의 敎科의 內容은 5,000년 동안의 동아시아 최고의 知性의 검증을 받은 것이며, 나의 소견으로는 세계에서도 가장 빛나는 역사의 산물입니다. 그것은 앞으로 여러분이 무엇을 하든 여러분의 인생살이에 더 없는 소중한 資産이 될 것임을 확신합니다. 요는 여러분의 誠意와 努力 여하에 달려 있습니다. 本會에서도 나 자신을 포함하여 모든 사람들이 여러분의 어려움을 덜어 드리고자 최선을 다하겠습니다. 잘 하십시오.

「SK 社外理事 倫理綱領」의 선포에 즈음하여*

우리가 (주)SK의 社外理事로 선임된 지 5개월이 지났습니다. 그동안 우리는 社外理事로서의 所任을 誠心으로 수행하였고, 회사도 우리의 圓滑한 任務遂行을 위해 가능한 모든 지원을 아끼지 않았습니다. 또 우리는 大德의 SK 기술원, 蔚山의 精油 콤플렉스 등을 방문하여 SK가 발전하는 활기 있는 現場을 보기도 했습니다.

우리 일곱 사람이 SK의 社外理事가 됐을 때에는 서로가 서로를 잘 몰랐습니다. 거의 반 년이 지나는 동안 公私間 많은 접촉이 이루어지면서 이제는 서로 舊面이 되었습니다. 그리하여 우리의 하는 일에 있어서도 상당히 密度 있는 共感帶가 형성되고 있습니다. 그 共感帶 중에서 가장 중요한 것은, SK가 앞으로 세계 超一流의 기업이 되기 위하여 특히 이 시점에서 중요한 것은 우리 社外理事들이 負荷된 任務를 過不足 없이 잘 수행하는 일이라는 자각입니다. 동시에 우리의 任務가 잘 수행되기 위해서는 우선 무엇보다도 우리 스스로가 우리의

---

* 2004년 8월 20일 (주)SK의 社外理事 一同이 「社外理事 倫理綱領」의 선포에 즈음하여 筆者가 쓴 글로써 記者會見 때, 그대로 읽은 것이다. 「倫理綱領」 自體는 南大佑 理事가 기초했는데, 그 내용은 社外理事 전원이 많은 논의를 거쳐, 합의하여 채택했다.

任務의 內容과 目標를 잘 알아서 우리의 思考와 行動이 그것과 어긋나지 말아야 할 것입니다. 그래서 우리 스스로를 깨우치고 또 우리의 일에 관심 있는 모든 사람들에게 우리의 생각을 알리기 위해, 우리는 「社外理事 倫理綱領」을 公布하기로 했습니다.

倫理綱領의 내용에는 何等 신기한 것이 없고, 어디에 가도 妥當한 經營原理를 천명한 것에 불과합니다. 그러나 지금 이 時點에서 우리가 필요로 하는 것이 바로 '原則'이고, 그 원칙이 잘 지켜져야만 SK가 잘 될 수 있다는 信念이라 생각합니다. 우리 사외이사 7명은 앞으로 똘똘 뭉쳐서 누구에게 대항하거나 우리의 私私로운 이익을 확보하기 위해 무리한 일을 추진하자는 것은 물론 아닙니다. 우리는 어디까지나 公正無私한 心思를 가지고 있다고 自負합니다. 公正無私한 心思로 原理原則에 따라 임무를 수행함으로써 우리는 우리에게 負荷된 임무를 달성하고, 크게는 SK 株主와 SK 가족이 다 잘되게 하며, 나아가서는 國民經濟의 발전에도 寄與할 것을 다짐합니다.[1)]

SK㈜ 社外理事 倫理綱領

SK㈜ 社外理事는 理事로서 긍지와 사명감을 갖고, 實踐해야 할 指標를 정하고, 또 그것을 지킬 것을 선언한다.

---

1) 참고자료로 SK(주) 社外理事 倫理綱領 全文을 아래에 收錄함.

一. 우리는 독립된 理事로서 SK㈜ 理事會의 기능과 역할의 중요성을 인식하고, 理事會가 SK㈜의 最高 意思決定機構임을 확인한다.

一. 우리는 원칙을 지키고, 투명한 경영으로 SK㈜의 건실한 발전과 企業價値 增進에 이바지할 수 있도록 각자의 力量을 최대한 발휘한다.

一. 우리는 SK㈜가 企業의 사회적 책무를 다함으로써 國家發展에 寄與할 수 있도록 노력한다.

一. 우리는 私利를 추구하지 아니하고 利害關係者로부터 超然한 입장을 견지하면서 SK㈜ 企業價値를 손상시킬 우려가 있는 일이 발생하지 않도록 각별히 노력한다.

一. 우리는 責任感을 갖고 정성을 다하며, 서로의 信賴와 協力을 바탕으로 理事會 運營을 발전시킴으로써 활기찬 SK㈜ 理事會 文化를 이룩한다.

二千四年八月二十日

SK㈜ 社外理事 趙 淳, 韓永錫, 朴鎬緖, 南大祐
吳世鐘, 金泰由, 徐允錫

科學先賢 蔣英實紀念事業會 會長 就任辭*

오늘 우리나라 과학기술 및 발명의 象徵인 장영실선생을 기념하는 사업을 추진하는 과학선현 장영실선생기념사업회의 회장직에 취임하게 된 것을 불초소생은 필생의 영광으로 생각합니다. 동시에 저와 같은 천학비재의 인물이 무거운 소임을 맡은 데 대하여 많은 책임감을 느끼며, 미력이나마 저의 성의를 다하여 임무를 수행할 것을 다짐합니다.

장영실선생은 그 일생 자체가 우리 후진들에게 많은 감동을 줍니다. 그의 선조가 중국으로부터 이 나라 서해안에 이주한 후로 가세가 넉넉지 못하여, 모친이 官妓라는 미천한 신분이었다는 점부터, 우리에 깊은 감동을 주기에 충분합니다. 소시 때부터 타고난 천재가 발휘되어 향리를 위하여 많은 것을 성취하였습니다. 그의 탁월한 재질이 마침내 세종대왕에게 알려진 것 또한 놀라운 일이었습니다. 조정의 부름을 받아 세종대왕의 명을 받들어 자격루, 측우기 등 갖가지 발명을 하여 우리나라 발명사에 영원히 남은 업적을 남긴 것은 우리나라 역사상 가장 빛나는 일 중의 하나였습니다. 그를 시기하는 사람들의 많은 모함을 받는 와중에 세종대왕의 명을 받아서 御駕를 새로 만들

* 2005년 2월 18일.

었다가, 어찌된 일인지 그것이 제대로 작동하지 못하여 무거운 처벌을 받은 것은 가혹한 일이었습니다. 더욱이 끝내는 간데 온데 없이 역사책에서 영영 사라짐으로써 철천지한을 남긴 것은 참으로 비통한 일이었고 나라의 비운이었습니다.

장영실선생이 그 후 오백년 동안, 오늘에 이르기까지 제대로 伸寃을 받지 못하고 그의 업적과 뜻이 顯彰되지 못한 점은 이 나라 역사의 치욕의 한토막이라 생각합니다. 그러나 나라의 선각자는 항상 나라와 더불어 영원히 국민정신 속에 살아 있는 법입니다. 이 장영실선생 기념사업회가 존재하고 이 자리에 우리나라 여러 분야의 지도급인 사들이 참석하신 사실 자체가 선생의 伸寃이오 顯彰이 아니겠습니까. 또 일전의 신문보도에 의하면, 선생의 영정을 우리나라 紙幣에 길이 모시자는 각계의 의견이 한국은행에 의하여 收斂되었다고 하니, 이것은 참으로 기쁜 일이고 선생의 英靈에 대한 위안으로 될 것입니다.

오늘날은 지식산업의 시대, 과학기술발명의 시대입니다. 과학기술의 향상과 발명 없이는 나라의 경제가 발전할 수 없을 뿐 아니라, 사실 국가의 존립 자체가 어려운 시대가 되었습니다. 오늘의 우리나라는 제2의 장영실, 제3의 장영실의 출현이 절실히 필요합니다. 과연 그런 천재가 있을 것인가의 문제가 있겠습니다만, 저는 반드시 있다고 생각합니다. 천리마는 어느 나라 어느 시대에도 있기 마련인데, 문제는 오히려 천리마를 알아보고 그것을 제대로 키우는 사람이 있는가가 문제일 것입니다. 알아보고 키우는 사람이 없다면, 천리마는 다른 말과 같이 외양간 안에서 시들다가 죽을 것입니다. 우리가 해야 할 일은 천리마와 같은 천재를 발굴하고 기르는 일입니다. 우리 기념사업회는 이 국가적 사업에 일조가 되도록 과학기술자의 업적을 발굴하고 표창함으로써 국민에게 이 일의 중요성을 일깨우는 일입니다.

이 기념사업회는 창립 이래로 역대 임직원들, 그리고 후원해 주시는 여러분의 헌신적인 도움으로 오늘에 이르렀습니다. 특히 오늘 퇴임하시는 정근모 회장께서는 남다른 성의와 능력으로 많은 일을 성취하시었습니다. 또 김기형 이사장께서는 항상 적극적으로 사업회의 길잡이가 되어주신 것으로 알고 있습니다. 두 분은 앞으로도 변함없이 이 회를 도와주실 것을 확신하고 또 기대합니다. 이 자리에 왕림하신 여러분, 그리고 우리나라 과학기술 분야의 모든 분들께 앞으로 배전의 성원을 해주실 것을 부탁드립니다.

여러분의 건강과 가정의 행운, 그리고 우리나라 과학기술 발명자 여러분의 鴻運을 빌어 마지않습니다.

제30회 국역연수원 졸업식 式辭*

친애하는 졸업생 여러분, 교수, 강사 여러분, 직원 여러분, 그리고 자리를 함께해 주신 귀빈 여러분!

우선 먼저 오늘 연수부 3년, 상임연구부 3년, 일반연구부 2년의 과정을 성실히 이수하고 영광의 졸업장을 받게 된 졸업생 여러분에 대해 진심으로 축하의 말씀을 드립니다.

또 힘들고 어려운 가운데서도 심혈을 기울여 졸업생 여러분을 가르쳐주신 국역연수원의 교수 및 강사 여러분의 수고에 대해 마음 속 깊이 치하합니다. 동시에 음으로 양으로 여러분을 도와주신 직원 여러분에게 진심으로 고마운 뜻을 전합니다.

여러분의 졸업을 축하하는 데에는 두 가지 의미가 있습니다. 하나는 여러분이 참으로 좋은 공부를 하였다는 데 대한 축하입니다. 지금 세상을 사는 사람 중에 여러분이 해 온 공부를 하는 사람은 거의 없습니다. 여러분은 그런 인기 없는 공부에 뜻을 두고 어려운 환경을 극복하고 초지일관, 소정의 과정을 다 마쳤습니다. 장한 일이라고 생

* 2006년 2월 25일 민족문화추진회 부설 국역연수원 원장으로 행한 졸업식 식사임.

각합니다. 남들이 하지 않는 공부를 한 보람에 대해 축하하고자 하는 것입니다. 여러분이 배운 공부의 내용은 대단히 좋은 것이고, 여러분 자신이 아마 그것을 느낄 것입니다. 그 공부에는 스스로의 몸을 수양하고 좋은 가정을 만들며, 세상을 바로 보는 방법, 나라를 바로 잡는 방법을 일깨워주는 마음의 근본이 담아져 있습니다. 그것은 여러분을 어질고, 마음이 넉넉하고 현명하며, 즐거운, 긴 일생을 가지게 할 것입니다. 세상에 이보다 더 좋은 공부가 어디 있겠습니까.

여러분을 축하하는 또 한 가지 의미는 여러분이야말로 남들이 돌보지 않는 우리 민족문화를 지키고 후대에 전하는 국가적인 사업을 추진할 수 있는 능력을 갖추었다는 의미입니다. 본 국역연수원은 우리 민족문화추진회가 국학 진흥의 초석이 되는 우리 고전의 국역 사업을 발전시켜 나갈 인재를 양성하기 위하여 설립한 것인데, 금년으로 30회의 졸업생을 배출하게 되었습니다.

그동안 1,119명이라는 많은 인재를 배출하여 학계, 교육계, 그리고 관련기관에 큰 도움이 되었습니다. 우리 연수원을 졸업한 많은 인재들이 지금 전국 각지의 연구기관과 관련 단체에서 꼭 필요한 전문요원으로 활약하고 있습니다. 40년의 세월에 걸쳐, 교육의 냉대를 받아온 국학연구의 초석을 놓는 데 이만큼이나마 기여했다는 것은 큰 보람이었고, 우리의 업적에 대해 응분의 자부를 느껴도 좋을 것입니다.

이제 국역연수원도 시대의 변천에 따라 점차 달라지고 있습니다. 민족문화추진회 자체가 달라지고 있고, 앞으로 더 많이 달라질 것입니다. 국역연수원의 교육내용과 운영방식도 새롭고 효율적인 방향으로 개선되고 있습니다. 이 자리를 함께 하시는 여러분도 본 연수원의 발전을 위해 끊임없는 후원과 적극적인 협조를 해주실 것을 부탁드립니다.

졸업생 여러분께 바라는 것이 하나 있습니다. 이제부터 여러분의 공부와 연구가 시작되었다는 말입니다. 말할 나위가 없는 일입니다만, 졸업을 하였다고 학문이 끝난 것은 아니고, 여러분의 학문과 사색의 지평이 새로운 광대한 신천지를 맞았다는 것을 의미합니다. 물론 공부를 하는 자세와 마음가짐에 따라서 공부의 효과는 많이 다르겠습니다만, 우리의 공부가 한 고비 한 고개를 넘을 때마다 새로운 사고와 연구를 요하는 일이 우리를 기다리고 있습니다. 인생의 문제는 어렵습니다. 사회의 문제도 어렵습니다. 그 문제를 누가 풉니까. 우리 스스로가 풀어야 합니다. 그것이 공부입니다. 어려운 문제에 대한 새로운 해답이 구해졌을 때, 거기에 인생 최대의 기쁨이 있습니다. 그 기쁨이 바로 아침에 道를 얻으면 저녁에 죽어도 좋다는 뜻이 아닌가 생각합니다. 여러분은 앞으로도 성실히 공부를 계속하고, 공부한 내용을 성실히 실천하기를 바랍니다. 실천 없는 공부는 자기를 위해서나 남을 위해서나 유해무익할 것입니다. 사실, 공부는 머리로 하는 것이 아니라 마음으로 하는 것이라는 것을 본인은 어렴풋이 느끼고 있습니다.

졸업생 여러분!

이제 학문이 어느 정도 성숙되었다고 생각하지 마시기를 바랍니다. 이제부터 시작이라고 생각하고 더욱 더 정진하여 보다 좋은 사람이 되는 동시에 우리나라 국학 발전에 일익을 담당할 큰 재목으로 성장하길 바랍니다. 졸업한 후에도 가끔 이곳을 찾아주시기 바랍니다. 우리 모두는 깊은 관심과 애정으로 여러분의 행보를 지켜볼 것입니다. 졸업생 여러분의 앞날의 행운을 빕니다. 감사합니다.

| 제 3 부 |

祝辭, 推薦辭

2004년도 아산장학생 장학증서 수여식 축사*

우선 아산사회복지재단의 장학생으로 선발된 장학생 여러분에게 진심으로 축하의 말씀을 드립니다. 또 동시에 장학사업을 성심성의를 다하여 추진함으로써 여러분과 같은 훌륭한 장학생을 선발하여 이 식전을 가질 수 있게 해 주신 아산복지재단 여러분께 심심한 감사의 말씀을 드립니다. 그리고 이 장학사업과 아울러 많은 다양하고 훌륭한 복지사업을 추진할 수 있도록, 아산사회복지재단을 설립하신 故아산 정주영 선생에게 무한한 경의를 표하는 바입니다.

장학생 여러분!

여러분은 실로 많은 지망자 중에서 세심하고 공정한 심사를 거쳐 최종적으로 선발되었습니다. 여러분 중에는 다른 학생에 비해 성적이 월등히 우수한 사람도 있습니다. 또 장래가 촉망되는데도 가정 형편이 넉넉지 못하여 학업의 이수에 지장이 있기 때문에 선발된 사람도 있습니다. 그리고 그 밖의 여러 가지 기준에 합당함으로써 선발된 사람도 있습니다. 아무튼 여러분은 하나 같이 알뜰한 이 나라의 꿈나무

---

* 2004년 2월 27일 백범기념관에서 행한 2004년도 아산복지재단 장학생 장학증서 수여식 축사.

들입니다.

이 장학금을 받음으로써 여러분은 앞으로 마음 놓고 공부할 수 있게 되었습니다. 여러분은 공부를 해서 무엇이 되기를 원하는 것입니까. 여러분의 대답은 자명합니다. 여러분의 능력이 최고도로 발휘되어 이 나라의 장래를 짊어지고 갈 훌륭한 사람, 훌륭한 인재가 되고자 하는 것이 아니겠습니까. 그렇습니다. 그것이 정답입니다. 이것이 이 장학재단을 설립하신 아산 선생의 뜻이었다고 본인은 믿습니다. 여러분은 훌륭한 사람, 훌륭한 인재가 되어야 합니다.

장학생 여러분!

여러분은 몸과 마음이 젊습니다. 젊다는 것은 무엇을 말하는 것입니까. 여러 가지 하고 싶은 일이 많고 긴 장래를 앞에 두고 있다는 것을 의미합니다. 다시 말해서, 꿈이 많다는 것을 의미합니다. 여러분은 우선 오색이 영롱한 좋은 꿈을 가지기 바랍니다. 높은 이상을 가져야 합니다. 그 중에서 여러분은 가장 하고 싶은 것을 선택할 것입니다. 어떤 것을 선택해야 합니까. 여러분의 이상과 개성과 능력에 잘 맞는 것을 선택해야 합니다. 일단 선택이 이루어지면, 그 목표를 향해, 전후좌우 살피지 말고, 남이 뭐라 하든 개의치 말고, 일로 매진하기를 바랍니다. 길은 멀고 짐은 무겁기 때문에, 힘든 경우가 많겠지만, 좌절되지 말고 꾸준히 전진해야 합니다.

여러분의 꿈은 사상누각이 돼서는 안 됩니다. 여러분의 뜻이 공중에 떠서는 안 됩니다. 단단한 마음의 기초가 있어야 합니다. 훌륭한 인재란 무엇입니까. 그것은 우리나라와 사회가 절실히 필요로 하는 사람을 말합니다. 그런 사람은 어떤 사람입니까. 그리고 또 그런 사람이 되기 위해서 여러분은 무엇을 해야 하는 것입니까. 본인은 이 자리를 빌려서 이 두 가지 문제에 대해 몇 가지 본인 자신의 의견을 말씀드리고 싶습니다.

장학생 여러분!

인재란 무엇입니까. 그것은 이 나라와 사회에 대해 필요하고 유익한 일을 하는 사람, 이 나라가 잘되는 데 보탬이 될 수 있는 사람을 말하는 것입니다. 인재라 하면 사람들은 흔히 대통령이나 장관, 장성, 예술가, 학자, 기업가 등 사회의 지위나 명성이 높은 사람을 말하는 것으로 생각합니다. 그러나 인재란 이런 사람들만이 아닙니다. 인재의 기준은 나라와 사회의 발전에 보탬이 되고, 다른 사람들에게 기쁨을 주고 도움이 되는 사람을 말합니다. 훌륭한 대통령, 훌륭한 정치인, 훌륭한 학자, 훌륭한 예술가는 물론 인재입니다. 그러나 이런 사람들에 못지않게 훌륭한 회사원, 훌륭한 기술자, 훌륭한 간호원, 훌륭한 청소부 등도 다 나라가 필요로 하는 사람들입니다. 다시 말해서, 이 사람들도 모두 인재입니다.

장학생 여러분!

여러분은 앞으로 어떤 직업을 갖든지 그 직업을 훌륭하게 수행하고 남의 모범이 됨으로써 남의 사랑과 존경을 받는 사람이 되기를 바랍니다. 그것이 바로 인재입니다. 여러분은 그런 의미의 좋은 인재가 되기를 바라고 기대합니다.

좋은 인재가 된다는 것은 그리 쉬운 일이 아닙니다. 여러분이 지금 이 순간에 여러분들이 사랑하고 존경하며, 그 사람을 모범으로 삼고자 하는 사람이 과연 몇 분이나 됩니까. 그것을 생각하면, 좋은 인재가 된다는 것은 어려운 일이라는 것을 알 수 있습니다. 그러나 다른 한편으로 생각하면, 좋은 인재가 된다는 것은 꼭 어려운 일이라고만 할 수도 없습니다. 왜냐하면, 마음을 어떻게 가지느냐에 따라 누구나 좋은 인재가 될 수 있기 때문입니다. 바른 마음과 성실한 노력이 있으면 누구나 좋은 인재가 될 수 있는 것입니다.

자, 그렇다면, 좋은 인재가 될 수 있는 방법은 무엇입니까. 우선 가장 중요한 것은 좋은 사람이 되겠다는 여러분의 뜻이라고 본인은 생각합니다. 정직하고 용기 있고 성실하고 겸손한 사람이 되겠다는 뜻이 그것입니다. 여러분은 좋은 인재가 되겠다는 뜻을 세우고, 앞으로 언제 어디서 무엇을 하든 거짓이 없고, 겉치레를 모르고, 남한테 잘난체 하지 않으면서도 옳은 일을 위해서는 몸을 바칠 수 있는 마음을 닦아야 합니다. 그리고 남에게 겸손하고 감사하는 마음을 지녀야 합니다. 자기보다 좀 못한 처지에 있는 사람을 깔보는 마음, 이것처럼 추한 마음이 없습니다. 겸손한 마음이 없는 사람은 천한 사람입니다. 겸손한 마음은 아름다운 마음입니다. 겸손한 행동에는 자연히 품위가 따라 옵니다.

그리고 남에게 감사할 줄 알아야 합니다. 이를테면, 오늘 여러분에게 장학금을 준 아산 복지재단에 대해 여러분은 장학금의 수여가 당연하다고 생각해서는 안 됩니다. 이 장학금에 대해 깊은 감사의 마음을 잃지 말기를 바랍니다. 그 마음을 잃는 순간, 여러분의 장래는 밝을 수 없습니다. 감사의 마음이 없는 사람은 좋은 인재가 될 수 없습니다. 신의 없는 사람이 영영 성공하는 예를 본인은 아직 보지 못했습니다. 정직하고 용기 있고, 성실하고, 겸손한 사람은 당장에는 손해를 보는 수도 간혹 있습니다. 그러나 그런 사람은 끝내는 성공합니다. 사실 이러한 덕목을 갖춘 사람이 되겠다는 뜻을 세우지 않고는 나라와 사회에 기여하는 인재가 될 방법은 없습니다.

끝으로, 어떻게 하면 그 뜻이 이루어지는가. 다시 말해서, 인재가 되기 위한 방법이 무엇인가에 관해 한 마디 하겠습니다. 이치는 간단합니다. 뜻이 있는 곳에는 길이 있는 법입니다. 아까 말씀드린 덕목을 실천하는 버릇을 기르는 일입니다. 항상 정직하게 말하고 정직하게 행동하는 버릇을 길러야 합니다. 사람한테 겸손한 말을 하고 행동을 하는 버릇을 길러야 합니다. 원래 사람은 습관에 의해 많은 것이 결정됩니다. 나는 많은 학생을 가르친 경험이 있는데, 어떤 사람은 타고난 소질이 아주 훌륭한데도 불구하고 좋은 인재가 되지 못한 경우도 있었습니다. 이와는 반대로, 어떤 사람은 그리 출중한 소질이 없는데도 나이가 들어감에 따라 많은 일에 성공을 거두고 남의 사랑과 존경을 받는 경우도 많았습니다. 이 차이는 어디에서 나왔느냐, 그것은 습관의 차이라고 본인은 보았습니다. 2천 년 전에 아리스토텔레스가 말한 바 있습니다. 어떤 큰 좋은 일을 성취하는 것은 갑자기 이루어지는 것이 아니고, 그 일을 성취하기 위한 좋은 습관이 쌓이고 쌓여서 어느 날 그 업적이 나오는 것이라고 말한 바 있습니다.

멀리 그리스의 나라로 갈 것도 없습니다. 2,500년 전에 공자가 말씀했습니다. 「性相近也, 習相遠也」라고. 즉, 타고난 천성과 능력은 서로 같은데도 불구하고 습관이 서로 달라서 사람들의 차이가 많이 생긴다는 말인데, 참으로 옳은 말씀입니다. 좋은 습관을 기르고 못 기르고가 인생의 성공을 판가름합니다. 습관은 제2의 천성이라는 말이 있지 않습니까. 비근한 예로, 가족이나 남에게 친절히 대하는 습관이 없는 사람이 사회를 위해 무슨 좋은 일을 할 수 있겠습니까. 여러분에게 한 가지 실험해 보기를 권하고 싶은 일이 있습니다. 여러분들이 만일 아산재단에 대해서 감사한 마음을 가진다면, 그것을 마음속에 간직하고만 있지 말고 그 마음을 표시하는 것이 좋습니다. 편지 한 장이라도 쓰고, 가끔 여러분의 공부의 진전을 알려주는 것을 습관화하는 것이 어떨까 생각합니다. 그것은 대수롭지 않은 것 같지만, 여러분 중에 만일 그런 일을 할 수 있는 사람이 있다면, 그 사람은 반드시 좋은 큰 사람이 될 것으로 나는 확신합니다. 한 번 해 보십시오, 여러분 스스로가 달라지고 세상을 대하는 눈이 열릴 것입니다. 좋은 생각을 하고 좋은 행동을 하는 습관을 기르는 일, 이것이 인재가 되는 길입니다.

거듭 여러분의 장학생 선발을 축하하며, 여러분의 앞날에 행운과 성공이 있기를 기원하면서, 축사의 말씀으로 갈음합니다.

高峯 奇先生 神道碑 건립식 축사*

우선, 많은 어려움에도 불구하고 고봉선생의 신도비가 건립되어 이 성대한 식전이 개최된 데 대해 충심으로 축하의 뜻을 표합니다. 그동안 고봉선생의 16대손인 기성근 종손과 후손 여러분의 많은 노력이 훌륭한 결실을 맺은 데 대해 아낌없는 찬사를 보냅니다. 그리고 직접 간접으로 성원해 주신 호남의 유림의 여러분에게도 깊은 감사의 말씀을 드립니다. 또 광주시장님, 전남도지사님을 비롯하여 많은 귀빈이 이 자리를 빛내 주신 데 대해 심심한 경의를 표합니다.

고봉선생이 돌아가신 지 금년이 바로 431년이 되었습니다. 그동안의 이 나라의 흥망성쇠의 자취를 보면 정말로 엄청납니다. 선생이 섬기시던 당시의 왕조가 역사 속으로 사라진 지도 실질적으로 거의 백 년이 되었습니다. 일본의 식민지가 되어 쓰라린 세월을 보냈습니다. 식민지 신세를 면한 후에도 국토가 분단되어 처참한 동족상잔의 내란을 겪었습니다. 남북으로 갈라진 후, 남한은 경제적으로 상당한 발전을 하여 이제는 국제적으로도 부유한 나라로 치부되게 되었습니다.

그러나 태평성대는 아직도 오지 않았습니다. 남북의 평화통일의 기

---

* 2004년 6월 15일.

약은 아직도 멀었습니다. 경제는 어느 정도 발전했지만, 교육에는 정신적인 알맹이가 없고, 부조리가 나날이 성해 가고 있습니다. 예의와 윤리는 땅에 떨어지고 풍속은 퇴폐하고 있습니다. 고봉선생이 일상 읽으시고 쓰시고 하시던 한자와 한문은 이제 거의 없어져 버렸습니다.

이러한 때를 당하여 새삼 고봉선생의 신도비를 세우는 목적이 어디에 있습니까. 첫째는 몇 백 년에 한 분밖에 나오지 않을 위대한 선조의 학덕을 기리고 顯彰하려는 후손의 효성을 들 수 있습니다. 이것은 아주 당연하고 훌륭한 일입니다. 새삼 이 일을 성공시키신 후손들은 정말로 좋은 일을 하셨습니다. 그러나 이 碑의 목적에는 이 이외에 더 큰 것이 있습니다. 道德과 倫理가 날로 무너져 내리는 이때를 당하여 이 시대를 사는 모든 사람들, 그리고 특히 자라나는 젊은 世代에게 우리의 선조가 만들어내고 이어받은 精神的 遺産이 어떤 것이냐를 일깨워주기 위한 뜻이 있습니다. 나라의 흥망성쇠는 동서고금을 막론하고 언제나 있는 일입니다만, 나라의 쇠망을 가지고 오는 가장 확실한 길이 하나 있습니다. 그것은 미국의 역사학자인 아더 슐레신저(A. Schlesinger)의 말을 되새길 필요가 있습니다. 그는 『미국의 분열』이라는 그의 저서에서 이렇게 쓴 바 있습니다.

한 나라의 사람들을 말살하는 첫째 단계는 그 기억을 잃어버리게 하는 것이다. 즉, 책이나 문화, 그리고 역사를 파괴하는 것이다. 그리고 나서 누군가를 시켜서 새로 책을 쓰게 하고 새로운 역사를 발명하는 것이다. 그 나라는 머지않아 현재도 과거도 다 잊어버리게 된다.

우리는 일제시대에 이 방법에 의해 희생된 쓰라린 경험을 한 적이 있습니다. 지금도 우리나라는 바로 과거의 일은 모두 잊어버리자는 허망한 논리의 희생이 되고 있습니다. 우리 후진들은 조상이 어떤 생각으로 무엇을 했는지 아는 것이 너무나 적습니다. 과거로부터의 단절이 이렇게 심한 나라는 찾기 힘들 것입니다. 과거가 소중하다는 것은 과거의 모든 일이 좋아서가 아닙니다. 좋지 않은 일도 물론 있습니다. 어느 나라 역사에도 좋지 않은 점이 있습니다. 우리는 그것도 알고 소중히 여기고 고쳐 나가야 합니다.

이러한 때를 당하여, 오늘 이 나라가 낳은 역사상 가장 위대한 학자 중의 한 분인 기고봉선생의 행적을 담은 비가 세워지는 것은 우리의 후진에게 과거의 중요성을 일깨워 주는 크나 큰 뜻이 있다고 생각합니다.

저는 고봉선생의 문집과 관련 문헌을 읽고 고봉선생에 관하여 다소나마 알게 되었습니다. 알면 알수록 선생의 거룩함을 느끼며, 그 분의 수명이 너무 짧았다는 것을 한탄합니다. 선생이 그 탁월한 재능을 가지고 젊은 나이에 여러 가지 학문에 능통하신 일은 새삼 되새길 필요가 없습니다. 선생이 文科에 합격하여 벼슬길에 오르신 32세 때부터 돌아가신 46세 때까지의 행적 중에서 가장 감명을 받고, 어떤 의미에서는 관심의 대상이 되는 대목이 세 가지 있습니다.

첫째, 고봉선생은 항상 성현의 가르침을 그대로 실천하셨습니다. 조정에서의 행적, 정책 권고, 경연에서의 강의내용 등을 보면, 당시의 정계의 이슈가 되었던 更張이나 實務보다는 늘 인재를 잘 기르고 좋은 사람을 등용하는 쪽으로 관심을 가졌습니다. 말하자면 아주 순수한 학자였고, 그 기본적인 철학은 일생동안 始終一貫 변함이 없었습니다. 한마디로 선생은 순수한 선비의 표본이었습니다.

둘째, 고봉선생은 그러면 세상일에 어두운 분이었느냐 하면, 전혀 그렇지 않았습니다. 시국과 세상을 잘 아신 분이었다고 저는 봅니다. 세상일을 알면 알수록 원칙을 지키는 일이 중요하다고 느끼신 것으로 봅니다. 선생은 벼슬을 그만두고 고향으로 돌아오실 때, 어떤 사람이 선생에게 벼슬을 하는 동안 꼭 알아야 할 점이 무엇이냐는 질문을 했습니다. 이 물음에 답하여, 고봉선생은 幾와 勢와 死의 세 가지만 알면 거의 틀림이 없을 것이라고 답하였습니다. 여기에서 '幾'라 함은 機會, 時機 내지 出處를 말하는 것으로서, 나가고 물러가는 기회를 잘 알고 때를 놓치지 말아야 한다는 것입니다. 둘째, '勢'라 함은 나라와 시대의 大勢를 잘 알아야 한다는 것입니다. 『近思錄』에도 「知時識勢 易之大方」이라는 말이 있는데, 이것을 두고 하신 말씀이 아닌가 생각됩니다. 시대의 대세를 아는 것, 이것이 없으면 어떻게 학자라 하고 선비라 하겠습니까. 셋째, '死'는 글자 그대로 죽는 것을 알아야 한다는 것, 즉 의롭게 살고 의롭게 죽어야 한다, 즉 죽는 방법을 잘 알아야 한다는 것입니다.

셋째, 제가 느끼기로는 고봉선생이야말로 李退溪先生이 가장 아끼고 존중하고 신임하는 제자였다는 사실입니다. 두 선생은 일생 동안 세 번밖에 대면하지 못했지만, 두 분 사이에는 가장 친근하고 서로 존경하는 사제의 관계가 있었습니다. 퇴계는 당신이 부탁받은 晦齋李彦迪先生의 신도비문을 짓기를 사양하고 대신 고봉선생으로 하여금 짓게 하였습니다. 뿐만 아니라 퇴계는 그의 先考의 비문을 고봉에게 짓도록 하였습니다. 퇴계의 비문 역시 고봉이 지었습니다. 두 선생 사이의 관계가 어떠하였는가를 짐작할 수 있습니다.

고봉선생은 오래 전에 돌아가셨습니다만, 선생의 정신은 오늘에도 살아 있습니다. 그 정신이 앞으로 더욱 잘 이어져서 이 나라의 발전에 기여하기를 바랍니다. 그렇게 만드는 것은 바로 오늘을 사는 우리의 책임입니다. 그것을 못한다면, 우리의 면목이 없을 것입니다. 선생의 英靈에 다시 한번 깊은 존경과 감사의 뜻을 표합니다.

한국인간개발연구원 창립 30주년 축사*

인간개발연구원의 나이가 올해 30이 됐다. 그동안 연구원이 이렇게 훌륭하게 자란 것은 오로지 장만기 회장의 비전과 헌신적인 노력, 그리고 그동안 물심양면으로 도와주신 회원 및 참여 인사들의 수고의 덕택이다. 이 모든 분들의 노고를 기리며, 연구원 창립 30주년을 진심으로 축하한다.

돌이켜보면 1975년, 이 연구원이 창립됐을 때의 우리나라는 제 4공화국 유신정권의 치하에 있었다. 이 정권이 내세운 목표는 국민소득 천불, 수출 100억불이었다. 10년이라면 강산이 변하는 세월이다. 지난 삼십년간 우리 강산은 상전벽해라는 표현이 실감날 정도로 크게 변했다. 정치의 변화도 엄청났다. 개발년대의 마지막인 4공이 끝나고 5공, 6공, 문민정부, 국민의 정부를 거쳐, 나라는 이제 참여정부를 맞고 있다. 이 격변 속에서 가난한 농업국은 공업화를 성취함으로써 OECD에 가입하고 1인당 소득은 12,000불 수준에 도달했다.

이런 엄청난 변화 속에서 인간개발연구원은 꾸준히 연구모임을 계속하여 매주 목요일마다 한 번도 거르지 않고 조찬세미나를 계속 해

---

* 2005년 3월, 「KHDI HISTORY」에 실은 축사 원고.

오고 있다. 정부나 기업 등 외부로부터 아무런 지원도 받지 않는 순수한 민간연구원이 어려운 환경 속에서 이렇게 오래도록 존속 발전해 온 예는 우리나라에서는 전무후무한 일이며, 그 자체가 하나의 기념비적인 업적이라 하지 않을 수 없다.

인간개발연구원은 글자 그대로, 나라가 잘 되자면 무엇보다도 사람의 질이 높아져야 한다는 비전을 등에 업고 태어난 연구기관이다. 30년 전 이 연구원 창립 당시, 경제학에서도 경제발전의 원천은 궁극적으로는 인간에 있다는 "인간자본"의 이론이 시카고대학의 일각에서 나오고는 있었으나, 아직 시대의 각광을 받지 못하고 있었다. 당시 우리나라의 경제운영은 주로 물량의 수량적 목표 달성이 중요시되던 때라, 사람의 질을 높이는 것이 나라의 근본이자 경제의 기초가 된다는 인간개발연구원의 비전은 우리에게는 매우 참신한 시대를 앞서가는 선구적인 것이었다. 오늘에 와서는 지식산업이니 지식 경제니 하는 말이 유행하여, 미국을 비롯한 선진국의 경제 경영의 이론에 있어서는 인간이 만들어내는 지식이 어떤 물적인 자본보다도 중요시되고 있다. 중국에서는 후진타오 정권의 시정목표가 "사람을 근본으로 한다(以人爲本)"는 것으로 되어 있는데, 이것은 비단 경제적인 견지에서가 아니라 맹자의 말대로 "국민이 무엇보다도 중요하다(民爲貴)"는 전통적인 민본사상을 이어받은 것으로 볼 수 있다.

아무튼, 우리나라에 있어서도 앞으로 인간개발연구원의 비전에 따라 인간이 국정의 중심에 서게 되기를 바란다. 간디는 도덕 없는 경제와 인간성 없는 과학기술을 슬퍼했지만, 21세기는 사람이 경제나 기술의 노예가 아니라 그 주인이 되어 모든 나라가 번영을 누리는 세상을 펼쳤으면 좋겠다. 전쟁소리가 물러가고 평화의 찬가가 울려 퍼졌으면 한다. 인간개발연구원의 무궁한 발전을 기원한다.

한국학중앙연구원 창립 30주년 축사*

- 나라의 참모습을 찾자 -

오늘은 우리 한국학중앙연구원의 전신인 정신문화연구원이 창립된 지 30주년이 되는 뜻깊은 날입니다. 이 뜻깊은 날을 기념하는 자리에서 존경하는 김정배 원장님을 비롯한 교직원 및 학생 여러분과 내빈 여러분에게 축하의 말씀과 아울러 소회의 일단을 밝히게 된 것은 저의 큰 영광이자 기쁨입니다.

회고하면, 이 연구원이 창설될 당시의 우리나라는 지금과는 사뭇 다른 나라였습니다. 그 당시 우리나라는 경제 제1주의의 旗幟下에 重化學建設에 全力을 투입하고 있었습니다. 성과도 많았지만 부작용 역시 있었습니다. 거시적으로는 인플레와 부동산 투기가 나타나고 있었고, 미시적으로는 강력한 정부의 통제 속에서도 노사분규가 일어나기 시작하고 있었습니다. 동시에 경제 제1주의의 그늘에서 국민의 정신 상태는 오히려 쇠퇴하는 경향이 간취되었습니다. 이러한 추세에 비추어, 국민의 정신을 쇄신하기 위해 당시의 대통령의 뜻에 따라 이 연구원이 창설된 것입니다.

그 후 오늘에 이르기까지 30년, 우리나라는 큰 발전을 이룩했습니

* 2008년 6월 27일.

다. 정치는 일단 민주화를 달성하였고, 경제규모는 세계 10대국의 일원이 되었습니다. 국민의 물질생활은 크게 향상되었고, 교육은 널리 보급되었습니다. 이 연구원도 그동안 많은 인재를 배출하였고, 훌륭한 연구결과가 많이 출판되었습니다. 그리하여 오늘에 와서는 한국학의 중심기관으로 자리매김하게 되었습니다.

그러나 이 연구원이 수행해야 할 본연의 사명에 비추어 볼 때, 막중한 소임에 비해 우리의 모습은 아직도 초라해 보입니다. 앞으로 우리가 나아가야 할 길을 바라볼 때 任重而道遠, 즉 임무는 무겁고 갈 길은 멀다 하지 않을 수 없습니다. 그러나 금년 5월초 우리 연구원이 김정배 선생을 원장으로 모심으로써 밝은 미래를 내다볼 수 있게 된 것은 아주 큰 다행입니다. 이미 여러모로 많은 개선이 이루어졌고, 머지않아 우리 연구원은 면목을 일신하게 될 것을 확신합니다. 원장 취임식 때, 저의 환영사에서도 말했듯이, 우리 연구원 임직원은 김정배 원장과 운명을 같이 할 각오로 각자의 소임을 다해야 할 것이고, 그 동안의 여러분의 노력에 대해서도 심심 치하의 말씀을 드립니다.

작금의 세계대세를 전망하건대, 모든 나라가 예외 없이 엄청난 어려움에 직면하고 있습니다. 우리나라도 예외가 아닙니다. 정치는 혼란스럽고, 경제도 어려워지고 있고, 사회도 교육도 제대로 정돈되지 못하고 있습니다. 경제가 위기를 맞고 있다, 정치가 어렵다, 사회가 너무 혼란스럽다는 경종의 소리가 쉴 새 없이 들려옵니다. 그러나 정치, 경제, 사회의 어려움은 겉으로 나타난 현상에 불과하고, 보다 근본적인 문제는 바로 중심을 잃은 우리의 마음에 있다고 생각합니다. 당국을 믿지 못하는 대중은 恒心을 잃고 마음의 중심을 잡지 못하여

거리로 뛰어나오고 있습니다. 국민의 마음을 읽지 못하는 당국은 마음을 비워서 虛心坦懷한 심정을 갖지 못하고 있습니다. 時流에 迎合하는 知識人은 나라의 방향을 제시하지 못하고 오히려 불신의 대상이 되고 있습니다. 이러다가는 나라의 정체성마저 잃어버리게 되지 않을까 걱정됩니다. 우리나라의 근본문제는 국민의 精神健康의 弱化, 나라의 正體性 喪失의 危險일 것입니다.

이것은 우리 연구원의 임무와 직결되어 있는 문제입니다. 저는 우리 연구원의 임무 중의 하나는 우리나라의 정체성의 淵源을 찾아서 나날이 변화하는 이 시대에 맞도록 개조하여, 그것을 국민과 세계에 일깨우는 일이라 생각합니다. 정체성이란 우리의 참된 모습을 말합니다. 어떤 개인이 제대로의 인격을 갖추자면 남들이 알아볼 수 있는 참된 모습을 가지고 있어야 하듯이, 나라가 제대로 되려면 그 나라의 참된 모습이 뚜렷이 부각돼야 할 것입니다. 나라가 정체성을 잃는 날에는 그 나라는 존재할 가치가 없습니다. 유행에 따라 기준 없이 막가는 사람들의 말이나 행동이 나라의 정체성이 될 수는 없습니다. 한국은 원래 이런 나라였다, 앞으로 이런 나라가 돼야 한다, 그러자면 이런 길을 걸어야 한다, 우리 연구원은 한국학의 중심 연구원으로서 바로 이런 것을 밝히는 데 중심적인 역할을 해야 할 것입니다.

이것은 결코 우리 연구원이 民族主義나 國家主義를 고취해야 한다는 뜻은 아닙니다. 사실 편협한 민족주의나 국가주의는 지금 이 나라에 너무나 많습니다. 그것을 탈피하지 않는 한, 우리의 미래가 없다는 것을 저는 잘 알고 있습니다. 다만, 이 나라 사람들이 나라의 정체성, 개성, 가치관에 대해 너무 덤덤하지 않기를 바랄 뿐입니다.

우리 연구원은 이제 만 30세를 맞아 한창 일할 나이가 됐습니다. 30년 전은 民族至上, 國家至上의 單線的인 시대였습니다. 30년 후 오늘날은 글로벌리즘의 多元的인 세대입니다. 이러한 시대에 나라의 참 모습을 찾는 일, 국민정신을 바로잡고 나라의 정체성을 밝히는 일은 30년 전에 비하여 엄청나게 어려워졌습니다. 우리 연구원은 어떤 개인의 것이 아니고, 사실 정부의 소유물도 아닙니다. 우리의 사업은 우리가 정해야 하고, 우리의 진로는 우리가 찾아야 합니다. 우리를 위해 그것을 해줄 사람은 어디에도 없습니다. 우리 모두 心機一轉하여 새로운 각오로 나라에 봉사합시다. 감사합니다.

제5回 경암학술상 시상 축사*

존경하는 宋金祚 이사장님
경암 학술상 심사위원 여러분
영예의 경암상을 받으시는 수상자 여러분
만장하신 귀빈 여러분,

오늘 제5회 경암학술상을 시상하는 이 빛나는 式典에서 저는 여러분을 뵙는 것을 진심으로 기쁘게 생각합니다. 더욱이 이 자리에서 축사의 말씀을 드리게 된 것은 저에게는 더할 나위 없는 영광입니다.

우선, 경암학술상을 수상하시는 다섯 분의 碩學에 대해, 심심 축하의 말씀을 드립니다. 그동안에 쌓으신 여러분의 탁월한 지성과 업적이 이 영광을 가지고 온 것입니다. 이것은 여러분의 기쁨일 뿐 아니라 경암재단의 큰 보람입니다. 그동안 심사의 일을 맡아주신 심사위원 여러분의 수고에 대해서도 치하의 말씀을 드립니다. 그리고 무엇보다도 경암교육문화재단을 설립하여 시대를 대표하는 이 나라의 지성을 표창할 수 있게 해주신 耕巖 선생의 고결한 뜻에 대해 깊은 존경과 아낌없는 찬사를 보냅니다.

* 2009년 11월 6일.

지난 60여 년 동안 우리나라는 여러 분야에서 엄청난 발전을 이룩했습니다. 국토 분단의 쓰라림 속에서도 경제, 사회, 문화, 정치면에서 우리나라는 많은 일을 성취했습니다. 그 덕택으로 이 시대의 우리는 물심양면에서 풍요롭게 살게 되었습니다. 이 모든 것은 그동안 나라의 각 분야에서 후진을 이끌어 주신 학자, 예술가, 기업가, 그리고 정치지도자들의 공덕입니다.

언제나 잠시도 쉬지 않고 변하는 것이 인간의 세상입니다. 지금의 시대는 그 변화의 속도가 전례없이 빨라지고 있습니다. 지금으로부터 443년 전(1566년), 30세의 栗谷 李珥 선생이 임금에게 이런 말씀을 드렸습니다. "무릇, 천하의 일은 前進하지 않으면 後退하고, 국가의 形勢는 다스려지지 않으면 어지러워지는 법입니다. 進退와 治亂에는 運數가 있겠습니다만, 그 원인은 항상 사람에 의해 만들어지는 것입니다. 그러므로 나라의 임금은 마땅히 治亂의 기틀을 살펴서, 다스려지는 요인은 권면하고 어지러워지는 요인은 제거하여, 반드시 다스려지는 것을 확인하셔야 합니다."

세상은 좋아지지 않으면 나빠지는 것이어서, 좋아지지도 않고 나빠지지도 않는 정지된 상태에 있을 수는 없다는 것, 그리고 좋아지고 나빠지는 것은 나라의 운수라 할 수 있겠지만, 그 원인은 항상 사람이 만들어낸다는 말씀입니다. 이 말씀은 듣기에 따라서는 평범한 것 같기도 합니다만, 이것은 국가흥망의 원리와 지도자의 사명에 관한 핵심을 지적한 고금의 名言이라고 생각합니다.

사실 세계 역사와 인류 문명의 興亡盛衰에도 각기 命運의 작용이 있지만, 그 명운의 계기는 사람이 만들어내는 것이 아니겠습니까. 지난 백 년 동안 우리나라 역사에도 이것이 극명하게 나타납니다. 이웃나라의 식민지가 되었다가, 해방 후 국토가 분단이 되어 멀쩡한 백성이 처참한 내란을 겪은 것은 운명이라면 운명이겠습니다. 그러나 그 운명의 계기를 만들어낸 것은 모두 사람이었습니다.

최근 1, 2년 동안 세계를 덮친 이른바 미국 발 금융위기도 역시 그렇습니다. 그것은 천재지변이 아니라 세계 주요국 사람들이 만들어낸 人災였습니다. 그것은 직접적으로는 잘못된 金融工學의 작품이었지만, 그 뿌리는 세계 주요국들이 각기 국내외의 불균형을 오랫동안 방치한 巨視經濟 운영에 있었습니다. 그것은 또 분별없는 인간의 탐욕을 조건없이 放任하는 것이 항상 最善이라는 잘못된 經濟觀의 산물이었습니다.

전례없는 위기를 맞은 세계의 모든 나라들은 재정 금융의 수단을 총동원하여 돈을 풀었습니다. 그 결과 지금은 일단 금융이 안정되고 세계 곳곳에서 회복의 새 싹이 돋아나는 듯이 보입니다. 그러나 세계 경제의 본격적인 어려움은 사실 지금부터일 것입니다. 지속될 수 없는 국가간의 通商不均衡, 국내의 거시적 미시적 구조의 불균형이 지속되는 한, 궁극적인 회복은 어려울 것입니다. 그것은 나아가서는 육지와 바다와 공간을 공짜로 알고, 생명의 터전을 모조리 훑어서 일회용으로 써버리면서 그것을 발전이라고 여기는 文明觀의 산물입니다. 북극 바다 밑의 자원을 폐허로 만들 때, 땅 위의 인간의 營造物도 폐허가 될 것입니다.

자연은 인간의 정복의 대상이 아니라 인간이 자연의 일부분이라는 인식을 실천에 옮겨야 할 것입니다. 이런 획기적인 의식의 전환이 이루어지기 위해서는 인간이 제 정신으로 돌아와야 할 것입니다. 세계의 곳곳에서 건전한 가치관을 가지고 민심을 收攬할 수 있는 인재가 양성되어야 한다고 생각됩니다.

앞으로의 세계가 평화와 번영을 누리기 위해서는 보다 순수한 知性과 德性, 그리고 感性을 가질 수 있도록 다음의 세대를 교육해야 한다고 봅니다. 탐욕에 찌든 욕망을 제어한다는 것은 분명히 어려운 일이겠습니다만, 이 이외에는 방법이 없습니다. 위기에 처한 인류 문명이 활기를 되찾기 위해서는 인재를 기르는 길밖에 없을 것입니다. 그리하여 사람이 경제적 利得과 아울러 眞과 善, 그리고 美를 존중할 때 비로소 행복해질 것입니다.

그런 의미에서 저는 더더욱 경암 선생이 학문과 예술을 暢達함으로써 시대가 요구하는 인재를 기르기 위해, 평생토록 일구어낸 재산을 희사하시어 경암재단을 설립하신 고귀한 정신에 깊은 敬意를 가지는 것입니다. 그 고귀한 뜻이 반드시 실현되어 나라를 살리고 세상을 밝힐 것을 기원해 마지않습니다.

그리고 또 오늘 수상하신 다섯 분의 석학이 앞으로도 계속 못다하신 학문과 예술의 邊境을 개척하시기를 기대해 마지않습니다. 경암선생과 수상자 여러분, 그리고 이 자리에 오신 모든 분의 건강과 행운을 기원합니다. 감사합니다.

| 제 4 부 |

학교관련 祝辭

김진선 강원도지사 명예박사학위 수여 축사*

우선 먼저 우리 강원도민이 뽑은 김진선 道伯이 그 동안 펼친 포부와 공적이 세상에 널리 인정되어, 오늘 이 자리에서 영예의 명예정치학박사 학위를 받게 된 데 대해 심심한 축하의 뜻을 표합니다. 또한 강원도의 발전을 위한 김지사의 그동안의 수고에 대해 도민의 한 사람으로서 감사와 치하의 말씀을 드립니다.

사실 우리 강원도는 백두대간의 허리에 위치한, 이 나라에 둘도 없는 자랑스런 지방입니다. 山紫水明의 수려한 경관을 바탕으로, 地靈人傑이라는 말 그대로, 예로부터 많은 훌륭한 인재를 배출하였습니다. 바다와 산을 배경으로 다양한 산물을 생산함으로써 이 나라의 특성을 나타내는 데 많은 기여를 해 왔습니다. 그러나 반면, 나라의 분단과 함께 이 道도 분단되었고, 近代産業發展을 위한 賦存資源은 크게 빈약하여 근대적인 산업발전이 제대로 이루어지지 못했습니다. 인구도 적고, 주민의 일체감과 단결력이 부족한 점 또한 부인할 수 없을 것입니다.

김진선 지사는 취임 이래 훌륭한 포부와 강한 추진력으로 이러한

* 2005년 5월 20일 강원대학교.

많은 제약조건을 극복하여 강원도를 발전시키는 데 훌륭한 성과를 거두었습니다. 淸淨한 환경을 보존하고, 첨단산업의 要衝地로 만들며, 동아시아 관광의 허브로 발전시키며, 통일 한국의 조건을 조성하는 등의 포부를 펼쳐왔습니다. 강원도의 지리적 인문적 특성을 살려 도민의 소득을 올리고, 문화를 향상시키며, 삶의 질을 높임으로써, 純粹한 도민들이 오랜 세월 동안 그들에게 씌워진 소외와 낙후의 멍에를 벗어던지고 힘을 합쳐 밝은 미래를 향해 전진하는 데 앞장서 왔습니다.

김지사의 이러한 포부는 그의 탁월한 실천력에 힘입어 좋은 성과를 거두었습니다. 많은 교통망이 확충되고, 새로운 교육기관이 설립되어 인적 물적 인프라가 크게 확충되었습니다. 여러 지역이 기능적으로 특성화하도록 하는 지역발전 계획이 추진되고 있습니다. 지난 5년 동안 국내 지방이전 기업의 1/3이 강원도로 이전되었고, 많은 외자기업이 도내로 유치되었습니다. 농가소득이 전국 상위 수준에 진입하였습니다. 환경이 정비되었고, 관광객의 방문이 크게 증가하였습니다. 또 그처럼 어려워 보였던 동계올림픽 유치가 가시화되고 있습니다.

원래, 훌륭한 행정가 정치가의 업적이란 그의 재임기간 동안에 완전히 다 나타날 수는 없습니다. 세상에 잘 알려지지 않은 업적도 많이 있을 것이고, 당장에는 성과가 나타날 수 없는 일들도 많을 것입니다. 본인은 김지사의 업적 또한 그러리라고 믿습니다. 김지사는 지난 2년간 전국 시 · 도 지방분권특별위원회 간사장을 맡아 우리나라에서 제대로 된 지방분권이 이루어지도록 하는 데 주도적인 역할을 해 왔습니다. 앞으로 김지사는 그의 천부의 소질을 더욱 유감없이 발휘하여 강원도의 발전, 그리고 우리나라 지방행정의 발전에 훌륭한 기여를 할 것을 바라 마지않습니다. 거듭, 김지사의 명예박사학위 수여를 축하하며, 더 큰 호운이 있기를 바라면서 축사에 갈음합니다.

김중수 박사 한림대학교총장 취임 축사*

오늘 김중수 박사가 한림대학교 총장직에 취임하는 데 대해 충심으로 축하의 뜻을 표하고, 이 뜻깊은 빛나는 자리에서 축사를 하게 된 것을 매우 기쁘고 큰 榮光으로 생각합니다. 김박사의 한림대 총장취임은 한림대학교를 위해서나 또 김총장 자신을 위해서나 가장 적절한 人事이며, 또한 가장 큰 慶事입니다.

한림대학교는 창설 이래 나라의 中樞的인 인재를 키운다는 建學의 理念을 받들어, 역대 총장 및 교직원이 合心 努力함으로써 전국적으로 빛나는 대학으로 성장했습니다. 이 대학은 학생들의 知識과 아울러 훌륭한 人性, 道德性. 그리고 건전한 價值觀을 體得할 것을 강조하여 큰 成果를 거둠으로써 우리나라 私學의 模範이 되고 있습니다.

제가 김중수 박사를 알게 된 것이 이제 40년, 그동안 김 박사의 經歷과 動靜을 깊은 關心과 愛情을 가지고 지켜 보아왔습니다. 그는 학생시절에는 가장 우수한 학생이었고, 미국서 박사학위를 취득하고 귀국한 이후로, 많은 직책을 매우 成功的으로 훌륭하게 수행해 왔습니다. 어느 角度로 보든지 김중수 박사는 한림대총장으로 적절한 인물

* 2007년 2월 14일.

일 것이며, 저는 전국 어디를 찾아도 보다 나은 적임자는 없을 것으로 느끼고, 역시 한림대학교가 사람을 옳게 보았다고 생각합니다.

김중수 박사는 건강한 몸과 순수한 마음, 그리고 명석한 頭腦를 타고 났습니다. 그는 溫和하지만 銳利한 洞察力, 과단한 決斷力, 中正을 얻은 判斷力, 차분한 說得力, 그리고 무리 없는 推進力을 가지고 있습니다.

서울대 경제학과는 기라성과 같은 인물들을 많이 배출해 왔는데 김 박사는 경제학과가 배출한 일류급의 인물입니다. 제가 경제원론의 책을 쓸 때, 김중수 박사는 원고의 작성, 편집, 교정 등의 전 과정에 걸쳐 실로 많은 도움을 주었습니다. 요즘 같으면, 뭔가 상당한 謝禮를 해야 할 터이었음에도 저는 그저 일방적으로 이 사람을 착취만 했습니다. 그 후에도 여러 가지로 일방적인 서비스를 받았습니다. 그 후 그는 사회과학 분야에서 공부와 연구를 함으로써 높은 풍부한 識見을 가지게 되었습니다.

김중수 박사는 學問과 行政에 관련된 많은 좋은 경험을 쌓았습니다. 경제협력개발기구(OECD) 韓國大使, 당시는 우리나라의 상황이 유럽에는 잘 알려지지 않은 때였지만, 그는 파리에서 우리나라 경제를 세계에 알리고 對外經濟政策을 수립하는 데 많은 기여를 했습니다.

그 후 김 박사는 경희대학교 초대 國際大學院長을 지냈습니다. 전국 著名大學에 類似 대학원이 많았습니다만, 김박사는 評價機關에 의해 경희대학원을 一躍 最優秀 국제대학원으로 만들었습니다. 어떻게 이런 일이 가능했는지 모든 사람이 놀랐지만, 저는 김중수박사의 실력을 알기 때문에 사회는 역시 실력과 노력을 알아준다고 느꼈습니다.

김중수박사는 그 후 한국개발연구원 원장직을 맡아서 많은 새로운 일을 성공적으로 추진했습니다. KDI는 원래 이름이 있었지만, 김 박사는 그 기관의 조직과 운영에 걸쳐 글로벌 시대에 맞는 좋은 일을 많이 추진했습니다.

이러한 소질과 경력으로 볼 때, 김 박사 자신을 위해서도 한림대총장이 된 것이 참으로 잘된 일이고 운이 좋다고 느낍니다. 우선 건학이념이 김 박사의 이념과 맞기 때문입니다. 우선 이 대학의 이름이 한림입니다. 한림원이란 나라의 지성의 집단을 의미합니다. 경륜과 지성을 갖춘 인물을 만든다는 포부가 이름에 담겨 있습니다.

두 번째로 전임 총장들, 특히 가깝게는 이상우 총장의 좋은 업적을 승계할 수 있기 때문입니다. 한창 일할 나이에 있는 김 박사가 총장직을 맡게 된 것은 지금까지의 보직 중 가장 보람있는 직책을 수행하게 된 것으로 봅니다. 인재를 육성하는 것보다 더 보람된 일은 없기 때문입니다.

우리나라를 포함하여 세계의 모든 나라에서 교육산업은 많은 도전을 받고 있습니다. 시대는 정보통신화 시대로서 정보는 많습니다만 정보는 참된 지식이 아니고, 지성은 더더욱 아닙니다. 젊은이의 직장 구하기가 어려운 시대가 됐습니다만, 그러면 그럴수록 구체적이고 현실적인 지식과 아울러, 앞으로 어떤 세상이 오더라도 어떤 변화가 있더라도 그것을 흡수할 수 있는 기초를 가진 사람을 배출하는 데 김중수 박사가 성공을 거두기를 기원합니다.

이제 김중수 박사는 한림대학교 총장직을 맡았습니다. 대학을 잘 만든다는 것은 언제 어디에 있어서나 쉬운 일이 아니겠습니다만, 교직원과 關係人士들의 많은 협조를 얻음으로써 이 대학을 더욱 빛나게 만들 것을 기대합니다. 부디 김 박사가 모든 분들의 도움을 얻어 이 대학을 우리나라 최고급의 대학으로 만들 것을 기대해 마지않습니다.

서울대학교 창립 60주년을 축하하며*

우리의 모교 서울대학교가 창립된 지 60년이 되었다. 창립 당시, 서울시와 경기도 여기저기에 흩어져 있던 이 대학이 관악으로 한데 모여 종합대학으로서의 면모를 갖춘 지도 벌써 31년이 되었다. 그동안의 서울대학의 경력은 나라의 그것에 못지않게 험난했다. 그러나 아슬아슬한 고비를 넘기면서도 엄청난 성장을 이룩했다. 해방의 환희와 혼란, 6 · 25 동란, 민주화, 산업화, 세계화 등, 이 나라가 겪어온 경력의 마디마디에서 이 대학의 졸업생들은 나라의 명운을 주도했고, 민족과 애환을 같이 해 왔다. 참으로 찬란한 자랑스러운 대학이라 아니할 수 없다.

그러나 우리의 현재의 모습을 보면, 우리는 지난날을 자랑만 할 수 없다는 것을 느끼게 된다. 어렵사리 이룩한 민주주의는 기대한 능률을 나타내지 못하고 있다. 기적이라고 칭찬받은 산업화는 저성장과 양극화의 늪에서 헤어나지 못하고 있다. 가치관은 극도로 혼란하고, 남북과 동서의 분열의 골은 여전히 깊다. 무엇보다도 교육이 큰 문제로 대두하고 있다. 대학은 나라를 영도할만한 지도층을 배출하지 못

* 2007년 10월 15일.

하고 있다. 사회에 만연된 反知性的인 氣風을 물리칠 知性, 德性, 感性이 자라지 않고 있다.

앞날의 임무는 지난날의 그것에 못지않게 무겁고, 갈 길은 여전히 험난하고 멀다. 그 동안 해결된 문제보다도 더 많은 어려운 문제들을 이 나라는 맞고 있다. 산적한 난제를 누가 해결하겠는가. 우리대학이 그 해결의 선두에 서야 한다. 물론 우리만으로는 안 된다. 그러나 우리의 선도적인 역할 없이 해결될 수 있는 문제는 없다. 나라는 바야흐로 이 대학의 분발을 기다리고 있는 것이다.

대학의 사명은 말할 나위도 없이 인재의 양성과 지식의 창출에 있다. 인재를 기른다는 것은 인문과 사회 그리고 자연에 대한 기초적인 소양을 갖춘 인물들을 배출한다는 것을 의미한다. 이 대학이 관악으로 왔을 당시, 모두가 합의한 학교의 이념이 이것이었다. 그래서 인문대학, 사회과학대학, 그리고 자연과학대학이 설립되었다. 그러나 아! 이 세 분야가 쇠퇴의 길을 걷고 있다. 한 마디로 서울대학교가 처음 설정한 건학의 이념을 상실하고 있는 것이다.

그 밖의 다른 대학이 덜 중요하다는 말은 아니다. 다만 이 세 분야의 기초가 약해서는, 길게 보면, 다른 '응용' 분야의 지식도 창출되기 어려울 것이다. 한동안 서울대학은 대학원 중심의 대학이 돼야 한다는 말이 있었다. 그러나 대학원도 중요하지만 대학의 뿌리는 학부에 있다. 학부 교육이 약한 데서 인재와 학문이 나올 수 없다.

지식의 창출은 대학 전체의 사명이다. 다만 한 가지, 서울대학교의 운영은 한편으로는 時流에 따라 어떤 분야가 異常的으로 비대해지는가 하면, 다른 한편으로는 모든 단과대학이 똑 같은 기준에서 똑 같이 발전해야 한다는 평등주의에 의해 이루어져왔다. 지금까지는 그런대로 이 방식으로 견디어 왔으나, 앞으로는 그렇지 못할 것이다. 대학발전 마스터플랜이 필요하다. 모든 학문분야를 한꺼번에 발전시킬 것이 아니라 순차적으로 발전시키는 기본계획이 있어야 한다. 그런 계획을 가지자면, 대학에 자율성이 보장되어야 한다. 유능한 총장을 선발하여 그에게 대학의 운영을 일임하고 총장자리를 오랫동안 보장해야 한다. 지금까지처럼 정부의 부처가 대학을 통제하는 제도하에서는 대학의 발전은 없을 것이다.

김정배 박사 한국학중앙연구원 원장 취임 축사*

國政에 바쁘신 가운데 이 자리에 枉臨하신 김도연 교육과학기술부 장관님, 귀빈 여러분, 연구원 교직원 여러분, 그리고 학생 여러분!

오늘, 한국학중앙연구원의 제14대 원장으로 수고하시게 된 金貞培 박사의 취임식에 즈음하여 축하와 환영의 말씀을 드리게 된 것은 본인의 큰 영광이자 기쁨입니다. 이 빛나는 자리를 빌려서 本人 平素의 소감의 일단을 追加하는 것을 양해해 주시기 바랍니다.

지금으로부터 442년 전, 30세의 젊은 李栗谷先生은 明宗 임금에게 이렇게 말씀 올렸습니다. "天下의 일은 잘되지 않으면 잘못되고, 나라의 大勢는 다스려지지 않으면 어지러워집니다. — 그런데 잘되고 잘못되고, 다스려지고 어지러워지는 것은 실로 사람에 달려 있습니다."

이 간단한 말씀에 많은 眞理가 담겨져 있다고 느낍니다. "天下는 잘되거나 잘못되거나 할 뿐이지, 잘되지도 않고 못되지도 않는 中間地點은 없습니다. 나라의 大勢는 다스려지거나 어지러워지거나 할 뿐

---

* 2008년 5월 7일.

이지, 다스려지지도 않고 어지러워지지도 않는 그런 中間地點은 없습니다. 그런데 이 進退와 治亂은 모두 사람에게 달려 있습니다. 우선 상감께서 잘해 주셔야 합니다. 깊이 인식하시고 헤아려 주시옵소서." 이런 취지의 말씀이었습니다. 이 말씀 속에 당시의 時代相을 朝鮮王朝 中衰期로 규정한 젊은 율곡의 危機意識이 넘쳐흐르고 있습니다. 율곡의 이 말씀은 어느 나라 어느 시대에도 그대로 들어맞는 眞理를 담고 있습니다.

율곡의 이 말씀은 비단 天下國家에만 해당될 뿐 아니라 어떤 기관 어떤 단체에도, 그 무게가 다를 뿐, 다 같이 해당된다고 봅니다. 모든 단체와 조직은 잠시도 가만히 있지 않습니다. 進步가 아니면 退步가 있고, 秩序가 아니면 混亂이 있을 것입니다. 이것은 한국학중앙연구원에도 새겨들어야 할 말이 아닌가 생각됩니다.

한국학중앙연구원은 30年前 높은 理想을 품고 창설된 이후 오늘에 이르기까지, 많은 훌륭한 業績을 쌓고, 나라와 사회를 위해 훌륭한 貢獻을 했습니다. 그러나 세월은 흐르고 시대는 달라지고 있는데 연구원은 정체되고 있습니다. 이대로 가다가는 영영 당초의 이상을 실현할 수 없는 중대한 기로에 서 있다고 봅니다. 연구원에는 活氣가 없고 士氣는 沈滯되어 있습니다. 돈도 부족하고, 인원도 부족하고, 하는 일이 무엇인지 확실한 焦點도 없습니다. 스스로 中央研究院이라고 부르고는 있으나, 한국학에 뜻을 둔 國內外 人士들이 그런 연구원의 존재를 잘 認定할지, 自信할 수도 없습니다. 율곡이 말한 대로 우리 연구원은 잘되느냐 잘못되느냐, 튼튼한 기초를 잡느냐 못 잡느냐의 갈림길에 서있다고 할 수 있습니다. 어떤 길을 가느냐의 선택은 사람, 즉 우리 모두에 달려 있습니다.

그러나 사람이 중요하다고는 하지만 어떤 團體를 막론하고 우선은 위의 한 사람, 지도자 한 사람이 絕對的으로 중요합니다. 우리 연구원은 지금 좋은 지도자를 渴望하는 처지에 놓여 있습니다. 그런데 그런 刹那에 金貞培 원장이 선출되었습니다. 본인은 우리가 김정배 선생을 모시게 된 것을 보고, 아, 그래도 연구원에 運이 있구나! 새 시대를 열 기회가 생겼구나! 이렇게 느끼고 安堵의 한숨을 내쉬었습니다. 이분의 在職期間 동안에 연구원이 人的, 物的, 그리고 制度的 인프라를 굳건히 다져놓지 못한다면 아마 다시는 기회가 없을 것으로 본인은 봅니다. 그래서 더더욱 김원장이 오신 것을 환영하는 것입니다.

여기에서 김원장의 人品과 經歷, 그리고 그 業績에 관해 여러 말을 하지는 않겠습니다. 한마디로 말해, 김원장은 우리가 바라는, 우리가 원하는 모든 素質과 能力, 모든 性品과 經驗을 다 갖춘 분입니다. 이 분은 아마 여러분이 차츰 알게 되겠습니다만, 비단 학자로서 훌륭할 뿐 아니라 빠르고 正確한 判斷力, 그리고 意思決定에 있어서는 일의 緩急과 輕重의 順序에 따라 公平無私한 처리를 내릴 분입니다. 私心 없이 잘하는 사람은 매우 편하게 느낄 것이고, 반면에 그렇지 못한 분에게는 엄격하고 불편하게 느껴질 것입니다.

연구원의 나이가 30을 넘었습니다만, 그동안 13명의 원장을 모셨습니다. 본인은 김원장이 적어도 10년은 해주셔야 한다고 보며, 그러는 동안 이 연구원의 人的, 物的, 制度的인 인프라를 반석 위에 올려놓도록 해 주시기를 바랍니다. 연구원의 현실에 관해서는 이미 원장께서 많이 잘 아실 것으로 확신합니다. 이 분은 불과 며칠 동안에 벌써 이 원의 사정을 잘 아신다는 것, 그것을 본인은 알고 있습니다. 淸廉하고 儉素하고, 私心이 없는 우수한 사람이 가지는 心眼, 즉 마음의 눈을 가지고 있기 때문에 모든 것이 한눈에 들어옵니다. 院에는 돈도 부족하고, 사람도 부족하고, 어영부영하는 동안 쌓인 제도는 院의 발전을 저해하고 있다는 것, 이 분은 이미 잘 아십니다. 나는 이분이 무엇을 아시는지 잘 알고 있습니다.

본인은 김원장이 이런 것들을 바로 잡으려는 使命感을 十分 가지고 있다는 점을 무한히 든든하게 느끼고 있습니다. 그렇기 때문에 본인은 오히려, 김원장은 스스로의 구상대로 마치 坦坦大路를 걸어가듯 明快하게 院長職을 수행해 주시기를 바랍니다. 저는 김원장이 혼자서 엉뚱한 생각을 하다가 그것을 후닥닥 拙速으로 推進함으로써 일을 그르치는 분이 아니라는 것을 잘 알고 있습니다.

이러한 見地에서 여기 계시는 여러분들이 김원장의 인품과 포부를 믿고, 마치 원장과 운명을 같이 한다는 覺悟로 적극 도와주시기를 바랍니다. 지도자 한 사람이 아무리 훌륭해도 모든 일을 혼자서 한꺼번에 할 수는 없습니다. 세상에 全知全能한 사람은 없습니다. 모든 일에는 시간이 걸리고 무엇보다도 여러분의 도움이 필요합니다. 한꺼번에 모든 좋은 일이 다 이루어질 것을 바라지 말고, 여러 가지 臆測과 뜬 所聞에 귀를 기울이지 말고, 있는 힘을 다해서 도와 드리기 바랍니다. 그래야 연구원의 운명이 열립니다. 이것이 김원장을 위해서뿐 아니라 여러분 자신을 위하는 길일 것입니다.

여러분들이 여러 경로를 통해서 아시겠지만, 지난해 우리 연구원 院長 選任過程에는 적지 않은 迂餘曲折이 있었습니다. 우리 理事會는 원장 선임에 있어 연구원의 憲法인 定款을 지켜야 하고, 그것을 못하는 이사회는 존재할 이유가 없다고 믿었습니다. 이 간단한 원칙에 충실하고자 애쓰다가 거의 반년이 걸렸습니다. 김정배 원장을 모시고 나니, 院長 選任의 責任을 지고 이러한 일련의 과정을 이끌었던 理事長으로서 본인은 깊은 감회와 보람을 느낍니다. 그동안 수고해 주신 理事 여러분, 그리고 참고 기다려 주신 원의 여러분께도 감사를 드립니다. 그리고 무엇보다도 새 정부의 教育科學技術部 장차관의 여러 가지 配慮에 감사드리고, 앞으로도 잘 부탁드립니다.

거듭, 김정배 원장을 충심으로 歡迎하며, 그의 앞날에 그리고 한국학중앙연구원의 앞날에 幸運과 祝福이 가득하기를 빕니다. 감사합니다.

자랑스러운 서울대인 선임식 인사말*

존경하는 이장무 총장님, 교직원 여러분, 학내외귀빈 여러분, 不肖한 제가 자랑스러운 모교로부터 "자랑스러운 서울대인"으로 선정되어, 오늘 이 자리에서 여러분을 대하게 된 것은 저의 生涯 最大의 영광입니다. 모교로부터 받는 영예, 이것이 저에게는 최고의 영예입니다. 이 영광스러운 순간을 저에게 주신 총장님을 비롯한 관계인사 여러분께 충심으로 감사의 말씀을 드립니다.

회고하건대, 지난 60년 동안 우리 大韓民國은 波瀾萬丈의 歷程을 겪었습니다. 그 切迫한 과정에서도 나라는 저에게 모든 恩惠를 다 베풀어주었습니다. 저는 1949년 여름, 母校의 商科大學 專門部를 졸업하였습니다. 6 · 25戰爭을 무사히 겪은 것은 나라와 국민의 덕택이었습니다. 1968년 상과대학의 교직을 發令받아, 많은 젊은 秀才들을 가르치는 분에 넘치는 幸運을 받은 것은 母校 그리고 同僚先後輩 敎授團의 덕택이었습니다.

저의 여러 가지 稱號 중에 가장 자랑스러운 것은 모교의 名譽敎授

---

* 2008년 10월 14일 서울대학교 개교기념식에서 행한 인사말임.

라는 稱號입니다. 나이가 80이 넘도록 公私間 크게 불미스러운 일을 저지르지 않도록 보살펴주신 나라와 母校에 대해 저는 무한한 애정과 존경을 가지고 있습니다. 저는 지금도 一週日에 서너 번씩 새벽마다 落星垈 電鐵驛을 橫斷하여 總長公館 앞을 지나 母校의 잔디밭까지 왔다 갑니다. 30년 전 매일 도보로 出退勤하던 길이지만, 저는 지금 이 길이 매일 새로운 길인 듯이 느낍니다. 아직도 이런 感激의 마음을 유지할 수 있는 것도 母校의 恩德입니다.

저는 지금까지 저를 계도해 주신 옛날의 聖人, 志士, 仁人들의 가르침을 잊지 않으려고 노력해 왔습니다. 이제 저의 일생 최고의 영예를 받고 나니, 더더욱 앞으로 虛名을 쫓는 일은 없을 것이고, 自由롭고 公明한 心境으로 세상을 대할 수 있게 되었습니다. 나이를 먹으니 인생의 투쟁이 거의 다 끝나고, 저는 이제는 무슨 일이든 마음에 내키는 대로 할 수 있어야 한다고 느끼게 되었습니다. 인생이 세워야 하는 대책 중에 老年에 대한 대책, 즉 老計가 중요하다는 말을 들은 지 오래 됐습니다. 그러나 점차 그것이 다 쓸 데 없는 말이라는 것을 알게 됐습니다. 求함이 없이 自由로이 살고 順하게 바른 運命을 받으면 되는 것이지, 거기에는 아무런 대책이 필요 없다는 것을 알게 되었습니다.

저는 평소 인생은 본질적으로 즐거운 것으로 보고 있습니다. 책읽기가 지금처럼 재미있을 수 없고, 글쓰기도 사실 무척 재미있다는 것을 느끼면서, 이제는 즐기던 바둑도 거의 접었습니다. 이런 심경으로 시간을 아끼는 것도 아마 일종의 老慾이 아닌가 생각하고, 너무 지나침이 없도록 스스로를 일깨우고 있습니다.

거듭, 모교가 이런 큰 영광을 주신 데 대해 충심으로 감사드리며, 앞으로 담담하게, 그러나 정성을 다해서 나라와 모교의 은혜에 보답할 것을 다짐합니다. 모교 서울대학교의 무궁한 영광이 있기를 빕니다. 감사합니다.

이성희박사 명예박사학위수여 축사*

존경하는 朴哲 總長님, 大學院長님, 그리고 교직원, 내빈, 학생여러분!

오늘 우리가 아끼고 존중하는 李成熙회장께서 榮譽의 名譽經營學博士學位를 받으시는 이 빛나는 자리에서 祝辭를 드리는 것은 저에게는 큰 영광이고 또한 큰 기쁨입니다. 우선 이성희 박사에 대해 충심으로 축하의 말씀을 드리고, 가족 친지에 대해서도 진지한 경의를 표하며, 이 慶事의 자리를 만들어주신 총장님과 관계 인사 여러분께 깊은 감사의 뜻을 밝힙니다.

이성희박사의 經歷과 功績에 대해서는 功績調書에 자세하게 요약되어 있기 때문에 제가 다시 되풀이하지는 않겠습니다. 여기서는 다만 이박사의 지금까지의 역정을 回顧하면서 이 분을 기리는 몇 가지 소감을 말씀드림으로써 축의를 표하고자 하는 바입니다.

이성희 박사는 李退溪선생의 宗家에서 태어나서, 어렸을 때부터 유가의 모든 規範과 長點을 체득하면서 자랐습니다. 儒家나 儒學에 대해서는 그것을 모르는 사람들이 가끔 誤解를 하는 경우도 있습니다만, 그 眞面目은 사람이 끊임없는 精進과 修練을 통해 안으로는 타고난 개성을 십분 살리고, 밖으로는 進取的인 정신으로 時代를 이끄는

* 2008년 11월 11일 11시 한국외국어대학교.

人材를 만드는 데 있다고 하겠습니다. 진정한 儒者란 끊임없는 수양을 통해 知性과 德性을 길러서 평화로운 세상을 만드는 데 先導的인 역할을 수행합니다. 그는 어떤 처지에 있어서나 남을 원망하지 않으며, 泰然하면서도 驕慢하지 않고, 威嚴이 있으면서도 사납지 않으며, 남과 어울리면서도 스스로의 個性을 지키는 人格者입니다. 저는 이성희 박사가 이런 사람이라는 것을 알고 높이 평가합니다.

세상을 평화롭고 번영하게 만들기 위해서는 開物成務, 사물을 열고 사업을 이루는 사람이 그 일을 선도해야 합니다. 이성희 박사는 주어진 환경에서 합리적으로 그리고 적극적으로 많은 사업을 開拓해 왔습니다. 그는 開發年代부터 나라의 방향과 시대의 흐름을 잘 알고 輸出入事業을 적극적으로 개발하여 성공적으로 수행했습니다. 많은 사업에 성공함으로써 오늘의 玄馬産業에 이르기까지 無에서 有를 창조하면서 큰일을 성취했습니다. 그 성취는 평소에 닦은 非常한 創意性과 判斷力, 그리고 推進力과 忍耐心이 발휘된 덕택이었습니다. 저는 이성희박사의 이러한 開物成務에 대해 아낌없는 찬사를 보내고 싶습니다.

이성희 박사는 사업만 잘한 것이 아니라 항상 배우고 남을 가르치는 일에 사업 못지않은 성공을 거두어 왔습니다. 學不厭, 敎不倦. 즉 배움을 싫어하지 않고 가르치는 것을 게을리 하지 않았습니다. 학문의 다섯 가지 德目, 즉 널리 배우고, 仔細하게 疑問을 제기하고, 신중히 생각하고, 明快하게 자기의 의견을 말하고, 아는 것을 실천하는 것, 이 다섯 가지를 이 박사는 誠實히 實行해 왔습니다. 母校인 韓國外國語大學教 國際通商學科에서 兼任教授로 재직하면서 2004~5년 양년에 걸쳐 Teaching award를 받았고, 그가 강의한 韓國企業戰略論과 世界企業戰略論에 400명의 수강생이 몰리는 가장 人氣있는 과목이었다는 것은 놀라운 일입니다.

이성희 박사는 돈을 버는 데만 성공했을 뿐 아니라 돈을 쓰는 데 있어서도 좋은 모범을 보였습니다. 그는 철저한 企業經營者로서 效率과 成果를 존중하면서도, 어려움을 극복하여 재산을 이룩한 사람에게서 흔히 보는 吝嗇함이 없는, 君子의 德性을 잃지 않았습니다. 특히 학문과 교육 분야에서 돈이 필요하다고 인정된 學校나 단체, 또는 個人에 대해 애써 개발한 사업으로부터 생긴 돈을 아낌없이 희사해 왔습니다. 이것은 이 박사의 높은 수준의 德性을 반영하는 것으로서, 많은 사람의 稱頌을 받을 만한 일로 생각하고 저는 각별히 높이 평가하고 싶습니다.

요컨대, 이성희 박사는 가정에 있어서는 좋은 家長이고, 名望 있는 家門의 훌륭한 後裔이며, 사회에 있어서는 많은 사람의 模範이고, 業界에 있어서는 卓越한 經營者이며, 학교에 있어서는 推仰받는 교육자 후원자입니다. 간략히 이 박사의 인품과 지금까지의 성취를 살피면서, 다시 한번 오늘의 그의 영광을 축하합니다. 앞으로 더 많은 성공과 영광이 있을 것으로 확신하고 건강과 행운을 기원합니다. 감사합니다.

이효수 박사 영남대학교총장 취임 축사*

오늘은 2009年 2월 12일, 季節은 바야흐로 봄으로 접어들고, 大學은 봄 學期를 맞는 刹那에 있습니다. 특히 이 자리는 嶺南大學校가 그동안 備蓄한 力量을 結集하여 앞으로 또 하나의 跳躍을 시작하기 위해, 새로운 首長으로 李孝秀 총장을 모시는 자리입니다. 이 영광스러운 자리에서 제가 祝辭를 드리게 된 것은 저에게는 무한한 榮光입니다. 동시에 이것은 엄청난 기쁨입니다.

우선 이 대학의 進運을 맡은 李孝秀 총장에게 충심으로 축하의 말씀을 드립니다. 방금 총장의 就任辭를 들었습니다. 그것은 어디에서도 듣기 어려운 感動的인 것이었습니다. 이 대학의 앞날의 발전에 관한 비전, 그리고 그것을 구현할 靑寫眞을 보여주었습니다. 부디 이 비전이 그대로 실현되어 영남대학교가 세계에 이름난 대학이 되기를 기원해 마지않습니다.

동시에 저는 이 大學의 새로운 首長으로 李孝秀 教授를 선발하신 영남대학교 學園 理事長님과 관계 인사 여러분에 대해 깊은 敬意를 표합니다. 會社는 社長의 크기만큼 큰다는 말을 들었습니다. 大學도

* 2009년 2월 12일.

같을 것입니다. 어느 團體를 막론하고 특히 중요한 것이 리더 한 사람입니다. 우리는 그것을 국내외에서 매일같이 보고 있습니다. 저는 李孝秀 총장은 이 시대가 배출한 巨人이라고 보고 있습니다. 지금 이 시점에서 이 대학의 수장으로 아마 누구보다도 적합한 인물이 아닐까 생각합니다. 그를 발굴하신 여러분의 慧眼을 높이 평가하고 축의와 경의를 표하는 것입니다.

저는 李孝秀 총장을 그의 대학원시절부터 잘 알고 있습니다. 그는 많은 좋은 素質을 가지고 태어나서, 지금은 身言書判을 갖춘 훌륭한 人格으로 성장했습니다. 그의 能力은 겉으로 반짝거린 것이 아니라 溫和한 外貌 속에 감추어져 있는, 날이 갈수록 더 빛을 나타내는, 天稟을 반영하는 것으로 저는 읽고 있습니다. 한마디로 저는 그의 識見과 人品에 대해 깊은 信賴를 가지고 있습니다. 그래서 오늘의 總長就任을 누구에 못지않게 기뻐하는 것입니다.

李孝秀 總長의 전공은 노동경제학입니다만, 그의 안목과 학문은 항상 人力, 그리고 나아가서는 人材를 염두에 두었던 것으로 기억합니다. 그의 經濟學은 항상 사람을 기르고, 사람을 쓰는 문제에 대한 폭 넓은 시각 위에 서 있습니다. 이러한 넓은 시각을 가진 이 總長이 교육문제에 관심을 가지고, 방금 披瀝하신 바와 같은 卓越한 教育觀을 가지게 된 것은 극히 자연스러운 일입니다.

교육은 말할 나위도 없이 人材를 길러내는 事業입니다. 人材란 시대의 방향에 부합하는 能力을 가진 인물을 말합니다. 시대는 바야흐로 知識産業 시대로 進入했습니다. 이 시대의 인재는 지식에 기초를 두어야 하고 글로벌的인 무대를 활용하는 인물이어야 합니다.

李孝秀 총장은 敎授였던 시절, 세계 각국의 著名한 학교, 연구소 및 학자와 넓은 교류를 맺고 이를 통해 세계 각국의 교육문제에 대해 中正을 얻은 이해를 가지게 된 것으로 저는 알고 있습니다.

결론적으로 저는 李孝秀 敎授의 타고난 天稟이 그의 학문 및 경력과 잘 조화됨으로써 總長職을 성공적으로 遂行할 것으로 봅니다. 그의 건전하고 진취적인 識見이 實踐에 옮겨짐으로써 훌륭한 成果를 거둘 것을 確信하는 것입니다.

嶺南大學校는 앞으로 國內外的으로 跳躍할 수 있는 조건을 많이 갖추고 있습니다. 이 대학은 나라의 進運을 이끈다는 큰 抱負를 가지고 설립되어, 오늘에 이르기까지 그 方向을 成功的으로 推進해 왔습니다. 이 대학은 地理的으로 嶺南의 한가운데 위치해 있습니다. 이 지역은 옛날부터 우리나라의 學問과 文化의 産地로서 많은 훌륭한 인재를 배출하였으며, 그 전통은 지금까지 이어지고 있습니다. 이 大學이 嶺南의 한 복판에 있다는 사실은 이 학교에서 知性과 德性, 그리고 感性을 갖춘, 각 분야에서 나라를 선도하는 엘리트를 길러낼 使命을 가지고 있다는 것을 말해 줍니다. 글로벌 시대는 한편으로는 地方化 시대를 의미하기 때문에 이러한 지방의 特性이 글로벌화의 趨勢와 잘 조화된다면 이 대학의 特質은 더욱 뚜렷해질 것입니다.

이 자리를 빌려서 한 가지 말씀을 드리고 싶은 사항이 있습니다. 우리나라는 경제는 많이 발전했습니다만 넓은 의미에서의 문화, 이를테면 政治文化, 家庭文化, 社會文化, 言論文化, 企業文化, 敎育文化 등 국민의 일상생활을 이루는 文化는 많이 낙후돼 있습니다. 국민의 行動은 오히려 反知性的으로 치닫고, 국민의 文化意識은 전혀 향상되는 기미가 없습니다.

그 이유는 어디에 있습니까. 여러 가지가 있겠습니다만 제가 보기에는 우리나라의 말, 즉 言語가 빈약하다는 데에 그 원인의 상당부분이 있는 것으로 보입니다. 人間의 모든 생각과 활동은 언어로부터 始發합니다. 언어가 貧弱하니 思想이 빈약할 수밖에 없고, 사상이 빈약하니 表現이 유치하고 거칠어지면서 막말이 標準語가 되고, 이것이 나아가서는 사회의 混亂으로 이어지고 있습니다. 이 경향이 계속되면 나라는 끝내 그 正體性마저 잃어버릴 地境에 빠져들 것입니다.

나라의 正體性을 살리기 위해 한글 專用을 시작한 지 거의 40년이 됐습니다. 그러나 한글 專用은 나라의 문화기반을 오그라들게 하고 있습니다. 문화기반이 오그라드는 나라가 발전한다는 것은 있을 수 없습니다. 한글 전용 40년의 경험은 원래의 목적인 나라의 정체성을 찾는 데 실패하고 오히려 나라 발전의 桎梏이 되고 있습니다.

제가 이 말씀을 드리는 것은, 嶺南大學校가 試驗的으로나마 좀 더 漢字를 가르치고 실지로 그것을 쓰는 프로그램을 만들어 부분적으로나마 試驗해보면 어떨까 해서입니다. 반드시 좋은 성과를 거둘 것을 저는 확신합니다. 제 나라의 역사와 문화, 이웃나라의 문헌을 자유로이 대해야 할 나이가 된 학생에게 새삼 기초의 기초를 가르치라고 하니, 딱하기는 합니다만, 어쩌겠습니까. 영국의 속담에 있듯이, 좋은 일은 늦더라도 하는 것이 영영 포기하는 것보다 낫지 않겠습니까. 李總長이 방금 말씀하신 Y型 人材가 한자를 좀 읽고 쓸 줄 안다면, 그는 더욱 빛나게 될 것입니다. 한자를 완전히 포기한 北韓의 문화는 어디로 가고 있습니까. 그것은 우리의 모범이 될 수 없습니다.

이 자리는 討論의 장이 아니라는 것을 잘 알면서도 敢히 이 말씀을 드린 것은 나라의 將來를 우려하고, 嶺南大學校를 존중하고, 李孝秀總長을 믿기 때문입니다. 이해해 주시기 바랍니다.

世界는 지금 역사상 가장 중요한 轉換期에 처해 있습니다. 全世界가 戰爭에 휩싸여서 엄청난 悲劇을 빚은 경우는 역사상 몇 번 있었습니다만, 전 세계가 經濟危機에 直面해서 앞으로 나아갈 方向조차 定立하지 못하고 있는 것은 역사상 이번이 처음입니다. 앞으로 世界各國은 각기 경제사회의 새로운 패러다임을 가지기 위해서 지난날로부터 물려받은 固定觀念을 탈피하여, 각기 自國에 맞는 方向을 찾아야 할 것입니다.

우리나라도 물론 예외가 아닙니다. 우리나라 교육은 진정한 지성인을 길러내지 못했고, 이대로라면, 앞으로도 이 나라에 진정한 지성은 자라지 못할 것입니다. 교육 역시 固定觀念을 탈피하여 돈 이외에는 아무 것도 모르는 지난날의 頹廢的인 價値觀을 버리고 새로운 목표와 방법을 摸索해야 할 것입니다.

李孝秀 총장은 지난날의 固定觀念에 얽매인 적이 없는 知性人입니다. 부디 自重自愛하시고 勇氣와 信念을 가지고 자신의 理想을 豁達

하게 펴시는 훌륭한 리더십을 발휘하시기를 衷心으로 빕니다.

李孝秀 總長의 好運과 嶺南大學校의 無窮한 발전을 기원합니다.
감사합니다.

서울大 入學式 祝辭*

I

오늘, 존경하는 李長茂 총장님과 교직원, 학부모님 및 내빈 여러분을 모신 자리에서 우리 서울대학교는 2009년도 新入生을 맞이하고 있습니다. 학교로 보아서는 年中 最大의 慶事이고, 新入生으로 보아서는 一生 동안 잊을 수 없는 感激의 순간입니다. 학부모님에게는 엄청난 기쁨의 자리입니다. 이 빛나는 式典에서 祝辭를 드리는 것은 저에게는 無上의 영광입니다

오늘의 주인공인 신입생 諸君, 정말 반갑습니다. 충심으로 축하하며 환영합니다. 君들의 늠름한 모습을 보니, 가슴이 설렘을 억제할 수 없습니다.

돌이켜 보면 君들은 나의 62년 후배가 됩니다. 지난 세월, 나는 나라의 恩德과 母校의 後光으로 人生의 黃昏期에 이르기까지 잘 살아왔습니다. 반면, 자라나는 世代에 대한 期待와 關心이 머리를 떠나지 않습니다.

* 2009년 3월 2일 서울대학교 체육관에서 하신 축사.

新入生 諸君!

君들이 우리 국민이 羨望하는 이 학교에 입학한 것은 하나의 큰 成就입니다. 그것은 부모님에 대한 孝道인 동시에 君들을 가르쳐주신 고등학교 은사님에 대한 報答이었습니다.

그러나 오늘의 感激이 긴 陶醉感으로 이어져서는 안 될 것입니다. 앞으로의 4년은 결코 긴 세월이 아닙니다. 4년은 1,460일에 不過합니다. 그 瞬間瞬間을 제군들은 아껴 써야 합니다. 1,460일 후에는 남이 알아보지 못할 정도로, 完全히 成熟한 人材가 돼야 합니다.

君들이 이 짧은 기간을 어떻게 사용하느냐에 따라 君들의 一生이 결정됩니다. 동시에 이 나라의 命運이 결정될 것입니다. 서울대학교가 잘 돼야 나라가 잘 된다는 말, 이것은 단순한 구호가 아닙니다. 당연한 말입니다.

마치 飛行機가 全力을 傾注하여 滑走路를 달려서 離陸하듯이, 군들은 이 순간부터 全速力으로 달려서 離陸해야 합니다. 몸에서 없던 날개가 나오고, 그 날개가 逆風을 헤치면서 空中으로 떠올라야 합니다.

잠시 내가 겪어온 경험으로부터 한두 가지 所感을 말씀드리는 것을 허락해 주기 바랍니다. 나는 52년 전, 나이 30이 되어 미국엘 가서 學部課程부터 시작하여 대학원을 마치고, 그곳 대학에서 가르치기도 했습니다. 美國學生과 起居를 같이 하면서 그 학생들이 어떻게 變貌하는가를 잘 보았습니다. 처음 들어온 1학년 학생은 아는 것이 적고 고등학교의 稚氣가 그대로 남아 있었습니다. 그러나 4년을 겪는 過程에서 그들은 완전히 다른 사람이 되었습니다. 그때 내가 생각했습니다. 아! 이들이 離陸을 했구나. 4년 동안에 換骨奪胎했구나.

내가 오늘 군들에게 離陸을 하라고 한 것은 그 때의 所感을 염두에 두고 한 말입니다. 가장 기억에 많이 남는 것이 一學年 英語 시간입니다. 말이 英語지, 그 내용은 우리가 말하는 國語가 아니었습니다. 서양의 古今名著를 읽고 글을 쓰고 말하는 능력을 集約的으로 기르는 일이었습니다. 이것이 대학 4년의 核心이었다고 나는 봅니다. 읽고 쓰고 말하는 것, 이것이 어느 나라에 있어서나 모든 知力의 根本입니다. 文化의 基礎입니다.

君들의 머리는 내가 본 미국학생보다 낫습니다. 다만, 앞으로 좀 더 노력을 해야 한다고 봅니다. 군들은 앞으로 1,460일 내에 人文 社會 그리고 科學의 기초를 닦아야 하고, 내가 보기에는 外國語 두 개를 驅使할 줄 알고, 漢字를 배워 쓸 줄 알게 되어야 합니다. 그래야 4년 후에는 어디에 가서 무슨 일이든지 할 수 있는 성숙한 人材가 될 수 있습니다.

學部時節에 배워야 할 것을 大學院에 가서 배우기 시작해서는 때는 이미 늦습니다. 설사 博士學位를 받는다 해도, 學部時節에 못 배운 것을 回復할 수는 절대로 없습니다.

新入生 諸君!

나는 우리 대학생 중, 하염없이 4년을 지나는 경우를 보고, 늘 孔子의 말씀을 생각합니다. 孔子는 이렇게 말씀했습니다. '곡식이 자라도 이삭이 나오지 않는 수가 있구나! 이삭이 나와도 여물지 않는 수가 있구나![1] 이 말씀은 아마 좋은 素質을 타고 났으면서도 期待한 成就를 이루지 못한 弟子를 보고 한 말씀일 것입니다. 나는 지금도 이 말씀을 想起하면, 가슴이 떨립니다. 내가 혹 열매를 맺지 못하는 不毛의 인간이 되고 있지 않는가를 反省하는 것입니다.

그런데 지금의 시대적 흐름과 군들의 周圍 環境은, 不幸하게도 제 군들이 離陸을 하는 데 不利합니다. 온갖 정보가 쏟아지고 사람의 情神을 混亂시키는 일이 너무나 많습니다. 책을 읽고 글을 쓰는 세상이 아니라고 합니다. 그런 것을 하지 않고도 쉽게 배우고 碩士 博士 딸 수도 있습니다. 그러나 내가 이야기하는 것은 學位가 아닙니다. 君들로부터 진짜 이삭이 나오고, 그 이삭이 結實하느냐의 문제입니다.

나는 君들에게 강조합니다. 有益한 知識이란 어렵게 배운 知識이고, 유익한 知慧는 어렵게 터득한 知慧라는 것을. 쉽게 배우고 쉽게 돈 벌고, 쉽게 출세할 생각을 하지 말기를 바랍니다. 쉽게 자라는 곡식엔 이삭이 나오질 않습니다. 결실은 더더욱 어렵습니다.

Ⅱ

新入生 諸君!

---

1) 〈苗而不秀者 有矣夫. 秀而不實者 有矣夫.〉『論語』「子罕」篇.

세상은 지금 엄청난 변화의 渦中에 있습니다. 나의 私見입니다만, 세계는 지금 지난 몇 世紀 동안 일찍이 보지 못한 큰 변화를 겪고 있습니다.

지난 四半世紀 동안 세계경제의 패러다임은 한마디로 '自由放任'이었습니다. '개인이 自由市場에서 자유로이 私利를 추구할 수 있도록 放任해야 한다. 정부의 經濟 介入을 줄이면 모든 것이 市場原理에 의하여 다 잘 된다' 라는 이데올로기였습니다. 全世界가 '自由化, 開放化, 民營化, 작은 政府' 를 정책의 焦點으로 삼았습니다.

사실, 自由放任政策의 추진으로 세계경제는 큰 繁榮을 누린 것처럼 보였습니다. 사람들은 〈글로벌 時代〉와 〈글로벌 基準〉을 노래하면서 작은 노력으로 큰 보수를 받고, 自然을 멋대로 毁損하면서도 그 毁損의 값을 計算하지 않은 채 싼 값으로 大量으로 生産하여, 대량으로 消費하고, 대량으로 廢棄하는 節制 없는 생활에 빠져들었습니다.

그러나 아! 自由化, 특히 金融의 자유화가 지나쳤습니다. 세계경제 번영은 2007년부터 일어난 이른바 美國發 金融危機의 一擊으로 하루아침에 산산조각이 났습니다. 지나친 自由放任은 지속될 수 없다는 케인즈의 비전이 옳았다는 것을 또 한 번 보여주었습니다.[2)]

신자유주의라 불리는 이 이데올로기는 어떤 다른 이데올로기의 공격을 받아 무너진 것이 아닙니다. 도저히 持續 不可能한 무리한 것이었기 때문에 스스로 崩壞한 것입니다.

---

2) John Maynard Keynes, "The End of Laissez-faire," *Essays in Persuasion,* 1930.

金融危機는 일종의 人工大地震이었습니다. 그런데 이 지진에 대한 先進國들의 共通的인 對應은 돈을 푸는 일이었습니다. 모든 나라가 迅速果敢하게 돈을 풀고, 앞으로도 天文學的인 額數의 돈을 풀 것을 약속하고 있습니다. 그런데도 시장은 꿈적도 하지 않고, 위기는 깊어 가고 있습니다.

이제 어떤 나라의 경제도 政府의 介入 없이는 지탱할 수 없게 되었습니다. 그러나 정부가 경제를 맡으면 잘 되는가? 이것이 문제입니다. 정부가 맡으면 잘 된다는 證據는 아직은 없습니다. 그러면, 정부는 장기적으로 어떤 역할을 어떻게 해야 하는가? 이에 대한 正答도 아직은 없습니다. 나라에 따라 正答이 다를 것이고, 새로운 패러다임은 少數人의 設計(design)에 의해서 나오기는 힘들 것입니다.

Ⅲ

이러한 세계 속에서 우리나라만이 문제가 없을 수는 없습니다. 學生諸君은 우리나라의 문제에 대해, 마치 修行者들이 話頭를 받아 그것을 풀기 위해 고민하듯이, 진지하게 생각해야 합니다. 왜냐 하면, 이것은 끝내 제군들이 부딪힐 문제가 될 것이기 때문입니다. 문제는 끝없이 달라지고, 解法 역시 그럴 것입니다. 1,460일 후에는 지금이 옛날처럼 될 것입니다. 그러나 걱정할 것은 없습니다. 誠實한 사람에게는 최선의 길이 보일 것입니다.

우리나라에도 다른 나라에 있어서처럼 富와 所得의 兩極化, 中産層의 沒落, 경제의 不均衡 등이 자리 잡고 있습니다. 그러나 한국 特

有의 문제도 만만치 않습니다.

경제는 정치나 사회, 그리고 넓은 의미의 文化(이를테면 政治文化, 企業文化, 生活文化 등)의 일부분입니다. 따라서 경제문제의 해결도 문화적인 接近이 필요합니다.

문화란 무엇입니까. 그것은 국민의 마음의 産物입니다. 오늘의 경제문제는 국민 모두의 선택의 결과로 나타난 것입니다. 순수한 경제정책만으로 해결할 수 없는 것이 많습니다. 어려움이 있다면 그것은 우리의 마음으로 풀어야 합니다.

文化的인 解法은 原則的으로는 하나밖에 없습니다. 세계의 大勢를 좀 더 잘 洞察하고, 우리 국민을 좀 더 깊이 理解하고, 우리의 능력을 偏見없이 判斷할 수 있어야 한다는 것입니다. 이것을 할 수 있다면 어려운 문제의 解法이 자연히 나오리라고 나는 봅니다.

모든 固定觀念을 버려야 합니다. GDP의 숫자를 너무 중요시할 것은 없습니다. 이미 崩壞한 新自由主義 패러다임에 執着하지 말아야 할 것입니다. 대한민국은 자유주의를 신봉하고 그것을 존중해야 합니다. 그러나 그 자유주의는 開明된 自由主義여야 하며, 閉鎖된 '그들만의' 自由主義여서는 안 됩니다. 自由化, 開放化, 民營化 등이 항상 옳은 것은 아닙니다.

우리경제의 미래에 대한 비전의 실마리는, 現實을 있는 그대로 파악하여, 마음을 비우고 국민과의 共感을 찾는 데에서 찾아야 한다고 나는 봅니다. 선진국의 정책을 複寫한 것이 아니라 자기 모습을 위주로 實事求是의 方法으로 옳은 길을 찾아야 합니다. 나는 여러분들이 이 길을 가기를 바랍니다. 이것이 경제를 살리고 우리 문화를 살리는 길이라 믿습니다. 시간과 인내심이 필요합니다.

우리 국민은 이런 저런 이유로 마음의 安靜이 적은 상태에 있습니다. 국민이 躁急하게 생각하는 경향이 있습니다. 국민의 마음을 安定시키기 위해서는 政治리더십이 마음을 비우고 국민과 親熟해지는 것이 중요할 것입니다. 그것이 국민의 信賴를 가져옵니다. 국민이 신뢰해야 정치리더십이 생겨납니다. 『大學』에 '大學의 道는 국민과 親하는 데 있다' 는 말이 있습니다.[3] 이것이 文化的인 接近입니다.

新入生 諸君!

君들이 知力과 德性을 갖춘 成熟한 人材가 되어 우리의 文化水準을 높이고, 동시에 경제를 자연히 잘 되게 해주길 바랍니다. 이것을 성취하는 것이 君들이 받은 宿題입니다. 自重自愛하여 自身과 나라의 운명을 열어주기 바랍니다.

自信을 가지십시오. 自信을 가지는 일, 사람에겐 이것이 제일 중요합니다. 自信은 傲慢이 아닙니다. 虛張聲勢도 아닙니다. 그것은 底力입니다. 그 底力을 기르기 위해서는 不斷한 노력이 필요합니다. 노력을 아끼지 말기를 바랍니다.

---

3) 〈大學之道, 在明明德, 在親民, 在止於至善.〉『大學』「第1章」

다시 한번 신입생 여러분의 입학을 축하합니다. 1,460일 동안에 여러분이 다 같이 멋지게 離陸하여 千里萬里 날기를 바랍니다. 감사합니다.

이기수 大學敎育協議會 會長 就任 祝辭*

우선 먼저 평소 아끼고 존경하는 이기수 총장이 오늘 韓國大學敎育協議會 제16대 會長으로 취임하신 데 대해 충심으로 축하의 말씀을 드립니다.

이기수 총장은 우리나라 학계, 법조계, 교육계, 통상외교 분야에서 다양한 경력을 쌓고 훌륭한 비전을 가진 理論家이며, 복잡한 현실에서 바른 진로를 찾는 탁월한 戰略家입니다. 이제 大敎協의 회장으로서 이 회장께서 우리나라 고등교육의 발전을 위해 縱橫無盡으로 실력을 발휘할 것을 기대해 마지않습니다. 우리는 방금 李會長의 취임사를 들었습니다. 이 자리에 계시는 모든 분들이 李會長의 비전과 전략이 十分 시현되기를 간절히 바라고 힘을 보태드리기를 다짐했으리라 믿습니다.

지난 반세기 동안 경제를 비롯하여 모든 분야에서 우리나라가 많은 발전을 이룩한 原動力이 교육에 대한 국민의 열성에 있었다는 것은 모두가 잘 아는 사실입니다. 그러나 시대는 간단없이 흘러가고, 불확

---

* 2010년 4월 13일.

실성은 전례 없이 증폭되고 있습니다. 나라의 발전을 위해 그처럼 큰 기여를 한 우리나라의 교육은 지금 그 효율이 크게 떨어져서 거대한 부실산업이 되고 있습니다. 大教協과는 직접적인 관계는 없습니다만, 교육 일선에서 흘러나오는 非理에 대해서는 그저 啞然할 따름입니다. 그런데도 불구하고 교육계에서는 거의 自淨 노력을 보이지 않고, 국가 차원에서도 비리의 원천이 되는 제도개혁의 노력은 아직 可視化되지 않고 있습니다. 때는 이미 많이 늦었습니다만, 저는 지금부터라도 우리 교육에 대해서는 국가 차원에서 舊殼을 탈피한 제도적 재정적 革新方案을 마련할 것을 기대합니다. 大學은 건전하다고 하지만, 여기에도 인적, 물적, 제도적 인프라는 아직 미약합니다. 大教協은 그동안 대학입시제도, 대학자유화, 대학재정 확충, 사학문제 등을 해결하기 위해 많은 노력을 경주함으로써 좋은 성과를 거두었습니다. 그러나 이 모든 문제들은 시대의 흐름에 따라 그 焦點이 달라지므로 이런 문제들은 오늘에 있어서도 여전히 大教協의 과제로 남아 있습니다.

저는 경제학을 하는 사람인지라, 모처럼의 자리를 빌어서 경제적인 견지에서 몇 가지 管見을 간단히 말씀드리고자 합니다. 널리 양해해 주시기 바랍니다. 우리나라 경제에서 가장 어려운 문제는 雇傭의 문제일 것입니다. 이 문제는 앞으로 경기가 회복된다고 하더라도 해소되지는 않을 것입니다. 저는 高級人力의 고용에 대해서는 국가가 국가적인 차원에서 人力需給에 대한 장단기 예측을 行하고, 수요와 공급 간의 不一致(mismatch)를 완화시킬 수 있도록 대학의 개편, 모집정원의 조절, 교과내용의 개선 등, 중장기 대책을 수립해야 한다고 봅니다. 대학차원에서도 졸업생의 수요공급의 전망에 대하여 세밀한 연구를 행하여 학생들의 就業을 돕는 배려를 아끼지 말아야 한다고 생각합니다.

가장 큰 문제가 教育財政의 문제입니다. 우리나라의 고등교육에 대한 GDP 대비 재정지출은 0.7% 정도로 추계되고 있습니다. 이것은 OECD 나라의 평균 1%에 크게 미달하는 수준입니다. 이런 빈약한 재정지원으로 세계최고 수준으로 그 수가 늘어난 대학생을 가르치려고 하니, 도저히 불가능한 일입니다. 정부지출의 부족을 메우기 위해 대학은 학생의 登錄金을 올리고 있습니다만, 이제는 그것도 한계에 도달한 감이 있습니다. 우리나라의 고등교육이 나라 발전에 기여하자면 公教育費의 재정부담을 적어도 OECD 평균수준으로 늘리고 家計部門의 사교육비를 줄여야 합니다. 국공립대학은 물론 사립대학에 대해서도 일정한 조건하에서 재정보조를 행하여야 한다고 봅니다. 특히 선택된 지방대학에 대한 투자를 획기적으로 증가시킴으로써, 국내외의 저명학자를 초빙하여 연구와 교육의 質을 향상시키고, 지방대학 출신의 취업이 서울의 대학을 凌駕하도록 해야 할 것입니다. 지방 학생들이 수도권의 대학으로 몰려드는 유인을 줄이고, 반대로 수도권의 학생들이 지방대학으로 내려가게 만들어야 합니다. 이것은 꿈같은 이야기처럼 들리겠으나, 세상은 항상 달라집니다. 정부의 비전과 의지만 있다면 앞으로는 얼마든지 가능한 일이라고 생각합니다. 지방에서 명문대학이 만들어지고, 명문고등학교가 만들어지고, 지방경제가 自生的으로 활성화되어야, 비로소 우리는 선진국이 될 것입니다.

우리는 이 시점에서 대학의 목적이 무엇이냐에 대해 새삼 문제를 제기할 필요가 있다고 봅니다. 원래 모든 교육의 목적은 人才의 養成

에 있습니다. 대학의 목적은 高級人材의 배출에 있습니다. 이 목적을 위해 대학은 知性을 기르고 새로운 지식을 창출해야 하고, 교수는 연구를 해서 논문을 쓰고 강의를 하고 학생지도를 합니다. 硏究와 敎育, 이 두 가지가 다 중요하겠습니다만, 지금 우리나라의 풍조는 연구에 치중하고 교육은 상대적으로 등한시하는 것 같습니다. 학교에 따라 다르겠습니다만, 저는 우리나라에서는 硏究에 못지않게 교육을 중요시해야 한다고 봅니다. 교수와 학생 간에 인격적 교감이 이루어지지 않는다면, 그건 대학이 아닙니다. 人材를 만들어내서 나라가 부유해지면, 硏究는 자연히 잘 됩니다. 싱가포르는 인구 300만 남짓한 섬 나라이지만, 영국 Times紙의 世界大學 序列에서 上位圈 100개 대학 중 두 개를 가지고 있습니다. 이 성과는 李光耀 수상 때부터 싱가포르의 장래는 인재 양성에 있다고 보고, 돈을 아끼지 않고 '싱가포르 大學'에 세계의 저명교수를 초빙한 데서 비롯된 것입니다. 대학교육을 위해서 돈을 아끼면서 세계 일류국가가 될 수는 없습니다. 우리나라에서도 교수들이 좋은 논문을 쓰는 동시에 자기의 모든 능력을 바쳐서 인재배출을 위해 정성을 다하도록 해야 합니다. 교육에 정성을 쏟으면 어떤 교과내용을 어떻게 짜야 하는가는 자연히 나올 것입니다.

거듭 이기수회장의 취임을 축하하며, 이 나라 고등교육 발전에 획기적인 큰 성공을 거두시기를 빌어 마지않습니다. 그러나 李會長은 혼자서 좋은 일을 다 할 수는 없습니다. 우리 모두가 성의를 다해 도와드려야 할 것입니다. 李會長의 문제는 우리 모두의 문제입니다. 大敎協 여러분의 건승과 건투를 기원합니다.

| 제 5 부 |

출판관련 序文, 祝辭, 推薦辭

뉴잉글랜드 이민사 발간 축사

김재천 의원 저서 추천사

전철환 총재 저서 추천사

觀水齋先生遺稿集 간행 祝辭

차영 여사 저서 추천사

김인준 교수 저서 추천사

『로마제국사』 서평

뉴잉글랜드 이민사 발간 축사*

1882년 임오년, 조선과 미국 사이에 조미수호통상조약이 체결됨으로써 조선과 미국 사이의 국교가 트이게 되었다. 당시 조선의 보빙사로 미국을 방문한 민영익 대사를 따라간 유길준이 한국인 미국유학생 제1호였다는 것은 널리 알려진 사실이다. 그 후 1903년, 102명의 한인들이 하와이의 사탕수수밭에서 일하기 위하여 호놀룰루에 도착한 것이 이민의 제1호가 되었다. 일제시대에도 상당수의 한인들이 혹은 일자리를 구하기 위하여, 혹은 독립운동을 하기 위하여, 미국으로 이민을 갔다. 해방과 6 · 25 동란 이후에는 이민의 수나 유학생의 수가 엄청나게 늘어나서, 오늘날 미국에 이주한 한인들은 200만을 넘게 되었으니, 이는 세계 어느 나라 역사에도 보기 드문 민족의 대이동이라 할 수 있다.

이러한 이민 가운데 뉴잉글랜드로 간 한인의 수는 그리 많지는 않지만 그 중에는 이승만, 안창호, 박용만 등의 정치가, 강용흘, 오천석 등의 문학자, 그밖에도 국내외에서 잘 알려진 사람들이 다른 지역에 비해 훨씬 많았다. 이러한 관점에서, 한인 이민 백주년을 기념하기

---

* 2004년 뉴잉글랜드 한인 이민 백주년 기념사업회에서 출간한 『뉴잉글랜드 이민사』(선학사)의 발간 축사임.

위하여 뉴잉글랜드 한인이민 백주년 기념사업회가 『뉴잉글랜드 이민사』를 발간한 것은 매우 뜻 깊은 일이라 할 만하다.

우선 무엇보다도 책의 내용이 좋고, 장정과 모양도 아름답다. 그동안 이 책의 편찬을 맡은 여러분들이 조사와 고증 및 집필에 드린 시간과 정성에 대해 치하의 말씀을 드린다. 사소하지만 눈에 거슬리는 誤字—몇 개 안 되는 괄호 안에 있는 漢字 포함—를 제외하고는 전체적으로 이 책의 내용은 좋으며, 앞으로 후진들에게 좋은 참고자료가 될 것이다.

이 책의 제2장 및 제3장은 각각 한미 수교 이후 초기의 한인 사회의 형성과정과 그 발전에 관한, 읽는 사람으로 하여금 많은 감동을 주는 내용을 담고 있다. 만리 이역에서 나라를 잃은 사람들의 비애와 역경을 이기면서 자리를 굳혀가는 눈물겨운 사연이 잘 묘사되고 있다. 그 당시 한국인이었다면, 국내외를 막론하고, 암울한 사정은 다 똑 같았던 것을 알 수 있다. 제6장은 인구, 경제 및 사업에 관한 것이 그 내용인데, 현재 뉴잉글랜드지역의 한인들의 생활기반에 관한 객관적이고 차분한 분석을 담고 있다. 좋은 내용이며, 한인들의 생활상태의 전모를 알 수 있다.

이 책은 항상 바쁜 분들이 시간과 정력을 할애하여 만든 것이지만, 100년 동안의 한인들의 애환과 변천을 일목요연하게 잘 밝혀 주고 있다. 앞으로의 세대는 어떻게 변모할 것인가. 100년사를 편집한 분들에게 이에 관한 연구를 요구하는 것은 물론 아니지만, 인구 및 소수민족의 동향이 격변하고 있는 작금의 미국 실정에 비추어, 이것은 우리의 큰 관심사가 아닐 수 없다. 최근 들어 각 방면에서 재미교포(Korean-American)들이 눈부시게 부상하고 있는 것은 매우 자랑스럽고 반가운 일이다. 앞으로 이들이 잘해 줄 것을 간절히 바란다.

우리민족은 세계에서도 유례를 찾기 어려운 여러 가지 특성을 가지고 있다. 미국에 사는 한인들과 다른 동양나라들의 후예들 사이에는 어떤 유사성이나 차이가 있는가. 이것은 흥미로운 일이지만, 물론 100년사 편찬위에 이에 관한 저술을 부탁하자는 것은 아니다.

이 책의 집필자들 및 편집자들의 수고에 다시 한번 감사와 치하의 말씀을 드린다.

김재천 의원 저서 추천사*

요즘 나라가 매우 혼란스럽다. 연령적으로는 이 나라는 아직도 젊다. 한창 앞으로 향해 달려야 할 젊은 나이이다. 그런 나라가 젊음을 잃고 방향을 잡지 못하고 있다. 허허벌판의 한복판에서 동서남북도 가리지 못하면서 헤매고 있다. 갈 길은 먼데 날은 저물고 있으니 답답하기 그지없다.

왜 이렇게 되었는가. 나라가 인재의 부족에 허덕이고 있기 때문이다. 어딜 보아도 좋은 사람이 너무 적다. 그동안 이 나라가 사람을 제대로 기르지 못했고, 그나마 있는 사람을 제대로 쓰지도 못했기 때문이다. 악화가 양화를 구축하는 것이 상례가 되어, 正論이 국민을 이끌지 못하고 있기 때문이다.

진주는 옛날부터 많은 기골 있는 실천적인 인재를 배출했다. 나는 남명선생의 산천재를 방문하여, 지리산으로부터 내려흐르는 강물을 보면서, 천만인이 뭐라 해도 앞으로 가는 천왕봉과도 같은 大丈夫, 曺南冥의 爲人을 상상해 본 적이 있다. 남명의 전통이 진주 지역에는 아직도 살아 있다. 그래서 서부 경남에 좋은 인재가 많이 배출되었다. 그 중에서도 항상 잊을 수 없는 엄청난 기골을 가진 좋은 인물이

* 2004년 2월 3일 김재천 저, 『큰 강은 소리 없이 흐른다』의 추천사임.

김재천이다.

글이라는 것이 무엇인가. 그 眞髓는 문장의 기술에 있지 않다. 그것은 그 글을 쓰는 사람을 나타내는 데 있다. 바둑 한 판에도 두는 사람의 성품이 나타난다. 하물며 글에 있어서랴. 똑바른 사람이라야 똑바른 글을 쓸 수 있다. 김재천이 쓴 글에는 김재천의 인품이 나타난다.

내가 김재천 의원을 알게 된 것이 한나라당 총재시절이었다. 그는 요즘 사람들이 거의 상실한 기개를 가지고 있었고, 항상 자기의 소신을 실천에 옮겼다. 명석한 두뇌와 정치 · 사회에 대한 상당한 지식을 가지고 있었다. 정치가 필요로 하는 타협과 인내는 그에게도 있었지만, 혼탁한 정치판에서도 이해를 떠나 항상 정의의 편을 드는 드물게 보는 인물이었다. 그 당시 당대의 인물로 자처하는 많은 젊은 국회의원 중에서 가장 탁월한 인물이었다.

나는 이번에 김의원이 쓴 "큰 강은 소리 없이 흐른다"의 전체를 읽지 않아도 그가 하고 싶은 말이 무엇인지 잘 안다. 독자는 그의 정의감, 용기, 역사와 도덕에 관한 통찰력과 지식, 그리고 훌륭한 사람에 흔히 있는 낭만에 접하게 될 것이다. 다만 두려운 것은 글은 말을 다 할 수 없고, 말은 뜻을 다 전할 수 없다(書不盡言, 言不盡意)는 옛말이 여기에도 해당할 수밖에 없을 것이라는 점이다.

그가 그리는 큰 강이 지금까지 없던 큰 소리를 내면서 흐르기를 바란다. 많은 독자들이 큰소리를 내면서 흐르는 강물소리에 귀를 기울이기를 빈다.

전철환 총재 저서 추천사*

故 全哲煥 총재는 서울대학교 경제학과가 배출한 가장 탁월한 인물 중의 한 사람이었습니다. 그는 학생시절부터 경제이론 일반과 아울러 우리나라 경제의 발전문제에 대해 외래 이론에 억매이지 않는 많은 식견을 가지고 있었습니다. 또 성품도 소탈하고 여러 사람의 의견을 포용할 수 있는 넓은 아량을 가지고 있었고, 옳은 일이라면 이해를 떠나 실천하는 지사형의 인물이었습니다. 그가 많은 할 일을 남겨놓고 일찍 세상을 떠난 것은 그를 아끼는 사람들의 큰 슬픔이었고, 나라의 큰 손실이었습니다.

전철환 총재는 학자로서, 교육자로서 많은 업적을 남겼습니다. 한국은행 총재로 발탁된 1998년에는 중앙은행으로서의 한은의 독립성이 많이 강화되고 금융통화위원회가 상설화된 한은법 개정이 있은 직후였습니다. 전총재는 중앙은행의 수장으로서 많은 사람의 기대에 십분 부응할 수 있는 좋은 업적을 남겼습니다. 그는 당시 외환위기직후 쑥대밭이 된 금융시장의 혼란을 수습하는 데 금융계 지도자로서의 역할을 훌륭히 수행하였습니다. 통화신용정책의 지표를 통화량으로부터 금리로 바꾸었고, 한은업무의 능률 향상을 위해 그 조직과 운영을 개

* 2005년 4월 29일.

선하는 등의 좋은 업적을 남겼습니다.

전총재가 생전에 집필한 원고를 정리한 책이 출간되게 된 것은 그나마 우리에게는 기쁘기 그지없는 일입니다. 원래 글이란 그것을 쓴 사람의 인품과 사상이 자연히 나타나는 법입니다. 한국경제의 앞날에 관심 있는 여러분들이 전총재의 식견에 접하기를 바라는 마음이 간절합니다. 많이 읽어 주시기 바랍니다.

觀水齋先生遺稿集 간행 祝辭*

사람이면 누구나 선조에 대해 존경의 마음을 가진다. 선조가 쓰던 지팡이와 신발, 붓과 벼루를 소중히 여기지 않는 사람은 없다. 선조가 심은 나무를 볼 때마다 風樹之感을 금치 못하는 것이 人之常情이다. 선조가 남긴 遺墨과 遺稿 등을 자손으로서는 家寶로 간주한다.

觀水齋奇先生은 호남의 儒宗인 奇高峯先生의 후예로서, 觀水齋라는 호가 나타내듯이, 평생 선비로서의 근본을 소중히 여기신 진정한 선비시었다. 선생의 탄생은 고종 16년(公元 1879년)이었는데, 선생의 청장년 때는 조선왕조의 국세가 이미 현저하게 기울기 시작한 무렵이었다. 당시 선생의 고향에는 이 나라의 각계를 대표하는 인물들이 많았는데, 선생은 이 분들과 매우 돈독한 교분을 가지시고 세상의 대세를 감안하여 仕宦의 뜻을 접고, 초야에서 유가의 전통에 따라 孝悌忠信으로 持身함과 동시에 悠悠自適의 日常生을 보내시면서 一鄕의 유림에 좋은 모범을 보이시었다.

선생의 賢胤 世樂(號: 滿齋)씨는 원래 성품이 溫潤 독실한 분으로서,

* 2005년 10월.

先君의 뜻을 따라 유자로서의 본분을 지키면서 고봉선생의 학덕을 思慕 顯彰하는 일에도 정성을 다하여 왔다. 나는 滿齋를 대할 때마다 그의 儒者다운 모습과 마음에 깊은 인상을 받아왔는데, 이번에 그가 선군의 유고를 모아서 觀水齋先生遺稿集을 번역문과 아울러 출간하였다. 번역은 어디까지나 원문에 충실하고, 체제 또한 미려하다. 원래 이 일은 만제의 형님들이 평소 하고자 한 일이었는데 결국 만제가 이 일을 완성한 것이다. 이것은 부모의 유덕을 奉承하고 遺志를 奉行하려는 성의의 소산으로서, 명문의 후예로서의 그의 평소의 操履로 보아 어쩌면 당연한 일이라고도 할 수 있다. 그러나 지금 이 나라의 젊은이들은 "孝"라는 말을 거의 들어보지도 못하고 成年으로 자라고 있는 실정에 비추어, 이 유고집의 발간은 많은 사람에 대하여 清新한 모범이 될 것이다. 觀水齋先生의 英靈도 賢胤의 뜻을 嘉納하시리라 믿으며, 滿齋의 평소의 성의가 좋은 結實을 맺은 데 대해 심심 축의를 표하는 바이다.

차영 여사 저서 추천사*

– 저질러라, 그러면 열릴 것이다! –

대학교수, 서울시장, 부총리 등 다양한 사회생활을 해오면서 나는 능력 있고 당당한 여성들을 많이 만나 왔습니다. 여성의 사회적 위치가 낮은 시절에도 적지 않은 여성들이 남성들보다도 훌륭한 능력을 발휘하는 경우를 많이 보았습니다. 그녀들은 참 아름다웠습니다. 외모의 차원이 아니라 삶에 대한 열정의 온도가 여느 남자들보다 뜨거웠기 때문일 것입니다.

그러나 그만큼 그녀들의 삶은 고단했습니다. 뛰어난 자질이 있음에도 불구하고 누구의 아내, 누구의 엄마로 물러나기 십상이었습니다. 그 시절만 하더라도 사회 분위기가 진취적 여성을 반기지 않았고, 기득권자였던 남자들이 그녀들과 경쟁하는 것을 유쾌하게 여기지 않았습니다. 그런 사회 속에서도 당당하게 어려운 환경을 물리치면서 자신의 앞날을 개척하는 그녀들의 삶은 참으로 훌륭했습니다.

차영 역시 그런 여성 중 한 명이었습니다. 남성 중심의 보수적인 정치권에서, 잘 알려지지 않은 이미지 컨설팅과 브랜드 전략이란 분야에서, 여성이 자신의 일을 뚝심 있게 추진하기가 어찌 쉬운 일이겠

---

* 2006년 8월 차영 저, 『젊은 그녀, 전쟁터를 즐겨라』의 추천사.

습니까. 그러나 그녀는 '저질러라, 그러면 열릴 것이다' 라는 열정으로 주위의 편견과 잘 싸웠습니다. 실패를 두려워하지 않고 실행부터 먼저 하는 그녀의 겁 없는 태도, 이것이 차영의 가장 큰 장점이었습니다. 그런 그녀의 모습을 바로 옆에서 지켜보았기에 서울시장에 당선된 후 주저 없이 비서관으로 와주길 부탁했습니다.

그때 이후 벌써 10여 년의 시간이 흘렀습니다. 이 땅은 여전히 여성에게 남자보다 몇 곱절의 노력과 열정을 요구하고 있습니다. 이 순간에도 많은 여성들이 사회의 차별과 냉대 속에서 좌절감과 싸우고 있을 것입니다. 나 자신은 여성의 처지에 대한 어느 정도의 인식은 있다고도 봅니다만, 여성이 겪는 모든 어려운 과정을 온몸으로 겪어본 사람은 아니기 때문에, 여성문제에 관해 여러 말을 하면 할수록 진실성이 떨어지지나 않을까 두렵습니다.

이 책은 차영이라는 이가 반생의 경험을 통해 실천하고 느낀 귀중한 글을 담고 있습니다. 바둑 한 판에도 두는 사람의 성품이 스며 나옵니다. 하물며, 혼신의 힘으로 쓴 책에 있어서야 말할 나위가 있겠습니까. 이 책에는 차영의 순수하고 진실한 면모가 잘 들어나 있습니다. 이 책을 읽는 여성독자가 지금 겪고 있는 문제는 차영 그이가 겪었던 일들이지만, 그 동안의 시대의 변화를 감안한다면, 아마도 그녀가 지나온 시간들은 지금보다 더 혹독했을 것입니다. 치열하게 인생의 한 고비를 넘긴 그녀가 진정한 성공과 행복을 꿈꾸는 당신에게 위로와 격려를 건넨다면 그건 믿어도 될 것입니다. 그리고 그 위로는 내 자신이 하고픈 위로이기도 합니다.

김인준 교수 저서 추천사*

2008년 9월 리먼 브라더스 투자은행의 파산으로 본격화된 미국발 금융위기는 자본주의 역사상 최대의 사건이었다. 이 사건이 앞으로 어떻게 처리되느냐에 따라 세계경제의 명운이 결정될 것이다.

여러 가지 자본주의 유형 중에서 자유주의 개인주의의 가치관을 지상시하는 영국 · 미국의 자본주의가 지난 2세기 동안 가장 역동적인 역사를 펼쳤다. 그 역동성으로 19세기는 영국이, 20세기는 미국이 세계를 제패했다. 이 두 나라의 경제이론과 정책기조가 현대경제학의 주류를 이루어 왔다.

그러나 세상은 잠시도 쉬지 않고 변한다. 21세기에 접어들 무렵, 미국경제의 중심은 실물산업으로부터 '금융산업'으로 옮아갔다. 금융 중심의 경제는 본질적으로 기존의 실물부문 중심의 그것과는 다른 내용을 가지고 있다. 電光과 같은 속도와 태풍과 같은 파괴력을 가진 금융산업은 삽시간에 미국경제와 세계경제를 휩쓸었다. 그 속도와 파괴력은 실물산업의 그것과는 비교가 되지 않는 강력한 것이었다. 그 특유의 역동성은 90년대 후반에는 아시아, 러시아 등을 강타하더니,

* 2009년 7월 22일 김인준 저, 『금융위기 이후를 대비하라』의 추천사.

10년 후 지금에는 끝내 원산지인 미국에 돌아와서 그 경제에 치명적인 타격을 가하고 있다. 그동안 대미 수출로 호황을 누리던 세계경제도 일대혼란을 겪고 있다.

현대금융의 본질은 무엇인가. 그렇게 강력한 힘을 가진 미국금융이 왜 그처럼 힘없이 무너졌는가. 앞으로 금융위기는 어떻게 될 것이며, 세계자본주의는 어떤 변화를 겪을 것인가. 그리고 우리 한국은 이 변화에 어떻게 대응해야 하는가. 이것은 이 시대를 사는 모든 사람의 최대 관심사이다. 사태의 진전 속도에 비하여 이론의 발전은 너무나 더디다. 주류경제학계는 이에 대한 설득력 있는 해결책을 내놓지 못한 채 무력감에 빠져 있다. 금융위기의 전모를 이해하고 그 해법을 제시하기 위해서는 금융의 본질에 대한 이해와 현실경제에 대한 분석력 그리고 장래에 관한 통찰력이 필요한데, 이러한 능력을 가진 학자는 어디에서나 매우 드물다.

경제이론이 현실적합성을 상실하고 있는 지금, 금융위기의 본질과 그 추이, 앞으로의 전망과 한국의 대응 등을 명쾌하게 설명한 책이 바로 김인준 교수가 출간한 이 책이다. 전 5장으로 되어 있는 이 책은 제1장에 금융위기의 원인과 진행의 경위를 설명하고, 그 위기는 끝난 것이 아니라 지금도 진행중이며(제2장), 세계가 앞으로 평정을 되찾기 위해서는 새로운 경제의 패러다임을 도입해야 한다는 것을 논하고 있다(제3장). 나머지 2개 장은 한국의 대응에 관한 것인데, 금융위기에 직면한 우리경제의 현실과 문제점을 설명하고(제4장), 위기 극복을 위해서는 전방위적인 대비가 필요하다고 역설하면서(제5장), 실사구시적인 대응방안을 제시함으로써 결론을 맺고 있다.

현재 한국경제학회 회장직을 맡고 있는 김인준 교수는 이론과 현실 인식을 구비한 자타가 공인하는 경제학계의 중진이며, 평소에도 항상 우리경제의 문제점과 해결책을 제시하는 사명감 있는 학자이다. 어려운 시점에서 김 교수가 우리의 최대 관심사인 금융위기에 관해 평소의 온축을 담은 훌륭한 책을 내놓은 것은 시의적절한 경사이다. 김 교수는 이 책으로 학계의 기대에 부응했고, 일반 국민에 대해서도 경제학계의 면목을 세워주는 큰 기여를 했다.

경제학도 사람이 하는 일이다. 정책문제에 대한 경제학자의 제안은 제안자의 성품과도 많은 관련이 있다. 김인준 교수는 서울대 경제학부가 배출한 俊才 중의 한 사람이지만, 그는 비단 학문에서만 우수할 뿐 아니라, 따뜻하면서도 냉철한 마음을 가진 신사이다. 그는 항상 中正을 벗어나는 일이 없는 이론과 판단력으로 학계의 동료와 경제당국의 길잡이가 되어 왔다. 이 책은 학계의 동료들은 물론 일반 독자 및 정부 당국자에게도 매우 유용한 참고서가 될 것이다.

김인준 교수의 역작을 진심으로 축하하며, 이 책이 타고난 사명을 훌륭히 수행할 것을 바라마지 않는다.

『로마제국사』 서평*

사실은 소설보다 기이하다는 말이 있으나, 역사의 기록은 정말로 재미있다. 거기에는 또 많은 교훈이 있다. 서양사 중에서 가장 재미있는 나라의 역사를 들라고 한다면 나는 로마의 역사를 들고 싶다. 나는 로마의 역사책을 꽤 많이 읽었다. 로마는 1,200년에 걸친 역사에서 王政, 共和政, 帝政을 다 겪은 유일의 나라였다. 그 긴 역사를 비교적 재미있게 요약한 책이 이 책이다.

왜 로마의 역사가 재미있는가. 세 가지 이유를 들고 싶다. 하나는 로마는 유럽 최초의 큰 나라였고 아주 오랫동안 번영한 나라인데, 그 번영의 요인이 무엇인지를 알아보면 엄청나게 재미있는 사실을 발견한다. 우리가 로마에 대해 가지는 선입견은 대부분 사실과 멀다. 로마의 전통과 제도는 그 후의 대부분의 유럽나라들에 의해 계승되어, 유럽인의 원형을 알자면, 로마의 역사를 알면 도움이 될 것이다. 둘째, 어떤 역사이건 재미가 있자면 이벤트가 많아야 하는데, 로마의 역사에는 이벤트가 엄청나게 많다. 우선 전쟁이 많았다. 로마는 그 역사상 약 350번의 큰 전쟁이 있었다. 또 로마시대에는 파란만장의

---

* 「인드로 몬타넬리」가 저술한 『로마제국사』(김정하 옮김, 1988, 까치글방)에 대한 서평으로, 2006년 10월 『샘터』 베갯머리 책 칼럼에 기고한 글임.

인생을 펼친 사람이 많다. 공화정 말기의 영웅들, 이를테면 구룩쿠스 형제, 마리우스, 키케로, 카이사르, 안토니우스, 폼페이우스, 브루투스 등은 모조리 자객의 손에 쓰러졌다. 로마제국이 동서로 갈라지기까지 약 400년 동안 약 60명의 황제가 있었다. 황제 중에는 성군이라고 할 만한 사람도 있었지만 천하의 망나니가 많았고, 황제 중 절반 이상이 암살당했다. 초대 아우구스투스 황제 이후 제정의 초기 120년 동안에 10인의 황제가 섰는데, 그 중 7인이 자기 명으로 죽지 못했고, 제정의 마지막 17 황제는 모조리 피살되었다. 이런 과정에서도 로마는 계속 판도를 넓히면서 융성하였으니 기적이 아닐 수 없다.

셋째, 로마는 오늘날 우리가 글로벌 시대라고 하는 세계질서를 만들어낸 역사상 최초의 나라이다. 그 후 글로벌 시대를 연 나라로는 19세기의 영국, 그리고 오늘의 미국을 들 수 있다. 그러나 내가 보기에는 영국이나 미국이 만들어낸 글로벌 질서는 로마의 글로벌 질서에 비하면 훨씬 불완전하다. 무엇이 로마의 글로벌 시대를 만들었는가. 가장 중요한 것으로서 내가 보기에는 첫째, 철저한 규율과 애국심으로 무장된 막강한 군대를 들 수 있다. 이것이 로마를 일구어낸 원동력이었다. 둘째는, 개인 재산권 보호, 통치권의 보장을 포함한 법률의 제정 및 철저한 시행이다. 셋째는, 로마제국은 전 지역을 통하여 인종이나 그밖의 차별이 없었다. 로마인들은 남을 포용할 수 있는 넓은 도량을 가지고 있었고, 로마의 법은 전 로마에 평등하게 적용되었다. 그리고 넷째, 현세적이고 실천적인 사상 등을 들 수 있다.

아무튼 로마의 역사는 재미있다. 이 책을 통독하면 아마 마음이 넓어지고 오늘의 세계를 아는 데도 도움이 될 것이다.

| 제 6 부 |

序文

紹修書院誌 序文

大丘徐氏 文獻錄 序文

晩境耽詩 序文

紹修書院誌 序文*

지금으로부터 30여 년 전, 나는 소백산으로부터 등산길을 따라 榮州로 내려와서 紹修書院을 처음으로 방문한 일이 있다. 안내자 없이 배낭을 진 채, 서원과 그 주위를 一瞥한 데 불과했지만, 나는 웬 일인지 엄청난 감동을 받았고, 지금도 이 서원의 독특한 韻致가 그대로 기억 속에 생생하게 남아 있다.

이 독특한 운치의 이면에 무엇이 있었는가. 여기가 바로 이 나라 儒學의 發祥地이고, 이 서원이 우리나라 최초의 서원이며, 많은 先賢들이 이 서원의 발전을 위해 정성을 기울였다는 사실이 이 서원의 그윽한 운치 속에 배어 있었던 것이다.

이 서원에 奉祀된 文成公 晦軒 安珦 선생은 이 나라에 유학을 도입한 선구자였다. 선생이 활약하신 13세기 후반 忠烈王 忠宣王 당시의 高麗는 元 나라의 屬邦이 되어 나라의 正體性을 상실한 상태에 있었다. 정치는 紀綱을 잡지 못하고 국민의 풍속은 무속에 찌들어 있었다. 선생은 나라를 바로잡기 위해서는 朱子學을 도입하여 修己治人의 이념을 구현해야 한다는 신념을 가지고 정치, 행정, 문화, 교육면에

* 2007년 1월 1일 〈영남문헌연구소〉 저, 『紹修書院誌』의 序文임.

서 유교교리에 따른 많은 개혁을 先導하셨다. 선생은 시대의 선각자요, 나라의 스승이었다.

선생이 돌아가신 지 거의 230여년, 朝鮮中宗 38년(1543년)에 豐基郡守로 부임한 愼齋周世鵬선생이 晦軒선생 탄생지에 白雲洞書院을 세움으로써 선생의 유덕을 기리고, 이 지방의 강학과 교육의 중심으로 삼도록 했다. 愼齋선생은 우리나라 최초의 서원을 건립한 길이 역사에 남는 큰 업적을 남기었다. 그 후 회헌선생의 後裔와 많은 有志들이 혹은 돈과 물자를 喜捨하고, 혹은 제도를 다짐으로써 서원을 잘 유지 발전시켰다.

그러나 서원이 그 기능을 제대로 발휘하자면 국가의 뒷받침이 절실했다. 서원의 애로를 타개하기 위해 1550년 당시 풍기군수였던 退溪李滉선생이 沈通源 경상감사에게 청원하여, 임금께서 서원에게 扁額을 下賜하실 것을 奏請하도록 했다. 明宗임금이 경상감사의 주청에 따라 紹修書院이라는 편액을 下賜함으로써 백운동서원은 이 나라 최초의 賜額書院이 됐다. 이것은 백운동서원 창설에 버금가는 획기적인 일이었다. 서원의 이름인 〈紹修〉는 '旣廢之學 紹而修之(이미 무너진 학문을 다시 이어 닦는다)' 라는 문구에서 나온 것인데, 서원의 使命을 간단명료하게 잘 표현한, 이 나라 최초의 서원에 부합하는, 훌륭한 이름이었다. 그 후 이 서원은 크게 발전하여 이 나라의 주요 교육연구기관으로서 많은 훌륭한 인물을 배출하고 좋은 연구성과를 거두었다.

백운동서원이 창설된 지 이제 463년, 소수서원으로 개칭된 지 457

년이 됐다. 나라의 命運이 여러 번 바뀌었고, 국토 · 사회 · 풍속 · 가치관 등도 상상을 초월할 만큼 달라졌다. 경제생활은 百倍千倍 개선되었고, 대한민국의 위상도 엄청나게 상승했다. 그러나 이 나라에는 앞으로 극복해야 할 과제가 山積해 있다. 분단된 나라의 분열된 '국론'을 통합해야 하고, 땅에 떨어진 국민도덕을 다시 일으켜 세워야 한다. 국민을 괴롭히는 교육의 내용과 제도를 바로잡아야 한다. 이제부터라도 무너진 교학을 다시 이어 닦음으로써 萬世를 위하여 太平을 열어야 한다.

이번에 이 서원에 관련된 모든 중요한 사항이 빠짐없이 수록된 紹修書院誌가 발간된 것은 매우 意味深長한 일이다. 부디 이 院誌가 이 서원과 斯文의 부흥에 기여하기를 기대한다. 나 자신도 이 院誌를 통해 30여 년 전의 감동을 다시 되새기게 되어 기쁘기 한량없다. 紹修書院이 그 원래의 〈紹而修之〉하는 사명을 다할 것을 바라며, 서원지의 편찬을 위해 盡力한 편찬위원 여러분에게 깊은 감사를 보낸다.

大丘徐氏 文獻錄 序文*

무릇 사람의 一生이 빛난다는 것은 무엇을 말하는가. 그 말이 세상의 模範이 되고, 그 功이 나라에 寄與하며, 그 德이 국민을 感化시킴으로써 芳名이 길이 後世에 남는 것을 말할 것이다. 그러나 사람의 天稟에는 賢愚의 차이가 있고, 氣質에는 淸濁의 優劣이 있으며, 能力에는 巧拙의 한계가 있기 때문에, 靑史에 이름을 남기는 빛나는 인물은 어느 시대에도 많을 수 없는 것이다.

만일 어떤 家門이 이러한 빛나는 인물들을 많이 배출하여 文武兼全의 衣冠이 繼世하고, 孝悌忠信의 子孫이 承家한다면, 그 가문의 顯達은 靑史에 영원히 남을 것이다. 朝鮮王朝 시대에도 그런 家門이 더러는 있었으나, 그 중에서도 가장 卓異한 경우 중의 하나는 大丘徐氏일 것이다. 삼가 歷代名人의 來歷을 고찰하건대, 遠祖인 高麗朝의 軍器少尹을 지낸 諱 閈 이후로 高麗末 朝鮮初를 통하여 많은 人物을 배출해오다가, 遠祖의 十世孫 四佳亭先生 이후로는 대대로 더욱 많은 偉人을 배출하였다. 특히 朝鮮朝 中葉 이후로는 政丞 9人, 大提學 6人, 判書 33人, 諡號를 받은 이가 41人, 文科及第 135인, 武科 及第 124人을 배출함으로써 鬱然히 고금에 드문 名家가 되었다. 門中에서

* 2007년 10월 8일 〈대구서씨 대종회〉 저, 『大丘徐氏 文獻錄』의 序文임.

3代가 내리 政丞에 올랐고, 또 그 후 다른 3代가 내리 大提學을 지낸 사례 등은 類例를 찾기 어려운 일이었다.

높은 官爵에 오른 大臣과 詩文에 卓越한 名士가 많았던 것도 稱頌할만한 일이지만, 徐氏一門의 명인들은 四佳亭先生을 비롯하여, 조선왕조의 規範과 그 治績의 내용을 담은 많은 著述을 남기었다. 徐氏歷代의 학문정신이 詩文보다는 國利民福의 증진에 있었다는 것을 입증하는 일이라 생각된다. 또 解放 이후 지금에 이르기까지 大丘徐氏一門은 政界, 官界, 學界, 實業界의 다방면에 걸쳐 나라의 지도급 인사들을 많이 배출해왔다. 이것도 우연한 일이 아니라 先祖의 學德이 永垂不朽임을 일깨워주는 본보기로 보아야 할 것이다.

이번에 大丘徐氏 大宗會에서 先祖들이 남긴 중요 文獻들을 포함한 역대 名人들의 文集, 詩文, 碑文, 祭文 및 그 밖의 각종 文獻을 聚合하여 『大丘徐氏文獻錄』을 刊行한 데 대하여 충심으로 축하의 뜻을 표한다. 이것은 비단 大丘徐氏 一門의 慶事일 뿐 아니라 나라를 위해서도 매우 뜻 깊은 일이라 하지 않을 수 없다.

우리가 사는 이 시대는 일찍이 보지 못한 物質生活의 豊饒를 달성하였지만, 그 이면에는 家庭과 倫理의 파괴, 禮儀와 綱常의 墮落으로 後進들의 精神生活은 오히려 貧困해지는 경향이 있다. 정신생활 頹廢의 가장 큰 原因은, 先祖들의 남긴 精神遺産이 현대에 承繼되지 못하고 있기 때문이다. 一國의 盛衰가 국민정신에 의존한다는 것은 古今東西의 歷史의 敎訓인데, 역사의 교훈이 斷絕됨으로써 선조의 값진 경험이 無爲로 돌아가고 있는 것이 이 나라의 현실이 되고 있다. 집안에 내려오는 寶物을 아낌없이 내버리는 無知한 행위가 정신의 貧困을 낳고 있는 것이다.

이러한 의미에서 이번에 발간된『大丘徐氏 文獻錄』은 一門 후손으로 하여금 先祖의 정신과 업적을 마음 깊이 되새기게 함으로써 그들의 밝은 장래를 開拓하는 無價의 寶物이 될 것이다. 뿐만 아니라 이 文獻錄의 발간은 다른 姓氏의 後進들에 대해서도 우리나라의 傳統과 선비의 思想 및 愛國愛民의 精神에 관한 좋은 참고서가 될 것이다. 再三 文獻錄 刊行에 대해 축하의 뜻을 표한다.

晩境耽詩 序文*

漢詩를 쓴다는 것은 한문을 배우지 않는 지금 세상에서는 쉽지 않은 일이며, 제대로 된 한시를 쓴다는 것은 누구에게나 상당히 어려운 일일 것이다.

詩라는 것이 무엇인가. 그것은 우리의 일상생활의 과정에서 부딪치는 喜怒哀樂을 가장 간결하게 표현하는 '獨白' 일 것이다. 그 獨白에 시를 쓰는 사람의 생각과 인품이 그대로 나타난다. 어떤 시가 좋은 시인가. 작자의 思無邪의 심경이 아름답고 고상한 말로 표현된 것이 좋은 시일 것이다.

옛날 선비의 문집의 첫머리는 의례히 시가 있다. 옛날 사람들은 왜 이렇게 시를 많이 썼는가. 일생을 살면서 思無邪에 근접한 순수한 감정을 표현하는 방법으로 이것이 가장 좋았기 때문일 것이다. 漢詩를 쓰자면 韻字가 주어지고 平仄의 규칙이 있어서, 그 규칙과 자기의 감정을 맞추기는 쉽지 않다. 그러나 그 규칙을 따를 때, 시가 오히려 더 아름답게 되고, 그 표현도 단순한 감정의 발로가 아니라 哀而不傷하고 樂而不淫하는 雅趣를 담아내는 것이 아닐까 생각된다.

---

* 2008년 9월 李宗勳 저, 『晩境耽詩』의 序文임.

이번에 '蘭社' 라는 이름을 가진 우리 漢詩社의 少南 李宗勳 社友가 다년간 지은 한시를 모은 『晩境耽詩』를 출간했다. 少南은 전기공학을 전공하여 古里原子力建設을 비롯하여 우리나라 電氣産業 발전에 누구보다도 많은 기여를 했고, 다년간 한국전력공사 사장을 지내면서 탁월한 학식과 기술과 경영능력으로 韓國電力을 세계 수준으로 끌어올린 이 나라 電氣工學界의 元老이다. 그런 경력을 가진 少南이 12년 전 난사에 '入社' 하여 한시를 짓기 시작했다. 그는 社友 중에서 나이가 가장 '어린' 사람으로서 한시 경력도 가장 짧았지만, 전기공학을 공부할 때와 같은 열성과 集中力, 그리고 타고난 빈틈없는 觀察, 思無邪의 순수한 마음으로 한시를 쓰기 시작했다. 그는 韻과 平仄 등의 한시의 規律을 철저하게 준수함으로써 素朴하면서도 古雅한 맛과 工學徒의 分析的인 접근이 어우러진 독특한 경지를 개발했다. 少南은 원래 安東 名家의 후예로서 그의 '漢詩集 發刊의 辯' 에서 잘 나타나 있듯이, 그의 祖考께서 '昌大家門必此兒' 라고 기뻐하실 만큼 어렸을 때부터 재능이 뛰어났고 天稟이 誠實하여, 工學徒와 漢詩人의 소질이 조화를 이루면서 동시에 발휘되는 오늘의 少南을 만들어낸 것으로 보인다.

少南의 능력과 성의는 이 漢詩集에 그대로 잘 나타나 있다. 우선 시가 좋다. 思無邪의 맑은 마음이 平仄과 音律의 기교를 얻어 잘 표현돼 있다. 게다가 이 시집은, 마치 電氣를 需要者에게 공급하듯이, 독자에 대한 서비스가 완벽하게 이루어지고 있다. 시집에 수록한 200여 수를 10개 항목에 분류하여 지은 순서에 따라 排列한 것은 漢詩集으로는 흔히 보지 못하는 편집방법이다. 각 시마다 자세한 주석을 달아서 한 자 한 자가 무슨 자이고 어떤 의미를 가지는 것인지를 밝히고, 그 시를 짓게 된 배경을 설명함으로써 독자의 감흥을 유도하고 있다. 한글 번역도 直譯과 意譯을 적절히 배합하여 작자의 뜻을 잘 나타내도록 배려하고 있다.

이 시집에는 또 난사에서 채택한 韻字가 어디에서 나온 것인가를 밝히는 원시를 빠짐없이 수록하여 少南의 공부가 周到했음을 간접적으로 보여준다. 그는 아마 원시를 縱橫으로 분석하여 그 의미를 완벽하게 파악한 것으로 보인다. 시집의 말미에는 附錄으로 '漢詩 律格의 理解와 鑑賞'을 첨부하여, 한시가 어떻게 지어지는가를 자세히 설명하고 있다.

한마디로 이 시집은 寸陰을 아끼는 少南의 공부에 대한 진지한 태도, 한시에 대한 애정, 그리고 독자와 자기 스스로에 대한 典重한 배려가 배어 있는 稀貴한 책이다. 난사동인들은 모두 少南의 그동안의 노력과 사우에 대한 배려에 감사하고 있다. 少南도 평소 난사에서 많이 배웠다는 말을 하지만, 碧史 李佑成先生을 빼고 나머지 6명으로부터 무엇을 배웠는지는 알 수 없으나, 이 메마른 세상에 자기의 시를 좋다고 느끼는 사람이 여섯 사람이나 있다는 사실은 그에게도 흐뭇한 일일 것이다. 앞으로 그의 시작이 더욱 더 빛나는 것이 될 것을 확신하며, 그의 好運을 빈다.

| 제 7 부 |

弔辭, 追悼辭, 碑文

김호길 박사 10주기 추도사

望菴 邊以中 선생 학술회의 인사말

望菴邊以中先生墓碑文

鄕友 李範俊長官 弔詞

김호길 박사 10주기 추도사*

2004年 歲次 甲申 四月 三十日 故友 趙淳은 精誠을 다하여 哀悼의 뜻을 담아 지헌 김호길 박사의 영령에 고합니다.

아! 芝軒! 그대가 사랑하는 家族과 學生, 敎授와 親知, 그리고 손수 알뜰하게 가꾼 이곳 캠퍼스를 떠난 지도 이제 十年이 되었습니다. 워낙 豪放한 天稟을 타고난 芝軒이라, 멀리 하늘의 一角에서 지금도 自由自在의 情神과 行動을 펼치고 있으리라 믿습니다. 十年이라는 歲月, 인간의 세계에서도 꼭 길다고는 할 수 없지만, 그 동안 많은 것이 달라지고 있습니다. 四月 三十日, 그날의 衝擊과 슬픔도 會者定離요 生者必滅이라는 人間의 哲理의 作用으로 그 銳角이 점점 무디어가고 있음은 어쩔 수 없습니다.

달라지지 않는 것이 하나 있습니다. 芝軒의 純粹한 마음과 高貴한 뜻, 그리고 그것이 이룬 浦項工大와 博約會라는 두 가지 業績입니다. 이 두 개의 業績은 芝軒의 뜻을 잇는 많은 이에 의해 날이 갈수록 커지고 빛나고 있습니다. 善因善果라, 좋은 씨가 좋은 열매를 맺는 것은 당연한 일입니다. 金浩吉이 아니면 그 누구도 일굴 수 없었던

* 2004년 4월 30일 김호길 박사 10주기 추모식.

이 두 가지 사업, 그것을 받드는 사람은 많고 그들의 誠意도 無限합니다. 부디 마음 놓으시기를 바랍니다.

다시 한번 芝軒 그대에 대해 敬意와 讚辭를 보내지 않을 수 없습니다. 그대는 當代에 보기 드문 豪傑이었습니다. 어떤 어색한 座席에 가든, 어떤 딱딱한 雰圍氣 속에 있든, 거기에 웃음과 和氣를 자아내는 호방하고도 섬세한 天稟, 그것이 습관화된 傳統儒者의 中庸과 均衡에 조화되어, 주변의 모든 사람의 마음을 融和하는 특수한 儒家型 豪傑이었습니다.

아, 芝軒! 그대는 지금 세상에는 찾기 어려운 君子였습니다. 君子는 자기의 德을 닦고, 세상을 바로 잡는 것을 스스로의 임무로 삼고, 그 責任을 스스로 부담하는 마음과 能力을 갖춘 人物입니다. 周易의 표현에 의하면, 君子란 進德修業, 즉 德을 推進하고 事業을 이루는 人物이라고 합니다. 忠과 信으로 德을 이루고, 誠意와 말로 사람의 마음을 움직이는 인물을 말합니다. 이것이 바로 芝軒, 그대가 한 일이 아니겠습니까. 돈이나 權力으로가 아니라 몸에 배인 德과 精誠들여 배운 能力을 가지고 進德修業을 완벽하게 이룩한 것입니다. 나는 어제 이곳에 와서, 최근 安東에서, 安東이 배출한 歷代人物 열 사람을 선정하는데 芝軒을 그 중의 한사람으로 選定하였다는 말을 들었습니다. 참으로 至當한 選定이었습니다. 그러나 進德修業의 基準으로 보자면, 열 사람이 아니라 다섯 사람 중의 한사람으로 선정되어도 당연하다고 나는 봅니다.

金浩吉 博士, 오늘 이 자리에서 내가 그대의 人物과 業績을 되새기

고 기리는 데에는 이유가 있습니다. 첫째는 이 자리에 會同하신 모든 弔客들의 마음을 달래기 위해서입니다. 우리 모두가 당신에 대한 稱讚을 듣고자 하기 때문입니다. 너무나 아쉬워서 그렇습니다. 당연한 稱讚이지만 되새기지 않을 수 없습니다. 또 하나의 이유는 지나간 賢人을 기릴 줄 알아야 내일을 사는 後進의 模範이 되고, 그렇게 해야 우리의 將來가 열린다고 믿기 때문입니다. 그리 아시고 나의 이 칭찬을 額面 그대로 받아 주시기를 빕니다.

芝軒의 英靈이시어! 사랑하는 家族이 다 健在하고, 멀리 美洲와 中國에서 다 이 자리에 와 있습니다. 사랑하는 浦項工大의 總長과 많은 教授 및 學生들이 이 자리에 와 있습니다. 모두가 芝軒의 永生과 冥福을 빌고 있습니다. 항상 편안하시기를 빕니다.

望菴 邊以中 선생 학술회의 인사말*

孔子는 "옛 것을 잘 考察하여 새로운 것을 안다면 가히 스승이 될 수 있다"고 말씀하셨습니다. 이 말씀은 새로운 것을 제대로 알자면 옛 것을 잘 알아야 한다는 의미도 될 것입니다. 참으로 吟味할 만한 말씀이라고 생각됩니다. 서양의 金言에도 '역사로부터 배우지 않는 민족은 과거의 잘못을 반복하는 고통을 받는다'는 말이 있습니다. 어떤 나라치고 항상 완벽하게 잘 하는 나라는 없을 것입니다. 그러나 앞으로 잘하기 위해서는 지난날의 일, 특히 지난날의 과오를 잘 알아서 그것을 되풀이하지 않는 것이 중요할 것입니다. 사실 우리가 역사를 배우고 그것을 중요시하는 이유의 태반이 여기에 있다고 해도 지나친 말이 아닐 것입니다.

역사 중에서도 가장 중요한 것이 人物에 관한 것으로 생각됩니다. 역사는 人物을 중심으로 펼쳐지는 것이기 때문입니다. 우리는 역사적 人物을 정당히 評價하고, 그들의 行蹟을 잘 알고, 그들의 功過를 공정하게 평가해야 합니다. 이 평가가 歪曲된다면, 이것은 역사를 歪曲하는 일이오, 역사를 歪曲한다는 것은 그 교훈을 잘못 이해한다는 것

* 望菴 邊以中 선생에 대한 연구들이 발표된 학술회의에서 鳳巖書院 院長으로서 행한 인사말.

이 됩니다. 특히 중요한 것이 국난이나 비상시에 처했을 때의 人物들의 사상이나 행적에 관한 정확한 인식입니다. 이를테면 壬辰倭亂이나 丙子胡亂, 舊韓末, 日政時代, 解放直後, 그리고 최근의 우리나라 사정에 이르기까지 그것이 제대로 되지 못한 부분이 대단히 많다고 생각됩니다.

역사적으로 훌륭한 사상을 가지고 나라를 위해 훌륭한 일을 많이 하고 후세의 귀감이 될 인물도, 때로는 본인의 성향 때문에, 때로는 당시의 사정 때문에, 정당한 평가를 받지 못하거나 오히려 오해를 받는 경우도 적지 않습니다. 반면, 아무런 공이 없는 인물, 또는 나라에 累를 끼친 사람이 偉人의 班列에 들어 있는 경우도 있습니다. 이런 事例는 나라의 綱常을 해치는 일로 후진의 정신 暢達을 위해 심히 잘못된 일이 아닐 수 없습니다. 역사가들이나 나라의 지도층 인사들은 이러한 일이 없도록 세심한 노력을 다 할 의무가 있습니다.

壬辰倭亂 당시, 조정에서의 지위가 그리 높지 않으면서도 높은 학문, 타고난 능력, 그리고 殺身報國의 애국심으로 나라를 위해 大功을 세웠음에도 불구하고, 당시에 있어서나 戰亂 후에 있어서나, 정당한 평가를 못 받고 있다가 상당한 세월이 흘러서야 겨우 어느 정도의 인정을 받기 시작한 분이 있으니, 바로 望菴 邊以中 선생이 그분입니다. 그러나 사백년이 지난 오늘에 있어서도 아직도 그 생애와 사상, 다방면에 걸친 능력, 전란의 평정에 대한 독특한 그분의 공적이 십분 알려지지 않고 있습니다.

선생은 소시 때부터 李栗谷선생과 成牛溪선생에 師事하여, 율곡 선생의 擊蒙要訣, 聖學輯要 등에서 배운 대로 道學의 기본을 닦고, 단순한 詩文이나 성리학의 이론이 아니라 國利民福을 위해 국가 관리에 관한 다방면의 식견을 갖추었습니다. 壬辰倭亂 당시에는 糧食의 관리, 국방의 기초 및 兵器의 발명 및 調達 등 보통의 유학자들이 도저히 생각할 수도 없는 다방면의 능력을 발휘했습니다. 선생은 나라를 위해 갖은 어렵고 궂은일들, 이를테면 군량의 조달, 치안의 유지, 병기의 발명, 민병의 모집, 그리고 국가 방위체제에 관한 構想의 건의 등 모든 어려운 일을 도맡아 수행하였습니다. 당시의 나라의 사정이 너무나 어려워서 뜻대로 안 된 경우도 있었습니다만, 선생의 火車 銃筒 등의 발명은 幸州城의 權慄장군에 의해 십분 활용되어 幸州大捷의 밑거름이 되었습니다.

이러한 공로에도 불구하고 선생의 뜻과 능력은 당시의 인사들에 의해 오히려 排斥된 경우도 있었습니다. 이것은 추측건대, 보통사람들이 생각할 수 없는 것을 생각하고, 행할 수 없는 일을 행한 데에서 오는 오해와 시기 때문이었을 것으로 보입니다. 아무튼 선생은 학자, 文臣이었음에도 불구하고, 築城과 戰鬪, 行政과 外交 등에 관하여 남다른 識見을 가지고 있었습니다. 겸하여 天文, 地理, 兵法, 曆數에 관해서도 많은 연구를 하였고, 沙溪 金長生으로부터 배운 禮學에도 조예가 깊은 아주 드물게 보는 인물이었습니다. 이와 같이 선생은 여러 가지 의미로 아주 독특한 분이며, 앞으로도 영영 학자들의 연구 대상이 될 것으로 생각됩니다.

바라건대, 이번의 학술회의를 통하여, 지금까지 잘 알려지지 못한 선생의 생애와 사상, 선생의 인물, 그리고 당시의 시대상 등이 더욱 잘 밝혀지기를 바랍니다. 동시에 오늘날 우리가 당하고 있는 국난의 극복에도 많은 교훈이 될 것을 바라마지 않습니다.

이렇게 뜻 깊은 학술회의를 준비하신 여러분, 그리고 좋은 논문을 써주신 여러 선생님들, 토의를 맡아주신 여러 분들에게 심심한 감사의 뜻을 표합니다.

望菴邊以中先生墓碑文*

선생의 諱는 以中이며, 자는 時彦이며, 성은 邊씨이니 黃州人이시다. 시조는 고려 高宗朝에 공훈으로 泰川伯에 봉하신 諱 呂이시다. 고려 말, 諱 靜께서 난을 피하여 長城에 낙향하셨는데, 바로 선생의 五代祖이시다. 선생의 考는 左承旨에 贈職되신 諱 澤이시고, 妣는 咸豊李氏신데, 明宗九年 五月十七日 亥時에 長城縣 長安里 本第에서 선생을 낳으셨다.

선생은 어려서부터 지혜롭고 민첩하시어서 한 번 본 것은 그대로 기억하시여 글재주가 뛰어나셨다. 二十三歲에 司馬試에 합격하고 二十八歲에 大科에 급제하여 벼슬길에 오르셨다. 司憲府 監察, 工曹, 戶曹, 禮曹의 佐郎, 黃海道 都事, 刑曹正郎 등을 역임하시면서, 의혹이 있을 때마다 정밀히 조사하여 올바르게 처리하셨다. 선생은 성품이 꼿꼿하여 잘못된 일을 그대로 두지 못하셨고, 이해득실에 구애됨이 없이 正義의 길을 떠나는 일이 없으셨다.

선생 四十八歲 되시던 壬辰年에 일본이 입구하여 大駕가 西海道로

* 2005년 10월에 작성한 望菴 邊以中 선생 묘비문의 국한문 혼용본임.

蒙塵하셨을 당시, 선생은 魚川察訪으로 재직 중이었는데 行在所로 나아가 상소문을 올려 회복할 계책을 드리셨으며, 밤 사이에 말 二百匹을 조달하여 임금에게 바치셨다. 그 해 十月 선생은 임금의 特命으로 全羅道 召募使로 임명되어 間道로 겸행하여 全羅道에 도달, 한 달 동안에 수만의 병사와 군마와 군 장비를 조달하여 수원에서 진을 치고 왜적에 항전하셨다. 선생은 또 수레 한 개에 40개의 구멍을 뚫고 勝字筒을 연결하여 발포하는 火車 三百輛을 만들어서 그 중 40량을 幸州에서 왜적과 싸운 全羅巡察使 權慄 장군에게 제공하여 幸州大捷을 이루는 데 결정적인 공훈을 세우셨다. 그러던 중, 중국의 원군이 조선에 파견됨을 계기로 선생은 調度御使로 임명되어 군수물자를 조달하는 일을 수행하셨다. 그 후 선생은 여러가지 직책을 맡으셨는데, 그 중에서 督運使 세 번, 調度使 두 번을 지내시면서 督運의 일로 곡식을 맡아 얻은 것이 수십만 석이오, 중국군의 군량을 수송한 것이 삼십여만 석이었다. 丁酉再亂 당시에도 分戶曹로 임명되어 강화에서 중국군의 군량보급의 일을 주관하셨다.

전란이 끝난 후, 선생 五十八歲 때 咸安郡守를 마지막으로 관직을 마감하고 고향 장성에 돌아오셔서 晩年을 보내셨다. 父老들과 함께 呂氏鄕約을 본받아 春秋로 예법을 강독하심으로써 향리의 교화에 많은 기여를 하셨다. 光海君 三年 숙환으로 돌아가시니 향년이 六十六歲였다. 처음에는 장성 구봉산에 장사지냈는데, 후에 함평군 多慶面 背甲의 언덕으로 이장하였다.

乙巳年 조정의 錄勳에서 선생은 扈聖原從功臣 一等, 宣撫功臣 二等이 되시고 아버님과 부인께도 褒贈이 내려졌다. 그 후에도 조정에

서는 선생의 才德과 공훈을 추념하여 여러 번 贈職하여 吏曹參判에 이르고, 호남의 선비들이 숭모하여 鳳巖書院을 세워 지금에 이르도록 제향을 모신다.

선생은 出天의 효성으로 부모를 섬기셨는데, 아버님의 상사 때에는 返魂 후 다시 廬幕을 묘소 옆에 짓고 초하루 보름마다 묘소를 바라보고 절하고 곡하면서 슬픔을 다하셨다. 庵子의 이름을 望菴이라 지으니 이것이 곧 선생의 호가 되었다.

선생은 牛溪 栗谷 두 선생에 師事하여 유학의 본질을 배우셨는데, 두 선생께서 선생의 배운 것을 시험해 보시고 老友처럼 극진히 대접하셨다. 선생은 천성이 剛直하고 方正하여 일찍이 不義를 보고 그냥 넘기는 일이 없이 항상 의리를 지키고, 남에게 아첨하거나 고개를 숙이는 일이 없으셨으므로, 환로는 순탄치 않았고 蹉跌이 많았다. 선생의 학문은 詞章보다는 항상 實事求是의 정신으로 國利民福을 숭상하셨고, 文臣 출신이었으나 戰略과 戰術의 구상, 兵機와 軍糧調達의 일을 훌륭하게 수행하심으로써 倭敵을 구축하는 데 어떤 武臣에도 손색이 없는 큰 공을 세우셨으니, 이것이 선생의 학문의 본질이었다.

선생의 前配는 羅州吳氏시니, 아들 둘을 낳으셨는데, 맏이는 早夭하고, 다음은 慶胤으로 문과에 급제하였다. 繼配는 晉山蘇氏시니, 四男二女를 낳으셨는데, 男은 喜胤, 孝胤, 厚胤, 達胤이며, 長女는 金自點에게 嫁하고, 둘째딸은 ○○○에 嫁하였다.

아! 선생은 소시부터 修身齊家하시고 栗牛 두 선생의 학문을 이어

받아 出仕時에는 文武의 도리를 다하여 나라에 큰 功勳을 세우시고, 退藏時에는 知行合一의 실학으로 鄕里를 교화하셨으니, 그 素志와 行蹟은 길이 후세의 모범이 되는 眞儒라 할 것이다.

公元 二千五年歲次乙酉十月　　日　後學 豊壤趙淳 삼가 지음.

鄕友 李範俊長官 弔詞*

李範俊兄, 어젯밤 당신이 세상을 떠났다는 靑天霹靂 같은 訃音을 들었습니다. 당장 殯所로 달려가서 한없는 슬픔과 애도의 뜻을 표하지도 못하고, 오늘 아침 이 弔詞로써 永訣의 情을 표합니다. 땅의 일각으로부터 하늘의 끝으로 一瞬間에 영원의 길을 날아가시다니, 형의 걸음이 너무 급했습니다. 당신이 타고난 그 疎脫한 性品, 잘 알고는 있습니다만, 안타까운 심정 금할 수 없습니다.

정신을 가다듬어 무딘 말로나마 당신의 영전에 몇 마디 올리고자 합니다. 會者定離라, 만난 자는 반듯이 헤어지고, 인생에 始發이 있으면 종말이 있는 것은 자연의 이치입니다. 回顧해 보면, 당신은 軍에 있었고, 나는 학교에 있었기 때문에, 젊었을 때에는 만날 계기가 없었습니다. 만난 후는 서로 多情하게 지냈습니다만, 그 기간은 너무 짧았습니다. 아쉬운 일입니다.

몸은 서로 멀리 떨어져 있었지만 마음은 가까웠던 관계로 나는 당신을 잘 알고 있었고, 당신도 아마 나에 관해 들은 바는 있었을 것입니다. 우리는 다 같이 江原道 江陵市 邱井面, 같은 面의 隣接 洞里

* 2007년 12월 3일 7:00 서울 峨山病院에서.

胎生입니다. 다 같이 1928년 戊辰年에 태어난 同甲입니다.

당신은 20歲 芳年에 陸軍에 들어가서 우리 국군의 實質的인 創軍主役의 役割을 담당했습니다. 그 후 당신이 하신 일은 모든 사람이 다 칭찬하는 찬란한 것이었습니다. 6·25사변 때에는 나라를 위해 온몸을 던져 敵을 물리침으로써 赫赫한 功을 이루었습니다. 師團長, 軍團長의 직책을 맡아 군을 指揮하였고, 國防行政 면에서도 탁월한 力量을 발휘하여 軍의 指導者로서의 名聲을 떨쳤습니다. 國防部뿐 아니라 정부의 많은 要職을 두루 거쳤습니다. 80년대에 접어들어서는 政界에 진출, 강원도 江陵 襄陽地區에서 제11대 12대 國會議員에 당선되어 나라와 국민을 위해 身命을 바치고, 88년 올림픽 당시에는 交通部長官을 역임하였습니다.

退官 이후 民間人의 身分이 된 후로도 國民과 故鄕을 위해 많은 좋은 일을 하셨습니다. 가깝게는 우리 江陵 사람들의 모임인 臨瀛會 會長으로 우리를 이끌어 주었습니다. 臨瀛會 會員들은 늘 당신의 생각을 하고, 그 溫和하고 獻身的인 貢獻을 고맙게 생각하고 있습니다.

어느 면으로 보든지 당신은 나라의 기둥이었고, 고향의 별이었습니다. 당신은 타고난 그 溫潤하면서도 豪放한 天稟과, 疏脫하고 淸廉한 몸가짐으로 80평생을 一貫했습니다. 命遂功成한 당신의 一生은 지금 세상에서는 보기 드문 完璧한 것이었습니다. 당신은 자기 자신의 빛이 어떠했는지 몰랐겠지만, 지위나 감투가 없이도 빛나는 당신이었습니다.

지금 이 나라의 사정은 당신과 같은 모범이 필요할 때입니다. 당신은 말없이, 未練없이, 세상을 하직했지만, 남은 우리는 한없는 외로움을 切感합니다. 나이가 80이 되고 보니 군인과 교수의 차이는 다 없어지고, 그저 똑 같은 때에 똑 같은 고장에서 태어난 늙은 몸이 남아 있을 뿐입니다. 지금부터 좀 더 老後의 懷抱를 나누면서 살 수도 있었을 것을, 아쉬움만 남아 있습니다. 아쉬움, 이것이 인생의 本質인 것도 같습니다.

李範俊兄, 지금 당신을 멀리 보내는 데 즈음하여, 많은 부질없는 말을 함으로써 당신의 갈 길을 막을 수는 없습니다. 나의 이 追悼辭가 아무리 좋은 文句로 되어 있다 한들, 끝내 그것이 다 무엇이겠습니까. 完璧하게 後悔없는 人生을 산 당신, 부디 먼 하늘나라에서 편안하시기를 빕니다. 고이 잠드소서. 있는 精誠을 다해 삼가 당신의 冥福을 빕니다.

| 제 8 부 |

漢文集

文憲公高峰奇先生神道碑銘幷序

蘭社詩集 第二輯 序

高麗國　文正公　金紫光祿大夫　守太尉　門下侍中　同中書門下平章事　上將軍　修文殿　大學士　修國史判禮　橫城趙公　神道碑銘　幷序

文憲公高峰奇先生神道碑銘幷序*

高峰先生歿. 于今四百三十一年之久矣. 槿邦於其間. 治亂興亡之跡. 如電光石火. 王朝陵夷. 竟不免庚戌國耻. 逮至光復. 疆土兩斷. 國論分裂. 遂招內亂. 幸而近年. 國運稍振. 然南北尙未統一. 彝倫幾乎喪失. 風俗去益頹敗. 當此之時. 先生十六代胄孫斯文聖根. 將竪石于先生墓道. 來謂余曰. 此擧非但爲顯彰先祖之學德. 抑亦欲發揚斯文之遺風. 是乃儒林之雅望也. 而請吾子撰銘若序. 余以淺學固辭. 而請意懇曲. 又有退溪先生胄孫李東愚翁勿辭之勸. 乃決意奉酬矣.

謹按先生. 諱大升. 字明彦. 姓奇氏. 幸州人. 幸州有高峰屬縣. 因以高峰自號焉. 奇氏在麗朝. 以武藝爲將相者頗多. 入朝鮮朝. 以文筆德行名世者尤多. 先生高祖諱虔. 官至判中樞院事. 世祖朝錄淸白吏. 謚貞武. 曾祖諱軸. 豐儲倉副使. 贈承政院左承旨. 祖諱禶. 弘文館應敎. 贈吏曹參判. 考諱進. 與弟遵俱以性理學名於世. 及其弟被己卯禍. 絕意世事. 退居于光州古龍鄕. 授慶基殿參奉. 謝恩不仕. 贈議政府左贊成德城君. 娶晉州姜氏司果諱永壽之女文良公希孟之曾孫. 以中宗二十二年丁亥十一月十八日. 生先生于古龍里松峴洞第. 先生天姿英邁. 聰明絕倫. 年纔髫齔. 受學于家庭.

---

* 번역문은 이 글의 뒤에 첨부하였음.

讀孝經小學. 每日晨起正坐. 誦讀不輟. 稍長. 以在家爲學多有拘礙. 遂就鄕塾. 硏究益勤. 略通六甲衰旺之理. 自十二歲戊戌至十七歲癸卯. 遍通四書三經前後漢書通鑑綱目等書. 傍治唐宋古文. 又博搜國朝典籍. 一覽輒通. 無所凝滯. 先生素志. 在於爲己之學. 深忌聲聞過情. 著過庭記訓而論赴科之害曰. 仕道風波. 可畏可畏. 志未能行. 禍已隨之. 又曰. 朱子立朝. 纔四十餘日. 學者亦須知此. 誠欲行之. 一縣足矣. 其季父德陽公被己卯之禍. 繼以有乙巳士禍. 益無進就之志. 遂築室于蘆山. 讀書勤苦. 沈潛性命之妙. 硏窮天人之理. 格致誠正. 以至修齊治平之道. 天命率性. 以極無聲無臭之理. 毫分縷析. 用力周到. 修己治人之方. 已備于身. 二十三歲己酉. 始應科. 中司馬兩試. 三十二歲戊午. 中文科乙科第一人. 自是十有四年間. 歷經許多官職. 伊時朝臣. 授拜陞遷. 變改無常. 顯官微職. 任期太短. 難以展志. 先生授官遞職亦多. 三十六歲壬戌. 藝文館檢閱兼春秋館記事官. 請告南歸. 三十七歲癸亥. 承政院注書. 選入湖堂. 弘文館副修撰兼經筵檢討官. 三十八歲甲子. 入侍經筵. 兵曹佐郎. 三十九歲乙丑. 吏曹正郎. 四十歲丙寅. 禮曹正郎弘文館校理. 四十一歲丁卯. 司憲府掌令弘文館應教. 以遠接使從事官. 往關西迎勅使. 四十二歲戊辰. 弘文館直提學左承旨大司成. 四十四歲庚午. 南歸. 四十五歲辛未. 弘文館副提學吏曹參議. 四十六歲壬申. 大司成大司諫工曹參議. 以病遞. 十月初三日. 投紱南歸. 到天安罹病. 到泰仁病彌劇. 到梅堂金坫家. 國王聞先生病重. 特遣御醫. 齎藥馳救. 又有御札慰問. 而御醫在道不及. 三十日遺戒言于長子孝曾. 以十一月初一日卒. 享年四十六歲. 訃聞. 國王震悼. 贈禭有加. 京師士大夫. 莫不傷痛. 就

先生終南寓舍. 設位而哭. 翌年二月初八日. 葬于羅州治北烏山里通峴山廣谷卯坐酉向之原. 宣祖二十三年庚寅. 錄光國勳. 贈輸忠翼謨光國功臣正憲大夫吏曹判書兼弘文館大提學藝文館大提學知經筵義禁府春秋館成均館事. 封德原君. 贈諡文憲. 先生在朝. 恒以務本爲則. 以格君心立綱常尙賢斥邪爲己任. 筵席奏啓之大要. 錄于論思錄上下卷. 後日正祖大王讀之嘆曰. 今因耽讀是書. 不覺夜已闌而燭屢跋. 大勝於夜對十度. 明宗甲子二月十三日. 先生啓曰. 國家安危. 係於宰相. 君德成就. 責乎經筵. 然君德成就然後. 能知宰相之賢而任用之則. 經筵爲重. 又反復說明開言路納直諫之大方. 四十一歲丁卯入侍朝講時. 上奏略曰. 趙光祖李彦迪. 須一體表彰之則. 是非分明而人心興起矣. 又論. 盧守愼柳希春丁熿. 皆以學問儒臣. 久在竄謫. 今雖放還. 年旣耆艾. 宜加起擢. 以盡用賢之道. 王從之. 朝夕侍講. 知無不言. 言無不盡. 必欲致君堯舜. 挽回至治. 至於斥邪扶正之際. 言尤剴切. 其苦心至誠. 有足以感動人主者. 經筵講義. 自經史一般至東國歷代史論. 論旨始終明快. 說破天人性命之理國家興廢之鑑. 當時羣才方進. 急於經濟. 論議紛然. 先生則奏以立志求賢爲先務. 蓋志在正本. 先教化後法制. 故頗與更張之議寡合. 先生嘗以迂儒自評. 然而觀其出處進退之節則. 皆合於聖賢之規矩. 其退官南歸時. 漢江舟中有客問曰. 士大夫入朝行己. 有可以終身守者. 何也. 答曰. 幾勢死三者. 足以盡之. 其意蓋謂. 君子出處. 當先審其幾. 不違於義. 知時識勢. 去苟且之患. 守死善道. 爲期而已. 是乃古今仁人志士莅官之大方. 非迂儒之言也. 觀先生學問之淵源則. 戊午登科之年. 上洛路過泰仁. 拜一齋李公. 論太極圖說. 當時先生之學. 幾參于大成之域. 然而

使先生推進一步. 升堂入室. 將爲一世儒宗者. 實是退溪先生也. 兩先生是年會于京師. 一見如十年知己. 退溪與高峰書曰. 戊午入都之行. 極是狼狽而猶有自幸者. 以得見吾明彦故也. 爾後兩先生相見纔二回. 而師弟之禮. 未嘗少弛. 高峰以超揚直截之資. 踐履動靜. 惟陶山是式. 入朝經綸. 亦惟退溪是則. 其天稟簡潔寡許. 而惟於退陶. 誠心悅服. 退溪亦於先生. 極加推許. 恒遜師席. 每遇微言邃旨. 輒以叩之於先生. 而他門人莫得與焉. 關于禮法與四端七情理氣之論. 先生造詣前人未踏之奧. 退溪屢舍己見而從之. 許以獨觀昭曠之原. 退溪之歸鄕也. 宣廟問朝臣孰以學問著名. 伊時羣英滿朝. 而寔難擧名. 然而退溪奏曰. 奇某博覽文字. 其於理學. 亦有超詣. 可謂通儒也. 先生之壽. 未達知命. 而其問學行蹟之大要. 載于文集. 有詩文集六卷朱子文錄四卷論思錄上下卷兩先生往復書三卷四七理氣往復書上下篇. 行于世. 其文不事彫飾. 而氣力宏大. 典則峻嚴. 使讀者發憤忘食. 通儒之學風. 躍如可觀. 當世名士後學之著述關于先生者. 甚多. 栗谷李文成公. 讚先生懸河之文凌雲之氣. 思庵朴文忠公. 澤堂李文靖公. 谿谷張文忠公. 尤庵宋文正公. 皆稱頌國之大儒世之師表. 配貞夫人咸豐李氏. 保功將軍諱任之女也. 十九歸于先生. 承奉君子. 始終無違. 寡居二十五年. 訓飭子女不求利祿. 丙申八月十八日. 終于家. 享年六十七. 葬于左塋. 有三男一女. 男長孝曾. 軍器寺僉正. 次孝閔. 展力副尉忠佐衛副司果. 次孝孟. 女適蔚山金南重. 孝曾娶延恩殿參奉金坫之女. 生一男二女. 男長廷獻. 縣監. 女長適漢陽趙纘韓. 文科承旨. 次適淸州韓履謙. 文科承旨. 孝閔娶參奉南原梁弘度之女. 生二男二女. 男長齡獻. 次東獻. 女長適生員高靈朴東輝. 次適咸

陽呂貢俊. 孝孟娶承旨光州鄭淹之女. 無嗣. 丁酉再亂. 孝閔孝孟. 中路遇賊而死. 金氏女與梁氏鄭氏. 見劫不屈. 皆投水死. 先生之後裔. 在湖南. 輩出多士. 或以文爲國元氣. 或以武爲國保障. 先生歿後七年. 湖南儒林. 立祠宇于叩馬峰下. 孝宗五年. 賜額月峰書院. 高宗五年毁撤. 光復後公元一九九一年. 復元于光州市光山區光山洞. 嗚呼. 五百年歲月. 杳杳悠悠. 而先生之學德. 鮮有比於槿邦矣. 銘曰. 超詣之資. 近於生知. 沈潛幽思. 自髫齔時. 志學之年. 已期大成. 經義史觀. 達通分明. 格致修齊. 備於一身. 治平大志. 始終純眞. 立朝莅職. 羽儀俊英. 經筵侍講. 論說縱橫. 滿朝臣僚. 意在更張. 公之大本. 恒重綱常. 推賢斥邪. 至正大中. 出處語黙. 一遵退翁. 書信往復. 情誼平生. 性理學說. 獨步發明. 四七論辯. 淹博精緻. 通儒風標. 朝野仰止. 惟幾勢死. 行己大方. 造次顚沛. 操履嚴守. 士林雅望. 如星有斗. 順受天命. 百世遺香.

서울大學校名譽敎授 學術院會員 前副總理兼經濟企劃院長官 서울特別市長 後學 豐壤 趙淳 謹撰

[번역문]

高峯先生이 逝去하신 지 四百三十一年의 오랜 歲月이 흘렀다.

우리나라에는 그 동안 治亂과 興亡의 자취가 電光石火처럼 지나갔고 王朝도 점차 衰退하여 마침내 庚戌年의 國恥를 당하였다. 그 후 光復에 이르렀으나 疆土는 兩斷되고, 國論이 分裂되어 마침내 內亂을 招來하였다. 多幸이 近年에 國運이 다소 振作되고 있으나 南北統一은 아직 되지 못한 채 彝倫이 거의 喪失되고 風俗도 갈수록 頽敗하고 있다.

이 때에 당하여 先生의 十六代 冑孫인 聖根이 장차 先生의 墓道에 碑를 세우기로 하고 나를 찾아와 비석 세우는 일은 非但 先祖의 學德을 顯彰하기 위함이 아니라 儒學의 遺風을 發揚하고자 하는 뜻도 있으니 그것은 곧 儒林들의 소망이기도 하다고 하면서 나에게 碑銘과 序를 請託하였다.

나는 淺學이라 굳이 辭讓을 하였으나 請託의 뜻이 懇曲하였고 또 退溪先生의 冑孫 李東愚 翁도 사양하지 말라고 勸하기에 마침내 奉行하기로 결심하였다.

삼가 살피건데 先生의 諱 大升이요 字는 明彦 姓은 奇氏이니 幸州人이다. 幸州縣에는 高峯이라는 山이 있어, 先生은 高峯으로 自號를 한 것이다.

奇氏는 高麗朝에 武藝로서 將相이 된 분들이 많았고 朝鮮朝에 와서는 文筆과 德行으로 當世에 著名한 분들이 더욱 많았다. 先生의 高祖 諱 虔은 벼슬이 判中樞院事로 世祖 때 淸白吏였으며 諡號는 貞武公이다. 曾祖 諱 軸은 豊儲倉副使로 承政院左承旨에 贈職되고 祖考 諱 襸은 弘文館應敎로 吏曹叅判에 贈職되었으며 考 諱 進은 그 아우 遵과 함께 性理學으로 當世에 著名하였다. 아우가 己卯士禍 때 禍를 당하게 되자 世事에 뜻을 끊고 光州 古龍里 시골로 물러나 살게 되었으며 慶基殿叅奉을 除授하였으나 辭讓하고 벼슬에 나아가지 않았으며 議政府 左贊成 德成君을 贈職되었다.

妣晉州 姜氏는 可果 永壽의 따님이며 文良公 希孟의 曾孫이다.

中宗 二十二年 丁亥(1527)年 十一月 十八日 先生은 古龍里 松峴洞 古宅에서 탄생하시니 天稟이 英敏하고 非凡하였으며 聰明함이 월등하게 뛰어났다. 겨우 7~8세의 나이 때부터 家庭에서 受學하면서 孝經과 小學을 읽었는데 每日 새벽에 일어나 단정히 앉아서 글 읽기를 그치지 않았다. 점점 成長期에 이르러서는 家庭에서 공부하는 데에는 지장이 많아 마침내 鄕里 書堂에 나가 더욱 부지런히 연구함으로써 이미 六甲의 事物 衰旺의 이치를 大略 通하였고 열두살 되던 戊戌(1538)年부터 열일곱되는 癸卯(1543)년까지 四書三經 前漢書 後漢書 通鑑 綱目 등의 책을 두루 통하였으며 外家書로는 唐宋의 古文도 읽었다. 또 國朝의 典籍에도 널리 통하였으니 한 번 보면 能通하여 막히고 구애됨이 없었다.

先生은 원래 스스로의 수양을 위한 學問에 뜻을 두었으며 名聲이 실제를 능가하는 것을 몹시 꺼려하였다.

부친에게서 받은 교훈인 過庭 記訓에 근거하여 赴科의 害를 論하여 이르기를 벼슬길의 風波는 참 두렵고도 두려운 것이니 自己의 뜻을 施行하기도 前에 禍가 이미 따르는 것이라고 하였다. 또 이르기를 朱子는 朝廷에 선 지 겨우 四十餘日밖에 되지 않았으니 學者들은 이 뜻을 반드시 알아 두어야 한다고 하였다. 眞實로 뜻을 行하고자 한다면 일개 縣으로 足하다고 하였다.

叔父 德陽公이 이미 己卯士禍(中宗 十四年 1519)를 當하고 또 계속하

여 乙巳士禍(明宗元年 1546)가 이어져 先生은 다시 벼슬길에 나아갈 뜻이 없었다.

마침내 蘆山에 書室을 짓고 글 읽기를 부지런히 하며 性命의 묘리에 沈潛하고 天理와 人間의 이치를 研究하며 格物致知 誠意正心과 修身齊家 治國平天下의 大學의 道와 天命率性 無聲無臭의 경지를 밝힌 中庸의 理를 털끝을 나누고 실오라기를 쪼개듯 細細히 분석하여 빈틈없이 힘씀으로써 스스로를 수양하고 사람을 다스리는 方道를 이미 몸에 갖추었다.

二十三歲 되던 己酉(1549)년 科擧에 應試하여 司馬試를 보아 進士 · 生員의 兩試에 合格하였고 三十二歲 戊午(1558)年에 文科乙科 第一人으로 合格하였다. 이때부터 十四年間 許多한 官職을 두루 겪었는데 當時 朝臣들의 任命과 승진 전직이 자주 변경되고 高官과 末職의 任期도 너무 짧아서 관리들이 뜻을 펴기가 어려웠다.

先生도 官職을 拜授하고 遞職됨이 역시 많았으니 三十六歲 壬戌(1562)年에 藝文館 檢閱兼 春秋館 記事官이 되었다가 休嘉를 얻어 남쪽 故鄕으로 돌아왔고 三十七歲 癸亥(1563)年에는 承政院注書로 湖當에 들어갔고 弘文館 副修撰兼 經筵 檢討官이 되었으며 三十八歲 甲子(1564)年에는 經筵에 入侍하고 兵曹佐郎을 歷任하였다.

三十九歲 乙丑(1565)年에는 吏曹正郎이 되었으며 四十歲 丙寅(1566)年에는 禮曹正郎 弘文館 校理를 歷任하고 四十一歲 丁卯(1567)年에는 司憲府掌令 弘文館 應敎였으며 遠接使從事官으로 關西에 가서 中國

使臣을 맞이하였다. 四十二歲 戊辰(1568)年에는 弘文館 直提學 左承旨 大司成을 歷任하고 四十四歲 庚午(1570)年에는 남쪽 故鄉으로 돌아왔다. 四十五歲 辛未(1571)年에는 弘文館 副提學 吏曹叅議를 지내고 四十六歲 壬申(1572)年에는 大司成 大司諫 工曹叅議에 올랐으나 病으로 遞職되었고 十月初 三日 사직하여 남쪽 故鄉으로 돌아오다가 天安에 到着하여 發病하였으며 泰仁에 到着하여 病이 더욱 심하여 梅堂 金坫의 집에 머물게 되었을 때 國王은 先生의 병세가 危重함을 듣고 特別히 御醫를 보내어 藥을 가지고 달려와 구완케 하고 또 御札을 보내 慰問을 하도록 하였으나 御醫가 미처 到達하기 전 十月 三十日 長子 孝曾에게 유언의 말씀을 남기고 十一月 初 一日 別世하니 享年 四十六歲였다. 訃音에 접하여 國王은 몹시 슬퍼하였으며 수의를 추가로 보내었고 서울 士大夫들도 슬퍼하며 痛歎하여 終南에 있는 寓舍로 가서 神位를 設置하고 모두 哭을 하였다. 다음해 二月 初 八日 光州市 光山洞 廣谷 卯坐酉向에 安葬되었다.

宣祖 二十三年 庚寅(1590)年에 光國功臣으로 策錄되고 輸忠翼謨光國功臣 正憲大夫吏曹判書 兼 弘文館大提學 藝文館大提學 知經筵義禁府 春秋館 成均館事로 贈職하고 德原君으로 封했으며 文憲公의 諡號를 내렸다.

先生은 在朝할 때 근본에 힘쓰는 것을 원칙으로 삼고 임금의 마음을 바로잡고 綱常을 세우고 어진이를 높이고 邪惡을 물리치도록 하는 것을 自身의 任務로 삼았다. 임금에게 강의하는 자리에서 임금에게 올린 말씀의 大要는 論思錄 上下卷에 記錄되어 있는바 後日 正祖大王이 읽으면서 감탄하기를 지금 이 글을 耽讀하면서 밤이 이미 늦어지고 초가 여러 차례 다 타는 것을 깨닫지 못하였다 하며 夜對를 열 번 하는 것보다 훨씬 낫다고 하였다.

明宗 甲子(1564)年 二月 十三日 先生은 아뢰기를 '國家의 安危는 宰相에게 달려 있고 임금의 德이 成就되는 것은 經筵에 責任이 있는 것입니다. 그러나 임금의 德이 成就된 후에야 비로소 어진 宰相을 任用할 수 있기 때문에 經筵의 역할은 宰相보다도 더 重要한 것입니다' 라고 하였고, 또 여러 번 言路를 열고 直諫을 받아들이는 큰 방향을 說明하였다. 四十一歲 丁卯(1567)年 朝講에 入侍하여 임금에게 아뢰기를 '趙光祖와 李彦迪에게 한꺼번에 表彰을 내리면 是非가 分明히 가려지고 人心도 興起할 것입니다' 라고 말하고, 또 '盧守愼과 柳希春 丁熿 등도 모두가 다 學問이 높은 儒臣으로 오랫동안 謫所에 있었으니 지금 비록 放免되어 돌아오기는 하였지만 나이가 이미 6~70대에 이르렀으니 의당 起用 拔擢하여 어진이를 登用하는 道를 다 해야 한다' 고 奏請하여 王이 이에 따랐다. 朝夕으로 侍講하면서도 아는 것은 모두 말하지 않음이 없고 말하는 것은 끝까지 철저히 하면서 반드시 임금을 堯舜처럼 되게 하여 理想정치를 挽回하고자 하였고 邪道를 물리치고 正道를 부추기는 데 있어서는 奏請의 말이 아주 적절하였으며, 그 苦心과 지극한 精誠은 족히 임금이 감동할 만한 점이 많았다.

經筵의 講義는 經史 一般으로부터 우리나라 歷代 史論에 이르기까지 그 논지는 처음부터 끝까지 明快하여 天人 性命의 이치와 國家 興亡의 귀감을 설명하였다. 當時의 많은 人材들의 논의는 經國濟世에만 급하여 論議가 분분하였으나 先生은 뜻을 세우고 賢臣을 求하는 것을

急先務로 삼아야 함을 極力 奏請하였으니 그 뜻은 根本을 바르게 세우는 데에 두고 敎化를 먼저 하고 法制를 뒤로 하는 것이었으므로 개혁의 理想과는 별로 뜻이 맞지 않았다.

先生은 일찍이 세상물정에 어두운 學者라고 자신을 평하였으나 그 出處를 살펴보면 모두가 聖賢의 法道에 맞았다. 先生이 官職에서 물러나 남쪽 故鄕으로 돌아올 때 漢江의 舟中에서 어느 선비가 묻기를 '士大夫로서 朝廷에 들어가 行動과 處身하는 데 平生토록 지켜야 할 점이 있다면 무엇입니까?' 하고 묻자 先生은 答하기를 '幾, 勢, 死 세 가지만 지키면 된다' 고 하였다. 그 뜻은 君子가 出處를 하려면 마땅히 먼저 그 시기를 잘 살펴서 義에 어긋나지 않아야 하고, 때를 알고 勢를 알면 구차스럽게 될 걱정이 없으며, 죽도록 善道를 지키면서 일생을 살 뿐이라는 것이었으니 그것은 곧 古今에 仁人과 志士들이 官職에 임하는 大方이지 어찌 세상물정에 어두운 선비의 말이겠는가?

先生 學問의 淵源을 살펴보면 戊午(1558)年에 登科하면서 서울 가는 途中에 泰仁을 지나면서 一齋 李桓公을 배알하고 太極圖說을 論하였다. 當時 先生의 學問은 거의 大成의 영역에 도달해 있었지만 先生으로 하여금 一步를 더 나아가서 賢人의 지경까지 올라 一世의 儒宗으로 만든 분은 실로 退溪 先生이었다. 두 先生은 그 해 서울에서 처음 만났는데 한 번 보고도 十年知己와 같았다. 退溪 先生이 高峯先生에게 주는 편지에 이르기를 戊午年에 서울 간 일은 극히 낭패스러운 일이었으나, 한 가지 多幸한 점이 있었다면 그것은 그대 明彦을 만난 것이었다고 하였다. 그 후로 두 先生은 서로 겨우 두 차례 相面하였지만 師弟의 禮를 조금도 解弛하지 않았다. 高峯선생의 資質은 세속

을 초월하고 곧고 확실한 성품이었지만 행동거지는 오직 退溪를 본보기로 하였고, 朝廷에서 經綸을 펼 때도 역시 오직 退溪를 준칙으로 삼았다. 그 天稟은 簡潔하고 사람을 쉽게 용납하지는 않았으나 退溪에게는 마음속으로 기꺼이 복종하였으며, 退溪 역시 高峯先生에게는 극진히 칭찬하고 많은 양보를 하였으며 恒常 스승의 자리를 사양하였다. 간혹 어렵고 깊은 뜻이 담겨있는 일을 만날 때마다 항상 高峯先生에게 質問하였으니 다른 門人들에게는 그런 일이 없었다.

禮法과 四端七情理氣의 論에 관하여 高峯先生은 前人들이 들어가지 못한 深奧한 경지에 나아갔으니 退溪선생도 累次 自己의 意見을 버리고 高峯先生을 따랐으며 獨步的인 觀點과 理論을 가졌다고 칭찬하였다.

退溪선생이 鄕里로 돌아갈 때 宣祖 임금이 묻기를 '朝臣들 中에서 누가 學問이 第一 著名하다고 보는가?' 하니 그때의 많은 英才들이 朝廷에 가득 차 있었으므로 사실 누구를 擧名하기 어려운 장면이었다. 그러나 退溪先生은 奏請하기를 '奇某는 글을 넓게 섭렵하였고 性理學에도 뛰어난 조예를 가졌으니 참으로 達通한 선비라 말할 수 있습니다' 라고 하였다.

先生께서 누린 수는 知命의 五十歲에 이르지 못하였으나 그 學問과 行蹟의 大要는 文集에 登載되어 있으니 詩文集 六卷과 朱子文錄 四卷, 論思錄 上下卷, 兩先生 往復書 三卷, 四七理氣往復書 上下篇이 後世에 傳해지고 있다. 그 文章은 꾸밈이 없고 氣力이 웅장하고 法則이 峻嚴하여 讀者들로 하여금 분발하여 먹는 것을 잊도록 할 만하다.

통달한 선비의 學風이 生氣있고 躍動하여 볼 만하였기에 當世의 名士와 後學들의 著述 중에 先生에 關聯된 것이 極히 많았으니, 栗谷 李文成公은 先生의 大河가 흐르는 듯한 文章과 구름을 넘는 듯한 氣像을 찬양하였고, 思菴 朴文忠公과 澤堂 李文靖公, 溪谷 張文忠公, 尤菴 宋文正公 모두가 이 나라의 大儒요 세상의 師表임을 稱頌하였다.

配位 貞夫人 咸豊李氏는 保功將軍 諱 任의 따님으로 十九歲에 先生에게 歸하여 先生을 받드는 데 始終 어김이 없었고 홀로 된 二十五年 동안 子女를 경계하고 가르칠 때 營利와 官職을 멀리하게 하였다. 丙申(1596)年 8月 18日 別世하니 향년 67歲요 先生의 左側에 安葬되었다. 三男一女를 낳으니 長男 孝曾은 軍器寺僉正이었고, 次男 孝閔은 展力副尉忠佐衛副司勇이요, 三男은 孝孟이며, 따님은 蔚山 金南重에게 出嫁하였다. 長男 孝曾은 延恩殿 叅奉 金坫의 따님과 婚姻하여 1남2녀를 두니, 長男 廷獻은 縣監이요, 長女는 文科承旨 漢陽 趙纘韓에게 出嫁하였고, 次女는 文科 承旨 淸州 韓履謙에게 出嫁하였다.

孝閔은 叅奉 南原 梁弘度의 따님과 婚姻하여 2男2女를 두니 長男은 齡獻이요 次男은 東獻이다. 長女는 生員 高靈 朴東輝에게 出嫁하고 次女는 咸陽 呂貢俊에게 出嫁하였다. 孝孟은 承旨 光州 鄭淹의 따님과 婚姻하여 後嗣가 없다. 孝閔 孝孟은 丁酉再亂 途中에 賊을 만나 卒하고, 金氏에게 出嫁한 따님과 子婦 梁氏 鄭氏는 賊의 협박에 屈하지 않고 投水死하였다.

先生의 後裔들은 湖南에서 많은 선비들을 배출하였는데 혹은 文學으로 國家의 元氣가 되고 혹은 武官으로 國家의 保障이 되기도 하였다. 先生께서 別世한 後 7年에 湖南의 儒林들이 叩馬山峰 아래 祠宇를 짓고 孝宗 5年에 月峯書院으로 賜額하였으며 高宗 5年에 훼철되었다가 光復後 1991年(辛未)에 다시 光州市 光山區 光山洞 廣谷에 復元되었다.

아! 五百年의 길고 아득한 세월 先生의 學德은 우리나라에 견줄이가 거의 없다 할 것이다. 銘하여 이르기를 萬人을 뛰어넘는 賢明한 資質은 배우지 아니하고 아는 天才였다. 깊은 性品과 고요한 생각은 칠팔세 아이 적부터였도다. 15歲 志學의 나이에 이르기까지 이미 大成이 期待되었으며 經學의 뜻과 歷史의 觀點은 達通하고 分明하였다.

大學의 格物 致知 修身 齊家의 수양을 一身에 갖추었고 治國平天下의 큰 뜻은 처음부터 끝까지 始終 純一하고 眞實하셨다. 벼슬에 올라 職務를 履行할 때는 그 모습은 훌륭하고 英特하고 俊秀하였으며 經筵에서 講論할 때는 그 論說이 縱橫無盡이었다. 滿朝의 臣僚들은 모두가 뜻이 更張에 있었지만 先生의 大本은 항상 綱常을 重히 여기셨으니 어진이를 推薦하고 邪惡한 자를 물리치며 극히 公明正大하셨다. 세상에 나갈 때나 물러날 때나 말할 때나 沈黙할 때나 한결같이 退翁을 準行하였고 書信의 往復은 그 情誼가 평생 변함이 없었다.

性理의 學說은 古今의 獨步的 發明이었고 四端과 七情에 대한 論辯도 한편으로는 넓고 한편으로는 치밀하였으니 通儒의 風致와 人格을 朝野가 모두 우러렀으며 오직 幾勢死만을 行身의 大方으로 삼으셨도다.

倉卒의 瞬間이라도 몸가짐과 行實을 嚴重하게 지키었으니 士林의 雅望은 별 중에 北斗星과 같았다. 孟子의 말씀대로 天命을 順하게 받으셨으며 百世에 香氣를 남기셨도다.

西紀 二○○三年 癸未 四月

서울大學校 名譽敎授 · 學術院 會員
前 副總理兼經濟企劃院長官 · 서울特別市長 後學 豊壤 趙淳 謹撰
韓國文獻硏究院長 後學 珍原 朴景來 謹譯

蘭社詩集 第二輯 序*

蘭社之會, 成于公元一千九百八十三年, 卽已二十有年于玆矣. 其間歲月, 自天地運動觀之, 固不過須臾, 而比諸石火光陰, 滄桑世變, 則亦可謂久矣. 始秪六人, 後加五人, 其中二人, 忽然辭世. 而今九人, 每月會於一堂, 吟詩嘯傲者, 已至一百五十回矣. 五年前, 詩社同人, 收集十五年間所作一千四百餘首, 編爲一册, 名曰蘭社詩集. 其背景與意義, 於碧史李佑成先生之序文, 詳矣. 今更收集其後五年間同人所作一千三百首, 爲第二輯. 其體制悉如舊制, 而囑余以序焉. 今顧二十年前事, 同人專攻, 鮮有關于漢詩之作. 而如余者, 殆不知平仄爲何物, 則其所謂詩作, 俟碧史先生之添削, 然後稍具詩形矣. 吾儕這間, 模倣古人, 覓句推敲, 亦可謂勤, 而諸事倥偬, 未暇專心. 寔是一曝十寒, 雖少有進步, 尙未免畵虎不成之態矣. 然, 吾儕之意, 不在於工詩, 但在於言志. 韓中之士, 欲述志, 恒用詩詞. 漢語特性, 辭簡而意深, 正適於詩詞. 自古東洋諸國識字人, 專事詩詞者不多, 而不作詩者, 尤極少. 論語老子釋氏之古典, 多有押韻聯句, 諸子百家史書, 辭多類詩. 古今文集, 皆以詩冠於篇首. 蓋詩詞之簡約, 勝於散文之漫衍, 使人一讀, 直知其志故也歟. 吾儕最近五年之作, 亦遵此傳統, 欲以詩述日用事

* 번역문은 이 글의 뒤에 첨부하였음.

爲. 或在書室而對卷, 或於旅遊而接物, 有時乎沈潛省己, 有時乎感奮歎世. 目之所睹, 耳之所聽, 心之所感, 無非詩題. 雖其詞華尙拙, 而其性情之純粹, 可謂近於思無邪. 一瞥此集, 可知各人之動靜想念之迹. 此實五年經驗之縮約, 猶勝於日記寫眞帖也. 十年前, 每有一會, 常盡洋酒一甁 今卽三會, 難空小甁, 此是吾人漸老之證也. 然而, 同人志氣, 反盛於前, 詩想日加淸新, 詩題去益豊富, 七絕漸減, 七律愈增, 則蘭社之會, 眞是心身不衰之資, 而正合於養老之藥石矣. 若此二輯, 來頭繼以續輯, 則蘭社詩集一帙, 雖不望其廣播于世, 焉知將不爲時代之奇觀也哉.

公元二千四年 歲在甲申 雨水之節
少泉 趙淳 序

[번역문]

난사시집 제2집 서문 (2004년)

난사의 모임은 1983년부터 시작되었으므로 이제 20여년이 되었다. 천지의 영원한 움직임으로 본다면 그것은 잠시 잠간에 불과하지만, 세월의 흐름이 石火와 같고, 세상의 변화가 桑田碧海와 같은 데 비하면, 20년은 역시 꽤 오랜 세월이라고 할 만도 하다.

난사는 처음에는 6인으로 시작했는데, 후에 5인이 추가 되었으나, 그 중 두 사람이 졸지에 세상을 떠나서 이제 9인이 되었다. 이 아홉 사람이 매달 한자리에 모여 시를 읊으면서 즐겨온 지가 이미 150회나 되었다.

5년 전 1999년, 난사 동인이 15년 동안 쓴 1,400 여수를 모아서 『蘭社詩集』이라는 책자를 출간한 바 있다. 그 배경과 의의는 碧史 李佑成선생의 서문에 자세하게 밝혀져 있다. 이제 다시 그 후 5년 동안의 시 1,300수를 수집하여 제2집을 출간한다. 그 체제는 제1집의 그것과 완전히 같고, 나는 서문을 쓰라는 위촉을 받아 이 서문을 쓴다.

이제 20년 전의 사정을 회고하건대, 동인들의 전공은 모두 다르고 한시와 관련이 있는 분야는 거의 없었다. 나 같은 사람은 平仄이 어떤 것인지도 전혀 몰랐다. 그러니 이런 사람들이 쓴 시는 벽사선생의 添削을 거친 후에야 비로소 겨우 시의 모양을 갖출 수 있었다. 우리는 그 동안 옛 사람을 모방하여 글귀를 찾고 推敲를 하는 등 부지런을 떨었지만, 각자가 하는 일도 많아서 詩作에 전념할 수도 없었다. 孟子의 말씀대로, 하루 햇볕을 쪼이다가 열흘 찬 곳에 방치하는 격이었으니, 비록 다소 진보가 있다고는 하나, 호랑이를 그리다가 제대로 되지 않아 개를 그린 모양이 된 것을 면치 못했다. 그러나 우리들의 마음은 시를 아주 잘하자는 데 있었던 것이 아니라, 시를 통하여 마음속의 뜻을 표현하자는데 있었다.

한국이나 중국의 선비들은 마음속의 뜻을 나타내고자 할 때 보통 詩詞를 이용했으니, 한문의 특성이 간단한 글자에 깊은 뜻을 담을 수 있어서 詩詞에 적합한 때문이라 생각된다. 예로부터 동양의 지식인 중에 전문적으로 詩를 쓴 사람은 적었고, 반면, 전혀 시를 쓰지 않은 사람은 더욱 드물었다. 논어, 노자 도덕경, 불교고전 등에는 운율에 따른 聯句가 많이 있고, 諸子百家나 역사책을 보아도, 표현이 詩的인 것이 많으며, 고금의 문집들은 모두 시가 문집 첫머리에 나오도록 편집되어있다. 그것은 간략한 시가 수다한 산문보다 나아서, 사람이 한

번 읽으면 작자의 뜻을 곧 알 수가 있기 때문이 아니었나 생각된다.

우리 동인의 최근 5년 동안의 작품들도 역시 이 전통에 따라서, 시로써 매일의 생활주변의 일들을 서술하는 시를 쓰려고 한 것이다. 우리의 시에는, 혹은 서재에 앉아 책을 대하면서, 혹은 여행을 하다가 사물을 접하면서 쓴 것도 있고, 沈潛하여 자기를 성찰할 때, 또는 감격 흥분하여 세상을 탄식할 때, 쓴 것도 있다. 눈에 보인 것, 귀에 들린 것, 마음에 느껴진 것, 모두가 시제가 아닌 것이 없다. 말의 현란함은 없지만, 그 性情의 순수함은 거의 思無邪라고도 할 만하다. 이 시집을 훑어보면, 우리의 동정과 상념의 자취를 알 수 있으니, 이것은 5년 동안 지나온 경험의 縮約으로서 일기나 사진첩에 못지 않다.

십년 전에는 모임이 있을 때마다 항상 양주 한 병을 비웠는데 이제는 세 번 모여도 한 병도 비우지 못하니, 이는 우리가 늙어가는 증거이다. 그러나 우리의 뜻과 기운은 전보다 오히려 왕성하고 詩想은 더욱 맑고 새로우며 시제는 갈수록 풍부하게 되어, 칠언절구는 점차 줄어들고 칠언율시는 갈수록 늘어났으니, 난사 모임은 몸과 마음의 노쇠를 막는 방패이고 노년을 기르는 藥石이라는 것이 명백하다. 만일 이 제2집이 앞으로 또 속집으로 이어진다면, 난사시집 한 帙은 비록 세상에 널리 보급되기를 기대하지는 않지만 장차 이 시대의 기이한 물건으로 남을지 어찌 알겠는가.

2004년 甲申年 雨水節

少泉 趙淳 序

高麗國 文正公 金紫光祿大夫 守太尉 門下侍中 同中書門下 平章事 上將軍 修文殿 大學士 修國史判禮 橫城趙公 神道碑銘 幷序*

歲甲申春, 趙君鎭極自榮州來, 謂余曰; 吾輩, 高麗名臣橫城趙文正公之後裔, 而將竪神道碑于公之墓道, 願得吾子之文, 幸勿辭. 余曰; 此事, 必有老士宿儒, 宜當其任者, 余非其人, 請勿再勸. 趙君失意而歸. 後數日, 趙君再來復請, 余答之如前. 一月欻過, 余悔吾行或有非儒者之存心, 乃以電話問趙君曰; 事已終乎否? 曰; 未也, 俟吾子之諾. 於是, 余始決意爲之矣.

嗚呼! 公之歿, 七百九十四年于今矣. 去古雖遠, 史書俱存, 當代名人撰著公之事績者, 亦多行于世, 如李相國奎報奉敎所撰之誄書, 崔文靖公滋之誌文, 乃至後世金陵南公公轍所著高麗名臣傳等, 皆昭然記載公之爲人與功績. 余雖不敏, 亦不能無後生之曠感, 故玆以要約前人著述, 略加取捨選擇, 庶乎幾其可也.

謹案, 公諱冲字湛若. 考諱永仁, 仕至門下侍中, 時號名相. 公生一月, 母亡, 稍長極哀慕. 自幼嗜學工屬文. 明宗時, 年二十擢進士, 以相門子, 召入內侍. 熙宗朝, 拜國子監大司成寶文閣學士知制誥復兼翰林學士. 公甚喜文翰之授, 益專精經史, 力於爲文, 一時高文大册, 多出於其手. 出爲東北面兵馬使, 還拜禮部尙書. 高宗三年, 進

* 번역문은 이 글의 뒤에 첨부하였음.

拜樞密院副使翰林學士承旨. 上以公有文武之才, 特除上將軍. 文臣兼上將之任, 自文相國克謙始, 而中間遂寢, 至公迺復矣. 當時, 高麗東北列國, 自無名部族崛起, 其首長皆剽悍無雙, 野戰攻城, 疾如怒濤, 高麗命運, 若風前燈火. 然時値崔忠獻父子執權, 勢道凌王室, 不顧國家, 聚智勇可用者, 爲門客而自衛. 官軍皆老弱, 不能當賊. 當此危急之秋, 契丹金山金始兩王子率數萬兵犯境, 陷西北諸郡, 渡大同江, 侵西海道. 朝廷以參知政事鄭叔瞻爲元帥, 以公副之. 及出陣, 鄭元帥與公悉括京都人, 不論職之有無, 凡可從軍者皆屬部伍, 又發僧軍共數萬, 往屯江西禦賊. 未幾, 官軍敗績, 元帥以持軍無狀見劾, 公亦免官, 實非其罪也. 虜勢日熾, 朝廷復授公斧鉞爲西北面元帥, 敦促遣之, 軍令嚴明, 秋毫不犯. 虜入江東布陣. 時蒙古太祖成吉思汗遣元帥哈眞札剌, 率兵一萬餘與東眞兵二萬, 聲言討契丹軍, 入境, 直指江東. 哈眞遣使來牒曰; 皇帝以契丹兵逃在爾國于今三年, 未能掃滅,故遣兵討之. 帝命破賊之後, 約爲兄弟, 爾國惟資糧是助, 無致欠闕, 仍請兵, 其辭甚嚴. 於是以尙書省牒答, 曰; 大國興兵, 救患敝邦, 凡所指揮, 悉皆應副. 乃輸米一千石, 率精兵一千護送. 朝廷知韃靼, 夷狄中最悍, 且未嘗有與我通好之舊, 以是中外震駭, 朝議依違未報. 公獨量其情勢, 可以勿疑, 馳聞不已. 蒙古怒其緩, 呵責甚急. 公輒隨宜和解. 明年, 公與哈眞及東眞軍攻江東城, 破之. 高麗與蒙古用兵氣質相異, 又無相互信賴, 惟公之從容不迫之辭氣, 臨機應變之才略, 感服蒙古將卒. 哈眞以公爲兄, 俾居己右. 公或託以意所難者, 輒曰; 吾兄命之, 豈敢不承. 亂旣平, 蒙古將兵歸還, 公送至義州, 及訣, 哈眞執公手, 泣下嗚咽, 東眞國帥有頗知人者, 謂我人曰; 爾國帥奇偉非常人也, 爾國有此帥, 天之賜也. 嗚呼! 古之眞人, 有能馴猛虎者, 蒙古, 悍勇無慈悲, 不啻若猛虎, 而公能制服之如此, 豈非忠義恩信之能感動異類, 若古之眞人者乎. 公凱還, 拜政堂文學判禮部事, 授太尉門下侍郎平章事修國史. 高宗七年庚辰九月三日, 公卒, 享年五十. 王聞訃震悼, 命官庇喪事, 撤視朝三日, 贈諡曰文正, 配享高宗廟廷. 公爲人魁梧, 外莊重, 內寬和, 博聞强記, 諳練典故. 早綰銀黃, 歷揚淸要, 三掌文闈, 所得知當世聞人. 平時莅事, 未嘗露稜角, 故世徒知其爲寬厚豁達長者, 而未窺蘊蓄之幾許. 及持大兵任大事, 然後始知其磊落不常之器矣.

配東州崔氏, 平章事文懿公詵之女, 生三男一女. 子叔昌季珣, 季珣官至門下侍郎平章事, 諡光定. 銘曰;

悠悠天壤, 遙遙今古, 風雲雪霜, 世寞安堵. 吁嗟公歿, 近九百載, 山河改容, 王朝興廢. 民主今日, 風俗一轉, 禮儀傳統, 掃地盡變. 國家興亡, 自古有道, 上有君子, 視民如寶. 當年朝廷, 權柄無軌, 魑魅跳梁, 全國靡靡, 唯公忠義, 兼全文武, 出將入相, 爲石爲柱. 蒙古之來, 朝野驚動, 王授斧鉞, 兵馬倥偬, 知時識勢, 帷幄運計, 知彼知己, 無所凝滯. 韃靼悍戾, 如狼如虎, 一不愜意, 瞬息跋扈, 公以大度, 示好肝膽, 彼始狐疑, 漸表知感, 待我將相, 彼無忌憚. 惟對我公, 呼兄嗟歎, 臨別流涕, 如離族親. 微公之力, 魚肉此民. 嗚呼, 公兮! 棄世太早. 天實難測, 君臣傷弔. 浩然氣象, 永垂後輩, 俯仰無愧, 遺芳百代.

서울大學校名譽敎授 學術院會員 前副總理兼經濟企劃院長官
民選서울特別市長 豐壤趙淳謹撰.

[번역문]

고려국 문정공 금자광록대부 수태위 문하시중 동중서문하 평장사 상장군 수문전 대학사 수국사판례 횡성조공 신도비명 병서

갑신년 봄에 趙鎭極군이 영주에서 나를 찾아 와서 하는 말이 '우리들은 고려명신 횡성 조문정공의 후손인데 공의 묘도에 신도비를 세우고자 하여 선생의 글을 받고자 하오니 사양하시지 마시기 바랍니다' 라고 했다. 나는 '이 일은 반드시 원로 선비가 해야 마땅할 것인데 나는 그런 사람이 아니니 다시 청하지 마시오' 라고 사양했다. 조군은 실망하여 돌아갔는데 며칠 후 다시 와서 부탁했다. 나의 대답은 전과 같았다. 한 달이 지난 후, 나는 혹시 내 소행이 선비의 마음가짐과 어긋나지 않을까 생각하여 전화로 조군에게 물었다. '그 일은 잘 되었는가?' '아닙니다. 선생의 승낙을 기다리고 있습니다.' 나는 이에 그 일을 할 것을 결심했다.

아! 공이 돌아가신 지 이제 794년이 되었다. 아득한 옛날이지만 역사책이 다 있고, 당대 명인들이 공의 사적을 기록한 것도 많이 세상에 알려져 있으니, 이를테면 李奎報 정승이 임금의 명을 받아 쓴 추도문이나, 文靖公 崔滋의 묘지, 그리고 후세의 금릉 南公轍공의 高麗名臣傳 등이 모두 소상하게 공의 사람됨과 공적을 쓴 문헌이다. 나는 불민하지만 역시 후세 사람의 감개가 없을 수 없으니 여기에 선인들의 저술을 요약하여 다소 취사선택을 가하면 될 것으로 생각했다.

삼가 고찰하건대, 공의 휘는 沖이고, 자는 湛若이다. 考의 휘는 永仁이고 벼슬이 문하시중에 이르렀으며, 당시의 명상이었다. 공이 탄생한 지 한 달 만에 모친이 별세하니, 공이 자라면서 극히 슬퍼하고

사모하였다. 공은 어렸을 때부터 학문을 좋아하고 문장을 잘했다. 명종 때에 공의 나이 20이 되어 진사에 오르고 정승의 집안 아들이라 하여 조정에서 불러 임금을 뫼시었다. 희종 때에 국자감 대사성 보문각학사 지제호가 되었고 다시 한림학사를 겸하였다. 공은 文翰의 벼슬을 제수받은 것을 무척 기뻐하여, 더욱 경사의 공부에 힘썼고, 글짓기에 힘을 쏟았으며, 한 때 높은 글과 큰 문서들이 그의 손으로부터 나온 것이 많았다. 외직으로는 동북지방병마사가 되고, 돌아와서는 예부상서를 배수받았다. 고종 3년에 추밀원 부사 한림학사 승지가 되었다. 임금은 공이 문무의 재능이 있다고 보고 특별히 상장군에 임명하였다. 문신이 상장군을 겸한 것은 文克謙 정승으로부터 시작되어, 중간에 그런 일이 없어졌다가 공에 이르러서 다시 부활된 것이다. 당시 고려 동북의 여러 나라들이 모두 이름 없는 부족으로부터 굴기하니, 그 수장은 모두 사납고 날렵하기 짝이 없었고, 야전과 공성에서 빠르기가 노도와 같아서 고려의 명운은 풍전등화와 다름없었다. 그러나 때마침 崔忠獻 부자가 집권하여 세도가 왕실을 능가했으나 국가를 돌보지 않았다. 지혜와 용맹으로 쓸 만한 사람은 빠짐없이 불러들여 문객으로 삼아서 사병으로 썼다. 관군은 모두 늙고 약하여 적을 당할 수 없었다. 이런 위급한 때를 당하여 契丹의 金山 金始 두 왕자가 수만 명을 이끌고 국경을 침범하여 서북지방의 여러 군을 석권하고 대동강을 건너서 서해도 지방을 침공했다. 조정에서는 참지정사인 鄭叔瞻을 원수로 삼고 공을 부원수로 임명했다. 정원수와 공은 출정할 때, 수도의 모든 인구를 직책 여하를 막론하고 종군할 수 있는 자는 군에 배속시켰다. 또 승군을 조직하여 수만 명을 만들어 강서지방에 나가서 주둔하여 적을 막게 했다. 얼마 되지 않아서 관군은 패배하여, 원수는 통솔무능으로 탄핵을 받았고 공도 면관되었으나,

사실은 이들의 죄가 아니었다. 적의 세력은 날로 성하니 조정은 다시 공에게 병권을 주어 서북방면 원수로 임명하여 파견했다. 군령이 엄하고 밝아서 추호도 어김이 없었다. 거란군은 강동에 들어와서 진을 치고 있었다. 그때 몽골의 태조 칭기즈칸이 哈眞札剌 원수를 파견하여 東眞의 군사 2만 명과 더불어 거란군을 친다고 소리치면서 국경을 넘어서 똑바로 강동으로 진격했다. 합진은 고려군에게 서찰을 보내서, 황제께서는 거란군대가 너희 나라로 도망한 지 3년이 되도록 쓸어버리지 못하고 있기 때문에 군대를 파견하여 치려고 한다. 황제께서 명령하시기를, 적을 격파한 후에는 두 나라가 형제가 될 터이니 너희 나라는 오직 군량물자로 몽골을 도와서 어김이 없도록 하라고 했다. 그러면서 군대를 파견해줄 것을 청하니, 그 말이 매우 엄격했다. 尙書省에서 대국이 군대를 파견하여 우리나라를 도우니 지휘에 따라 모든 것을 시행하겠다고 답하고 쌀 천 석을 보내고 정병 천 명으로 그것을 호송했다. 조정에서는 몽골이 오랑캐 중에서도 가장 사납다는 것을 알고 있었는데 우리나라와는 일찍이 通好한 적이 없었으므로 내외에서 크게 당황하여 조의가 분분하여 결론을 못 내렸다. 공만이 홀로 정세를 헤아려서 몽골을 의심하지 말 것을 여러 번 조정에 아뢰었다. 몽골은 일이 더디어짐을 노하여 책임을 급박하게 물어왔다. 이럴 때마다 공은 화해의 길을 열었다. 다음해 공은 몽골군 동진군과 더불어 강동성을 쳐서 격파했다. 고려와 몽골은 군대의 기질이 다르고 서로의 신뢰도 없었으나 공의 종용하고 부드러운 기색과 임기응변의 재략이 몽골의 장병을 감복시켰다. 합진은 공을 형으로 부르고 자기의 오른편에 앉혔다. 공이 혹 어려운 문제를 부탁하면, 합진은 형님의 명령인데 따르지 않을 수 없다고 했다. 난리가 평정되어 몽골 장병이 귀국했을 때, 공이 의주까지 전송했는데, 헤어질 때 합진은 공의 손을 잡고 흐느껴 울었다. 東眞國의 장수 중에 인물을 알아보는 자가 있어, 그가 우리나라 사람을 보고 말하기를, 너희 나라 장수는 위대하고 비상한 인물이다, 너희 나라의 이 장수는 하늘이 내리신 선물이라고 하였다. 아! 옛날 眞人은 맹호도 길들일 수 있다고 했는데, 몽골은 사납고 용감하고 무자비함이 맹호에 못지않은 사람들인데, 공이 능히 이들을 복종시킴이 이와 같았으니 그 충의와 신의가 다른 사람을 감동시키는 힘이 옛날의 진인과 같았기 때문이 아니겠는가. 공이 개선한 후 정당문학 판례부사에 발탁되고 태위문하시랑 평장사 수국사에 임명되었다. 고종 경진 구월 삼일에 공이 서거했으니 향년이 오십이었다. 왕은 부음을 듣고 크게 슬퍼하여 상사를 관비로 치르고 삼일 동안 撤朝하였으며, 文正公의 시호를 내리고 고종 묘정에 배향하였다. 공은 사람됨이 크고 밖으로 장중하고 안으로 너그러우면서 화목하고 넓게 공부하고 많은 것을 기억하였고 전례와 故實에 매우 밝았으며, 일찍이 관직을 맡기 시작하여 많은 요직을 역임하고 문한의 수장을 세 번 지내면서 당시의 이름난 識者人을 다 잘 알았다. 평소 일을 처리할 때, 일찍이 날을 세우는 일이 없었기 때문에 세상 사람들은 그 너그럽고 서근서근한 면만을 알 뿐 공의 蘊蓄이 어떤 정도인지는 알지 못했다. 대군을 지휘하는 큰일을 맡음으로써 비로소 그 활달하고 도량의 넓음이 보통이 아니라는 것을 알게 되었다.

배우는 東州 최씨이니 평장사 文懿公 詵의 따님이었고 三男 一女를 두었다. 아들은 叔昌과 季珣이니, 계순은 벼슬이 문하시랑 평장사에 이르렀고 시호는 광정이다. 銘은 다음과 같다.

유유한 하늘이여, 아득한 고금이여. 풍운과 雪霜에 세상 걱정 많구나. 아, 공이 가신 지 거의 팔백년이라, 산하가 달라지고, 왕조가 일어나고 망했다. 민주시대 오늘날 풍속도 바뀌었고 예의 전통이 싹 쓸

듯이 달라졌다. 나라의 흥망은 예부터 道가 있으니, 군자가 위에 있어 국민을 보배처럼 여겨야 한다. 권력행사에 규범이 없고 도깨비가 날뛰어 전국을 휩쓴 당시, 오직 공만이 충성과 의리를 지켜, 문무를 겸전하고 나가면 장수요 들어오면 재상이 되었으니, 나라의 초석이요 기둥이었다. 몽골이 왔을 때 朝野가 놀라고 흔들려서 공이 군대 지휘권을 맡으니, 군사 다망한 와중에서도 때를 알고 대세를 가늠하며, 저쪽 이쪽 다 감안하여 계획을 세워 막히는 데가 없었다. 타타르 몽골 족은 무자비하고 사나워서 이리나 범과 같아서 한번 뜻에 어긋나면 순식간에 표변하는데, 공이 큰 도량으로 진심으로 대함으로써 처음에는 의심했든 저들도 차차 이해하기 시작하여 우리 장병을 꺼림없이 대했다. 특히 공에 대해선 형이라 부르고 이별할 때 친족과 이별하듯 눈물을 지었다. 공이 아니었다면 이 백성은 魚肉이 될 뻔했구나. 아! 공이여, 세상을 너무 빨리 버리셨소이다. 군신이 弔傷하니 하늘은 헤아리기 어렵도다. 浩然한 기상을 길이 후배에 드리우고, 천지에 부끄럼 없는 향기를 백대에 남기셨소이다.

서울대학교 명예교수 학술원회원 전부총리 겸 경제기획원장관
민선서울특별시장 풍양 조 순 삼가 찬함.

| 제 9 부 |

기 타

나의 육군사관학교 5년 9개월

나의 육군사관학교 5년 9개월*

6·25 동란 당시 육군 사관학교에 내가 배속된 것은 1951년 10월 하순, 가을이 깊어가고 있을 때였다. 무려 55년 전의 일이라, 당시의 기억 중 아주 강렬한 것을 제외하고는 대부분 잊어버렸다. 당시에 쓴 지금도 남아 있는 일기책의 기록조차 생소한 것이 많다. 반대로, 기록에는 없으나 머리에 남아 있는 생생한 기억도 더러는 있다. 이런 것을 중심으로 나의 육사시절 5년 9개월을 회고해 본다.

1. 국군 통역장교

당시 일선에서는 전쟁이 한창이었는데, 나는 국군 통역장교(육군중위)의 신분으로 동료 통역장교 12명과 같이 美軍顧問團(KMAG - Korean Military Advisory Group) 소속의 野戰訓練司令部(FTC-Field Training Command)라는 미군부대에서 근무하고 있었다. FTC는 경기도 양주군 光陵 숲속에 자리잡고 있었는데 한국군에 대한 군사 훈련을 담당하고 있었다. 1951년 10월 하순, FTC는 다른 곳으로 옮겨가는 모양이었다. 우리 12명 통역장교는 강원도 화천군 사창리에 있는 모 부대로 가라는 명령을 받았는데 O'Rouke라는 미군 소령이 우리를 거

* 2006년 12월 27일.

기로 인솔했다. 화천으로 가는 황량한 길에는 표지판이라고는 거의 없었다. 가끔 군대 표지판이 나올 때마다 O'Rouke 소령은 집(jeep)차 뒤에 앉은 나에게 표지판이 무슨 내용이냐고 물었다. 저녁 때, 사창리에 도착한 우리는 다시 육본으로 오라는 명령을 받았다. 다음날 우리를 실은 트럭은 양양을 거쳐 동해안을 따라 울진을 경유, 대구 육본에 도착했다. 육본에서 우리 모두는 각기 일선부대로 전속되어 뿔뿔이 헤어지게 됐는데, 나는 춘천에 있는 〈97野戰砲兵大隊〉라는 부대에 가라는 명령을 받았다.

당시 FTC의 미군은 우리 통역장교에게는 군복, 군화 등의 보급을 전혀 주지 않았다. 보급은 국군으로부터 받아야 했는데, 국군에서는 미군부대에 있는 우리에게는 거의 신경을 쓰지 않았고, 내가 입은 군복은 보충대대에서 받은 사병용 하복이었다. 우리 통역장교 중의 先任이었던 신훈철 중위가 미군 인사장교인 Captain Kessler 밑에서 보급 등을 보살펴 주느라고 많은 애를 썼다. 가끔 신중위는 한국군 당국과 교섭하여 보급약속을 받고 우리에게 “보급이 on the way!”라고 외치면서 우리의 사기를 북돋아 주었다. 그러나 신중위의 노력은 끝내 모두 허사로 돌아가고 말았다. 우리들 중에는 서울 동대문 ‘야미’ 시장에서 군복, 군화 등을 사서 입은 사람이 대부분이었는데, 나와 같은 돈 없는 사람은 그것도 불가능했다. 그때나 이때나, 주변 없기는 마찬가지인 나는 허름한 국산 군복에 농구화를 신고 다녔다. 남 보기에는 초라했겠지만 나는 군모 위에 반짝이는 육군중위 계급장이 자랑스럽기만 했다.

우리는 육군본부의 1층에서 일선으로 우리를 싣고 갈 트럭을 기다리고 있었다. 당시 나의 나이가 23세, 장차 어디서 무엇을 해야 하는지 전혀 알지도 못하면서 인사장교의 지시에 따라 벤치에 앉아 있었다. 화천으로 가는 도중에 본 잿더미 속의 춘천 생각을 하면서 트럭을 기다렸으나, 트럭은 나타나지 않았다. 그러던 순간, 2층으로부터 어떤 핸섬하게 생긴 미군 장교 한사람이 경쾌한 발걸음으로 계단을 내려왔다. 요즘말로 하면 얼짱, 몸짱인 이 소령은 나중에 알았지만 미국 육사를 나온 Joseph Brown 소령이었다. 그는 한국군 인사장교(대위)에게 "나에게 통역장교를 하나 주선해 주시오"라고 부탁했다. 대위는 "통역장교는 당장에는 없습니다."라고 대답했다. 브라운, "그래도 나는 꼭 필요한데." 대위, "당장엔 없어요. 여기 있는 12명밖에 없는데, 지금 일선에 가는 차를 기다리고 있습니다." "아, 그럼 됐군. 내가 이 중에서 하나 데리고 가겠소." "안 돼요. 이미 발령이 났어요." "그건 내가 책임지겠소." 브라운은 우리를 하나하나 불러 간단한 면접을 했다. 면접 결과 아마 내가 제일 마음에 든 모양이었다. 브라운은 나를 다시 불러, "내가 Korean Military Academy의 수석고문관인데, 나와 같이 갈 생각이 없느냐"고 물었다. 나는 KMA가 무엇인지 몰랐지만 아카데미라니 교육기관 같아서 어디 있느냐고 물었다. "진해에 있게 될 거야. 자네, 진해가 어딘지 알지." 나는 즉석에서 "예, 가겠습니다."라고 대답했다. KMA가 뭔진 모르지만, 농구화에다 사병이 입는 무명군복을 입고 춥기로 유명한 춘천에 가서 삭풍에 떨 생각을 하던 나에게는 진해는 황홀한 고장이었다. "그래, 좋아. 그럼 내일 아침, 바로 저기 천막에서 내가 KMA의 Superintendent와 만날 터인데, 내가 듣기에는 Superintendent가 자기의 통역관을 데리고 온다고 하니, 자네는 그저 옆에 앉아서, 그 통역이 제대로 하는지를 확인하기만 하면 되네." "네, 알겠습니다."

우리 12명 중에 李忠義 중위라는 장교가 있었다. 그때 그는 고등학교를 졸업하지도 않은 나이가 만 20세가 채 안 되는 紅顔의 미소년이었는데, 나를 형처럼 따라다니고 있었다. 내가 브라운과 같이 진해로 간다는 말을 들은 그는 돌연히 브라운 앞으로 달려오더니, 자기도 진해로 데려가 달라고 간청했다. 브라운소령이 통역은 하나만 있으면 된다고 하면서 난색을 표명하자, 이 중위는 "나는 조순 중위와 헤어질 수는 절대로 없다"고 하면서 꼭 데려가 달라고 막무가내로 재삼재사 간청했다. 브라운은 난감하기도 하고 대견하기도 한 모양이었다. "혹 次席고문관이 통역을 필요로 할지도 모르겠군. 좋아. 같이 오도록 해!" 그래서 이충의 중위는 나와 같이 진해로 가기로 됐다.

다음날 아침, 나는 천막을 찾아갔다. 「陸軍士官學校準備處」라는 조그만 표지판이 천막 입구에 매달려 있었다. 처음으로 KMA가 육군사관학교라는 것, 그리고 Superintendent는 육사 교장을 의미하는 것임을 알았다. 브라운수석과 같이 천막 안으로 들어가 보니 새로 설립되는 육사교장이 될 安椿生 장군(준장)이 앉아 계셨다. 그분은 나중에 안 일이지만, 安重根義士의 堂侄이 되는, 군인이라기보다는 선비의 풍모를 가진 온화하면서도 위엄이 있는 분이었다. 교장실에 근무할 통역관은 놀랍게도 경기중학의 나의 한 해 후배인 閔公基군이었는데 중위 계급장을 달고 있었다. 브라운 수석고문관이 미국육사의 연혁과 교육내용, 그리고 당장 KMA가 해야 할 일의 대략을 설명했다. 민중위의 영어는 아주 유창하였고, 教科目의 내용에 관한 복잡한 설명에도 전혀 막히는 일이 없었다. 한참 이야기가 진행 중이었는데 브라운 수석이 나를 돌아보면서, "이젠 자네는 가도 돼. 진해 육사 수석고문관실에서 다시 보세."라고 했다. 이래서 나는 교장, 민공기 중위, 이

층의 중위와 더불어, 육사의 최고고참 장교가 됐다. 내가 안춘생 장군과 브라운 수석고문관을 뵌 것은 육사의 창설 명령이 내린 1951년 10월 30일 전후였을 것으로 생각된다. 회고해 보면, 모든 것이 우연의 연속이었다. 브라운을 만나서 진해 육사로 간 것, 민공기를 만난 것 모두가 우연이었으나, 이것이 나의 일생을 바꾸게 됐다. 사람의 운명이란 언제 어느 곳에서나 바람 앞의 가랑잎과 다름이 없다. 사람은 자기의 자유의사대로 자기 운명을 결정한다고? 그렇게 보일 뿐이다.

2. 진해 육사

진해 육사 본부는 진해의 남쪽 언덕 위에 자리잡은 옛 육군대학 자리였다. 입구에 우람한 〈육군사관학교〉라고 쓴 아치형 정문이 있었지만, 학교의 시설은 보잘 것이 없었다. 정문을 들어가서 언덕길을 한참 올라가면 중앙에 학교 본부가 있고 본부 앞 우측에 식당이 있었다. 언덕 밑 우측에 초등학교 校舍처럼 보이는 소박한 건물이 있었는데 그것이 생도들의 내무반이 될 곳이었다, 교실은 모두가 '콘셋트' 라고 불리는 四周를 합석판으로 에워싼 가건물이었다. 본부 앞 좌측에 고문관 숙사가 있었는데 그것 역시 콘셋트였다.

육사 본부의 한국군 장교들은 매우 우수한 장교들이었는데, 우선 제1기 사관생도를 모집 · 선발하느라 매우 바쁜 나날을 보냈다. 고문관들도 대단히 바빴다. 당시에는 중요 물자는 다 고문관의 동의가 있어야 육군본부에서 조달될 수 있었다. 고문관들은 생도의 내무반, 식탁, 교실 등의 시설을 면밀히 시찰했고, KMAG의 사령관인 라이언(Ryan)장군이 가끔 시찰 방문을 위해 내려오기도 했다. 미국 야외공원에서 흔히 볼 수 있는 양쪽에 좌석이 있고 한가운데 설치된 판자식탁은 아침 저녁에는 식탁이고 밤에는 책상이 되는 多目的 비품이었다. 고문관들은 모든 시설을 면밀히 점검했는데 사관생도들의 책상 겸 식탁에 비치는 전등 광선의 각도까지 보살피는 것을 보고 나는 감명을 받았다.

지금은 상상도 할 수 없는 열악한 시설이었다. 고문관들의 최대의 고민은 그들의 주방에 적당한 요리사(cook)가 없었고, 또 숙사에 수세식 화장실이 없었다는 것이었다. 요리사는 곧 하나 구했으나 수세식 화장실 작업은 고문관실 단독으로 해야 했다. 나는 고문관실 재직 기간 동안 한 번도 그들의 숙사에 가 본 적이 없다. 그들은 나에게는 화장실에 관련된 통역은 요구하지 않았으나, 나는 작업 광경을 본 적은 있다. 다행히 고문관 숙사 아래쪽에 상당히 넓은 곳이 있어서 작업하기가 쉬운 듯했지만, 당시에는 주변에 그런 것이 없었기 때문에 상당한 작업이었다.

사관생도의 선발시험이 끝난 지 약 한 달 반이 된 1951년 12월 말 어느 날, 제1기생(나중에 11기생이라고 개칭되었다) 200명이 가입교하게 되었다. 거의 4년 반 후, 11기생 졸업생이 166명이었으니, 4년 동안 퇴교 또는 사망한 생도가 35명 정도 된다는 이야기이다. 아무튼 이 사관생도 후보들이 三三五五 교문으로 들어오는 광경을 지금도 나는 생생히 기억한다. 매일 군복 입은 깔끔한 장교들만 보던 나로서는 검은 꾸겨진 고등학교 制服을 걸치고 들어오는 그들의 모습은 왠지 무질서하고 초라하게 보였다. 이들을 장교로 만들자면 고생 꽤나 해야겠다고 혼자 생각했다. 그러나 그것은 완전한 기우였음이 곧 밝혀졌다.

고문관실에는 장교 3명, 1등 상사 1명, 그리고 하사관 사병 4, 5명이 있었다. 브라운 소령과 내가 진해로 온 지 얼마 안 되어, McKinney 대령이라는 나이든 분이 수석고문이 되고, 브라운은 차석으로 교수부 담당이 됐다. 그리고 Sidney Zecker라는 소령 한 분이 생도대 및 군수처(G-4)를 담당했다. 모두 다 미국육사 출신이었으며, 유능한 좋은 사람들이었다. Carsage라는 이름의 1등 상사도 제대를 앞둔 나이가 많은 사람이었는데 나에게 몹시 친절히 대했다. Bassam이라는 중사는 기술자였고, Bower라는 홍안의 하사는 젊고 유능한 typist였다.

당시 육사에는 부교장으로 朴重潤 대령이 부임했는데, 이 분이 초기의 초대 교수부장을 겸임한 것으로 기억한다. 생도대장으로 李承雨 대령, 부대장으로 白文梧 소령, 구대장으로 신현수 대위, 이상익 대위 등의 이름이 생각난다. 통역관이 5, 6명 있었는데, 교장실에 민공기 중위, G-3에 나를 따라온 이충의 중위, 그리고 그 밖에 각 부서에 2, 3명 있었다. 통역장교들은 통역만 한 것이 아니라 그것보다는 오히려 육사에 관련된 여러 가지 문헌을 번역하는 일이 더 중요했다. 당시 한국 측에서는 육사 4년의 교육을 어떻게 해야 하는지에 대해 별로 아는 사람이 없는 것 같았다. 어차피 이 육사는 미국 육사를 모델로 하기로 한 것인지라, 우리 육사의 거의 모든 시스템은 미국의 그것을 복사할 수밖에 없었다. 신설될 육사의 가장 큰 어려움은 생도들이 졸업하여 任官될 때 工學士의 학위를 주는 제도를 채택하는 일이었다. 이 제도에 관련된 법안이 국회를 통과해야 했는데 그 일은 만만치 않았다. 육사에서 일반대학이 주는 學士학위를 준다는 것은 당시의 한국 측의 관념으로는 도저히 한국의 法體系에 맞지 않는 것이었다. 그러나 당시는 전시였고, 육사는 밴플리트 장군이 역점을 두고 추진한 학교였는데, 당시는 군의 힘과 미군의 영향력이 막강했다. 여러 가지 우여곡절은 많았으나, 마침내 그 법안이 국회를 통과한 것은 큰 다행이었다. 그때의 육사에는 전체 장교들의 수가 몇 명 되지 않았으므로 모두 가족과 같은 분위기였다. 식사 때에는 흔히 박중윤 부교장이 참석하였는데, 당시의 국제정세 등에 관해 설명을 해주었다. 한국장교들과 고문관들의 사이도 좋은 편이었다.

고문관은 3명이었지만 고문관실의 통역은 나 하나밖에 없었으니, 나는 대단히 바쁠 수밖에 없었다. 고문관이 시찰이나 점검을 위해 밖으로 나갈 때에는 보통 내가 수행했다. 그 밖에 나에게는 번역하는 일도 많았다. 치졸한 영어로 된 나의 일기에 의하면, 1952년 12월 31일 밤 나는 G-3의 공대출신 작전장교인 元대위와 같이 새벽 5시 반까지 G-3 사무실에서 일을 했다. 나는 원대위와는 친하게 지냈고 그의 얼굴은 지금도 잘 기억하는데, 한심하게도 그의 이름은 잊었다. 영어로 쓰인 나의 일기에도 그저 원대위라고만 적혀 있다. 원대위와 나는 그날 새벽 5시 반, G-3의 마룻바닥에서 자고 7시 반에 일어났는데 둘이서 섣달 그믐날 밤을 새웠다고 너털웃음을 지었다. 고되긴 했으나 일종의 만족감이 있었다. G-3인 김정운 소령이 양담배 'Camel' 한 갑과 돈 1만원을 주었다. 당시의 나의 월급은 35,000원이었는데 그 돈을 가지고는 가끔 부산엘 가기도 벅찼다.

1952년 1월 1일 이른 아침, 고문관 3명은 출근하자마자 나를 데리고 생도대 내무반에 가서 신년을 맞은 생도들의 이모저모를 검사하고 사진을 찍었다. 젝커 소령이 생도들에게 체력단련(physical training)에 대해 일장의 즉석연설을 했다. 매우 유창하고 훌륭한 내용이었다. 당시 생도 200명은 2개 중대, 각 중대에 30명 내외의 3개 구대가 있었다. 신년인데도 고문관들은 전혀 평일과 다름없이 근무했다.

그 다음날 1월 2일은 생도들의 첫 制式教鍊 연습 날이었다. 고문관 3명의 마음은 1월 20일에 있을 개교기념식을 치르는 일에 집중되어 있었다. 기념식에는 생도들의 분열행진 퍼레이드와 사열, 그리고 생도들의 실기가 하이라이트였기 때문에 고문관들은 사열과 제식교련에 무척 신경을 쓴 것이다. 연병장에 가보니 구대장들도 생도들도 보이지 않았다. 얼마 후에 생도대 부대장 백문오 소령의 지휘 하에 부랴부랴 생도들이 달려와서 훈련이 시작되었다. 아침 내내 이것을 지켜본 고문관들은 생도들이 첫날이었음에도 불구하고 기대 이상으로 훌륭하다고 자기네들끼리 칭찬을 했다. 그 후 젝커 소령은 매일 찬바람이 몰아치는 연병장에서 생도들의 훈련상황을 점검했다. 생도들은 모든 것을 얼마나 잘하는지, 그들의 훈련은 일종의 구경거리로도 아주 좋았다.

이 무렵 나는 몹시 바빠서 고문관의 허가를 받아 아예 고문관실의 한구석에 개폐식 야전침대를 놓고 거기서 기거하면서 밤낮으로 일하기로 했다. 나는 이른 아침 미군 사병이 청소를 하러 오기 전에 일어나서 야전침대를 거두어 벽장에 넣고 세수를 하고 아침 식사를 마쳐야 했다. 당시 한국군 측으로부터 나온 풍문에는 나에게 대통령 표창장을 준다는 소문이 있었으나, 나는 처음부터 그런 기대는 하지 않았다. 나와 학교본부의 한국장교와는 거의 만날 기회가 없었고, 서로 이야기를 할 짬도 없었다. 나는 그저 고문관실의 하나의 什器와 다를 것이 없었다. 고문관들에게는 신년도 없고 휴일도 없었다. 따라서 나도 마찬가지였다. 하루는 그들이 릿지웨이(Mathew Ridgway)장군에게 육사에 관한 브리핑 예행연습을 하는 장면을 본 적이 있다. 브리핑장에 릿지웨이가 들어오는 동작부터 시작하여 그와 인사를 나누고 그에게 육사현황을 설명한다. 마치 대사를 외우는 배우처럼 똑같은 말을 몇 번이고 반복하는 모습을 보고 그들의 用意周到함에 놀랐다.

드디어 1952년 1월 20일 육군사관학교 개교기념일이 왔다. 아침 11시 30분 고문관들과 나는 진해 비행장(K-10)에 나가서 귀빈을 맞았다. 제일 먼저 온 분은 밴플리트 장군, 그리고 한국 삼부 요인들, 무초 미국대사 및 내외귀빈들이 뒤따랐다. 이승만 대통령과 릿지웨이 장군은 한 시간 후에 도착했다. 연병장 중앙 전면의 査閱場에는 판자로 만든 소박한 사열대와 그 四周를 둘러싼 白布로 감은 欄干이 있었을 뿐, 시설은 소박하기 짝이 없었다. 대통령이 사열단에 서자 곧 개교기념식이 시작됐다. 대통령, 릿지웨이, 밴플리트 세 분만이 차례로 연설했다. 미국 장군의 통역은 백낙준 문교장관이 맡았다. 분열 행진과 사열이 끝남으로써 개교식은 끝났다. 간단하나마 훌륭한 기념식이었다. 고문관을 포함, 모든 사람이 만족해했다.

개교식이 끝나고 나니 고문관들은 다소 한가한 시간을 가지게 됐고, 나 역시 격무로부터 다소 해방됐다. 나는 고문관실에서 철수하여 민간 집에 하숙을 했다. 고문관실에는 헤랄드슨(Haraldson)소령이라는 군수부(G-4)를 맡을 신임 고문관이 부임했다. 나이가 많은 그는 한국군에 대해 매우 친절했는데, 하루는 나에게 “You know, I have a son. He is only a lieutenant colonel now, but I'm sure he'll be a general some day."라고 했다. 그런데 바로 다음날 아침이었다. 굳은 표정을 지으면서 젝커 소령이 출근하자마자, 나에게 해럴드슨 소령이 지난밤에 작고했다는 부음을 한국 수뇌부에 전하라고 했다. 인생에 이런 경우도 있구나. 미국은 무엇이든지 할 수 있다고 생각했는데, 미군 고급장교가 밤사이에 이런 일을 당하다니 믿어지지 않았다. 그가 작고한 후 군수에 관한 사무는 젝커가 담당했는데, 이 사람은 전임자보다 까다로워서 한국측에서는 이것이 다소 불만이었다. 한국장교들은 젝커에게 전임자 때에는 이렇지 않았다고 볼멘소리를 가끔 했다. 이것이 마음에 거슬린 젝커는 정색하면서, "When a man dies, so does his system!"이라고 응수했다. 말 잘하는 젝커지만, 그때 그 말은 웅변으로 들렸다.

교수부 교육이 시작됐다. 그때까지 육사 교수부에는 주로 문관 교수들이 위촉되어 이 분들이 군복을 입고 수업을 했다. 육사에는 Daily System이라는 것이 있어 예습 복습을 체크하기 위하여 매시간 마다 간단한 '퀴즈'를 냈다. 내가 기억하기로는 8개 교반으로 나누어 강의가 진행되는데, 과목마다 성적순으로 최우수 1교반에서부터 성적순으로 최하 8교반까지 편성되었다. 나에게도 이제 다소의 '한가'한 시간이 있어, 나 자신의 공부를 할 수 있었다. 일기책에 의하면, 나는 링컨 전기를 상당기간 동안 읽었다고 하는데, 그 내용은 지금 거의 기억에 남는 것이 없다. 고문관들은 항상 교수부에 내려가서 학생들의 수업상황을 점검했다. 그해 여름 어느 날, 브라운중령(그는 중령으로 진급해 있었다.)이 내게 "내일부터 자네는 고문관실을 그만두고 교수부에 가서 생도에게 영어를 가르치게"라고 했다. 나는 깜짝 놀라서 "저는 아직 학사학위도 없는 데요, 발령이 안 날 겁니다"라고 했더니, 브라운은 "그건 문제없어. 내게 맞기면 돼. 이미 다 애기가 돼 있어."라는 것이었다. 나는 물론 뛸 듯이 기뻤다. 거길 가면 내 공부도 더 잘 되고, 시간도 많고, 좋은 선배와 동료들도 알게 될 것이기 때문이었다. 브라운은 나에게 고문관실 후임은 누가 좋겠느냐고 물었다. 나는 이충의 중위가 좋다고 추천했다. 그는 "그래."하고 머리를 끄덕이면서 아무 말도 하지 않았는데, 곧 이중위에 고문관실 근무 발령이 났다. 그 후 이 중위는 나이는 20세 정도였지만 참으로 유능하게 근무했다. 고문관들이 그를 신임하고 愛之重之했다.

아무튼 Joseph Brown이란 분은 나에게 두 번 큰 행운을 가져다 준 은인이 됐다. 이충의에게도 마찬가지였다. 나는 이 은인이 지금 어디에 있는지 알지 못한다. 이충의는 미국 어딘가에 있지만 나와는 소식이 끊어졌다. 내가 챙기지 못해 이렇게 됐으니 이 모두가 나의 잘못이다. 마음속 깊이 감사와 懺悔의 뜻을 전하고 싶다.

교수부의 생활은 단조롭기 짝이 없었다. 사실 나는 교수부로 온 후로 육사에 관해 말할 만한 것이 거의 없어졌다. 왜냐하면, 교수부 사람들은 그저 생도를 가르치기만 하면 되었고, 육사의 행정이나 운영과는 전혀 무관한 일과를 보냈기 때문이다. 英語科(나중에 第一外國語科로 개칭됨)에는 黃燦鎬 선배와 문관으로 金昌基 선생, 康鳳植 선생 등이 나를 여러 모로 啓導해 주었다. 내가 교수부에 온 이후로 육사에는 통역장교 출신의 현역장교들이 많이 교관으로 부임했다.

52년 가을에 민공기 중위가 미국 Amherst College로 유학을 갔다. 나는 그러지 않아도 고문관실 시절부터 몹시 미국유학을 하고 싶었는데, 그 뜻을 이룰 방법을 몰라서 고민하던 터였다. 민중위에게 그 방법을 물어 보니, 그저 미국 대학에 지원서를 내고 미국인이 믿을만한 사람으로부터 좋은 추천서를 받으면 된다는 것이었다. 나는 고문관들을 잘 알고 있으니 추천서는 문제없을 것으로 보고 나도 민중위의 방법에 따라 미국대학에 지원서를 내기 시작했다. 이충의도 내가 하는 대로 열심히 유학수속을 밟기 시작했다. 나와 이충의가 민중위와 다른 점은 민은 당시 한국 유수의 부자였는 데 비해, 나와 이충의는 매우 가난했고, 특히 나는 나이도 많고, 돈도 없었으며, 학사학위도 없는데다가 처자가 있었기 때문에 여러 모로 유학 가기에는 매우 불리했다. 이충의는 수석고문관(Richardson중령)으로부터 엄청나게 좋은 추천서를 받았다. 구체적으로 그의 능력을 열거한 그 추천서를 보면 감동하지 않을 수 없는 내용이었다. 그것이 주효하여 다음해에는 이충의가 Swarthmore College로 유학을 떠났다. 이충의는 나이는 적었지만 항상 자신만만한 호걸이었다. 당시 미국의 Small College로는 1위로 평가된 우수한 Swarthmore College에 관해, 그는 나에게 30여 통의 편지를 써 보냈다. 이것이 나에게는 큰 자극이 되어, 매년 신 학년의 학생모집 시기가 되면 민공기 군의 방법을 쓰면서 여러모로 도미유학을 시도했으나, 매번 실패를 거듭했다.

나는 진해에서 항상 宿食 문제에 시달렸다. 하숙도 해 보고, 친구와 룸메이트가 되어서 소죽을 쑤는 더운 방에서 같이 겨울을 나기도 했는데, 이 모든 방법이 불편했고 공부도 제대로 되지 않았다. 그러던 시기에 학교에서 BOQ(獨身將校宿舍)를 지어주었다. 內子가 고향에서 어머니를 모시고 있었기 때문에 항상 혼자 살던 나는 BOQ에서 겨울을 나기로 결심하고 야전침대와 군용침구를 가지고 '콘셋트' 로

된, 시설이라고는 아무것도 없는 BOQ로 이사를 했다. 예상한 대로 거기는 엄청나게 추웠다. 다른 사람들은 어떻게 지내고 있는지를 알기 위해 수학과 김증호 대위의 콘셋트에 가보았다. 김대위는 공부책상 밑의 시멘트 바닥에 못을 박아놓고 전기난로에 쓰는 코일을 그 못 주위에 둘둘 감아서 簡易電氣 煖爐를 만들어서 언 발을 데우고 있었다. 수학과 김주환 중위도 그랬던 것으로 기억한다. 나는 즉시 그들을 모방해서 똑같은 시설을 장만했으나, 그것은 추위를 막는 데 별로 도움이 되지 않았다. 방 전체가 음산하고 컴컴했을 뿐 아니라 위험한 것 같기도 해서, 그 시설을 철거하고 머지않아서 BOQ에서 나오고 말았다.

53년 봄 나는 진해 공군사관학교에서 영어강사로 와 달라는 위촉을 받고 공사에 가서 영어를 가르치기 시작했다. 거기 생도도 육사와 다르지 않았으나, 거기에는 교반에 생도수가 많았기 때문에 강의하기는 좀 더 힘든 감이 있었다. 그런데 공사 출강을 담당한 지 얼마 되지 않아서 공사 당국으로부터 사관생도를 가르치는 것은 그만두고 당시 敵陣에 100회 出擊 이상을 한 우리 공군의 최고 엘리트 '스타' 고급장교 5명에 대한 영어교육을 집중적으로 해달라는 위촉을 받았다. 그 다섯 분의 '교반'을 〈專修班〉이라고 불렀는데, 전수반의 분들은 나이는 나보다 다소 위였었는데 각기 個性이 뚜렷한 정말로 군인다운 분들이었고, 가슴에는 100회 出擊을 마친 분들만이 다는 배지를 달고 있었다. 金成龍 대령이 가장 선임이었는데, 모두 그분한테는 깍듯이 예의를 지키면서도 서로 대단히 친했다. 專修班 영어는 약 3개월(?)동안 오전에는 내가, 오후에는 황찬호 교수가 각각 두 시간씩 담당하였다고 기억한다. 교재는 처음에는 초보 영어회화였다. Meet

Private Pete라는 미국 군대를 위한 교본이었는데, 모두 열심히 공부함으로써 차츰 교재도 고급으로 옮겨졌다. 나의 강의실력이 좋지는 않았으나 그분들의 열성이 그것을 보충하고 남음이 있어서 상당한 성과가 있었다. 황 교수와 나는 이분들과 대단히 친해졌고 그분들도 또 우리에게 성의를 다해 주었다. 나는 그분들 중의 한 분인 尹應烈 중령 집에 가서 살기도 했는데, 윤중령은 多情多感한 날렵한 군인 중의 군인이었고, 나는 그분의 가족들과도 매우 친밀히 지냈다. 윤 중령은 가끔 강릉 비행장으로 출장을 갔는데, 한 번은 이 분이 나를 출장 가는 비행기에 편승시켜서 강릉 고향에 데려다 주기도 했다. 나로서는 처음으로 비행기를 타 본 것이다.

3. 태능 육사

육사는 1954년 6월 경기도 구리면 묵동 현재의 위치로 이사했다. 나는 태능역 앞의 어떤 民家에 셋방을 얻어서 살다가 건너편 마을로 옮기기도 했다. 우리 집에는 가끔 이방석 대위, 수학과의 김증호 중위, 유중위, 홍대위 등이 놀러왔는데, 김증호 대위는 한 번은 밤이 늦어서 우리 부부와 한방에서 유하기도 했다. 그때는 그런 天眞爛漫한 시절이었다.

56년 봄, 육사는 官舍를 지어 입주희망 장교들이 입주했다. 당시 육사의 관사 배정 방법은 계급보다도 육사에 온 고참순서를 오히려 더 중요시했다. 내가 육사 최고 고참이었으므로 제일착으로 관사 배정을 받았다. 좁은 셋방에서 살던 나로서는 시원한 넓은 단독주택에 살게 됐으니, 그 상쾌한 기분이란 이루 말할 수 없었다. 더구나 내게 배정된 관사 제23호는 지형적으로 관사지역의 위쪽이면서도 편편한 넓은 대지에 자리잡고 있어서, 모든 것이 만족스러웠다. 관사는 전후 좌우에 넓은 공간이 있어서 겉으로 보기에는 부자였으나, 그 내부를 외모에 걸맞게 꾸밀 소득이 없어서 고민이었다.

관사에는 방이 세 칸, 그리고 중앙에는 댄스파티를 해도 좋을만한 마루가 있었는데, 집기는 아무것도 없었고, 벽에는 그림도 없었고 족자도 없었다. 나의 공부책상은 처음에는 조그만 사과 상자 표면에 종이를 발라서 책을 올려놓을 수 있는 것이었다. 그래도 그 "책상"에서 교재준비도 하고 원고도 쓰고 책도 읽었다. 55년 늦가을에 나의 셋째 아들이 태어났는데, 관사의 안방에는 아기가 누울만한 곳만 좀 따뜻할 뿐 나머지는 냉방이었고, 윗목에는 얼음이 꽁꽁 얼었다. 그래도 아기는 감기 한 번 걸리지 않고 잘 자랐다. 반면에 둘째는 항상 밖에 나가 놀았는데, 그의 손가락은 늘 동상으로 물이 흘렀다.

육사는 창설 이후로 내가 예비역 편입할 때(1957년 7월)까지 교수부 교관들에 대해서는 관대했고 많은 자유를 허용한 기관이었다. 군대학교가 자유로웠다면 얼른 납득이 가지 않을지도 모르나, 우리는 軍紀를 지키면서도 자유롭게 말하고 자유롭게 행동했다. 특히 〈모로코 부대〉라는 별명을 가진 영어과가 그랬다. 밖의 사회는 사회적으로나 정치적으로나 閉塞感이 짙었는데 육사 교수부는 그런 분위기가 없었다. 오히려 그것은 어느 정도는 영어과를 실질적으로 이끈 황찬호 대위(통역중위는 그동안 보병으로 병과가 바뀌어서 우리는 대위로 진급했었다)의 역할이 컸다고 본다. 그는 늘 새로 부임한 교수부장(이를테면, 김익권 부장, 방희 부장 등)과 가까워서 교수부의 바람막이 역할을 잘해 주었다.

나의 경제사정도 차츰 호전되기 시작했다. 신공덕동에 있는 서울대학교 공과대학에서 영어강사를 위촉해 온 것이다. 경기중학교에서 나에게 수학을 가르쳐주신 박경찬 선생이 주선해 주신 것이다. 공대 10개학과 영어강의를 다 맡았다. 양복이 없는 나는 처음에는 군복을 입고 출강하다가 얼마 후에 동대문 시장에서 "료마에" 한 벌을 사 입고 육사관사에서 공대까지 걸어다녔다. 나는 가난해도 걱정을 하지 않았고, 참으로 행복한 나날을 보냈다.

그 무렵 나는 나름대로 공부에 힘썼다. 공부는 주로 영어의 독해, 작문 등의 실력을 닦는 일이었다. 당시 영어과에는 Overzet라는 미국사람이 와 있었는데, 이 사람이 영문학 전공이어서 우리에게 미국 영문학의 동태에 대해 여러 가지 정보를 제공해 주고, 특히 우리에게 당시 인기작가의 책을 주문해주기도 했다. 나는 그 덕으로 Graham Greene의 소설을 여러 권 入手해 읽었고, 그 중 특히 『*The Heart of the Matter*』를 좋아하여, 그것을 몇 번 되풀이해서 읽은 후 그것을 우리말로 完譯하기도 했다. 그 번역 원고는 내가 도미한 후 황찬호 교수가 가지고 갔는데, 출판된 것 같지는 않다. 나는 그 소설을 번역함으로써 나의 영어실력이 많이 좋아졌다고 느끼고 출판과는 관계없이 만족하고 있었다. 번역이 어려운 것은 영어실력이 없어서가 아니라 우리말 실력이 문제라는 점을 나는 실감했었다. 나의 우리말 실력이 일본어 실력만 했으면 하고 아쉬워했다. 그 당시 황 교수와 나는 중고등학교 영어교과서에 대해서도 관심을 가지고 여러 종류를 검토하여 실제로 중고등학교 교과서를 쓰기도 했다. 황찬호 교수가 어느

無名 출판사를 소개하여, 그 출판사에서 샘플로 내가 쓴 원고를 교과서로 만들어 보여주기도 했는데, 그 교과서는 우선 내용도 내용이었지만 활자와 삽화가 좋지 않았다. 황 교수와 나는 도저히 개선의 가망이 없다고 결론짓고 이 일을 중지하고 말았다. 나는 영문학을 할 생각은 전혀 없었는데, 영문학 전공도 아닌 사람이 영어교과서를 쓴다는 자체가 猪突的인 발상이었다.

진해 때부터 시작한 미국대학에 대한 나의 입학지원은 서울에 온 후로도 해마다 끈질기게 거듭되었다. 백과사전에서 조그만 좋은 대학은 모조리 골라 열심히 지원서를 냈다. 그 결과 57년 봄에 Maine 주의 Brunswick에 있는 Bowdoin College에 입학허가가 와서, 그 해 가을에 도미하게 되었다. 나의 입학소식을 듣고 민공기가 나의 재정보증인으로 Dr. Robert Buell이라는 분을 주선해 주었다. 부탁도 하지 않았는데 자진해서 어려운 일을 도와준 것이다. 나의 도미유학에는 많은 어려움이 있었으나, 어머니와 아내는 사실 기약 없는 이별임을 알면서도 한 마디로 승낙해 주었다. 내가 군복을 벗을 때까지의 이야기꺼리는 많으나, 그것은 모두 나의 개인적인 일들이며, 육사와는 관계가 없는 일이기 때문에 생략하기로 한다. 아무튼, 1957년 10월 4일, 나는 입은 옷 한 벌, 가방 한 개, 돈 100달러를 가지고 무모한 장도에 올랐다. 미국 서북항공편으로 김포를 떠나서 동경에서 하룻밤 자고 이튿날 소련의 스푸트닉 人工衛星이 발사됐다는 소식을 들으면서 태평양을 건넜다. Bowdoin College에 도착했을 때, 유명한 그곳 단풍이 전교를 빨갛게 물들이고 있었다. 며칠 후 나에게 누군가가 장거리전화를 걸어 왔다. "Who do you think I am?" 듣던 목소리, 이충의였다.

4. 지금의 생각

회고해 보면, 나의 육사 5년 9개월은 나에게는 일생동안 아마도 가장 행복한 기간이었다. 거기에서 많은 좋은 분들이 나에게 아낌없는 도움을 주어 내가 평소 바라던 여러 가지를 추진할 계기를 열어주었다. 육사에 대해서는 항상 감사의 마음을 잊을 수 없다. 그 당시의 나의 意氣는 80살이 된 지금도 나에게 약간은 남아 있다. 이것이 나의 육사 정신이다. 이 원고를 쓰면서 漢詩 七言絕句 二首를 얻었다. 이것이 나의 과거 육사시대 때의 심리, 그리고 현재의 모습을 나름대로 표현한 것으로 본다.

○ 陸士時代　　나의 육사시대

(1) 回顧　　(1) 회고
當年任意自由人　　그때는 맘대로 행동한 자유로운 사람이었네
幸得多助支一身　　다행히 많은 도움을 얻어 이 몸을 지탱했지
好運與余恒自信　　내게 좋은 일 있으리라 항상 스스로 믿고
屢空囊橐不憂貧　　여러 번 주머니 비었으나 가난걱정 한 적 없네

(2) 今懷　　(2) 지금 내 마음
五十年前少壯人　　오십년 전 젊고 씩씩한 사람
至今老耋一衰身　　이제는 팔십 노인 쇠약한 몸 되었구나
雖知萬卷終無用　　만권 서책 끝내 소용없음 알고 있지만
心悅讀書安處貧　　책읽기 몹시 좋아하고 가난해도 편하네

| 제 10 부 |

英文 에세이

THE RESPONSE OF KOREA AND CHINA TO GLOBALIZATION AND WTO

ASIAN PATTERN OF DEVELOPMENT IN THE 21ST CENTURY
— WITH SPECIAL REFERENCE TO RISE OF CHINA —

ECONOMIC DEVELOPMENT AND CULTURAL CHANGE IN EAST ASIAN COUNTRIES

CULTURAL FOUNDATION OF ECONOMIC DEVELOPMENT
— THE CHINESE EXPERIENCE —

TOWARD A BALANCED INDUSTRIAL STRUCTURE IN KOREA: ISSUES AND POLICIES

THE DEMOCRATIC TRADITION IN ASIA
— A KOREAN PERSPECTIVE —

THE RESPONSE OF KOREA AND CHINA TO GLOBALIZATION AND WTO*

I

The world economy is currently undergoing an enormous change. During the 1990's, it was sustained by the prosperity of the U. S. economy - its vigorous consumption and imports, which was accompanied by a great current account deficit and an extremely low rate of private saving. The long prosperity of the U. S. was sustained by the great productivity growth propelled by the so-called IT revolution. But unfortunately, the long prosperity instilled into people's minds a sense of euphoria, causing a wide-spread bubble. The American people seem to have been deluded by it, expecting that this was a "new economy", where the old business cycle was permanently done away with. However, this expectation did not last very long. The bubble finally started bursting in early 2001; euphoria of the "new economy" now crumbled, leaving behind it a sober economy where prospect for the future is being dimmed by sinking confidence. The turnaround of the economy is not yet in sight, and if anything, the world economy is experiencing a synchronized slow-down.

The Japanese economy, the second largest in the world, is

---

* This paper was presented at an international conference, organized by City of Hanzhou at Hangzhou, China on October 16, 2002.

afflicted by severe deflation along with what is widely regarded as structural malady. The German economy, Europe's largest, is also suffering from low rate of growth and rising unemployment. Nowhere in the rest of Europe is vigorous enough to warrant sufficient optimism.

The best performing economy in the slowing-down world is perhaps the Chinese economy, which is expected to grow over seven percent this year. The tenth five-year plan, the current year being the second year, is expected to be fulfilled, which augurs well for the first quinquennium of Shao-Kang (小康) era. Close behind the Chinese economy is the Korean economy, which is expected to grow about six percent this year. It is remarkable that the Korean economy is showing the best performance, at least so far, of all the recipients of the IMF rescue loans.

Although the two countries (China and Korea) are leading the rest of the world in terms of growth rate, they ought to guard against complacency, because the international environments are fast changing, and not altogether favorable. The stability of the world economy is being threatened by the general slowdown, exacerbated by ceaseless war-talks, and by the tendency of advanced countries to resort to protectionism. The world economic order, as represented by WTO, is also being challenged by anti-globalization movements around the world. The WTO and globalization do pose problems for China and Korea, but both countries have benefited greatly from the liberal world economic order, and will continue to do so in the future. Moreover, the two countries should feel moral obligation to share their experiences with developing countries so as to enable them to make the best use of the current global economic order. China and Korea, therefore, have good reasons to adhere to, and try to make necessary modifications on, the current world economic order. It is very important for the two countries to cope with problems arising from globalization with clear vision for the future and the necessary strategy to make the best use of the positive aspects of globalization.

II

It is common knowledge that Korea, one of the poorest countries in the world at the time of liberation in 1945, has achieved phenomenal development during the decades of 1960's~1980's. Korea joined the GATT in 1967, which was not quite different from the WTO today, but Korea certainly benefited greatly from it. The country joined in 1996 the OECD, the club of rich countries of the world. The development of the country has until recently proceeded on a set of mercantilist policies modeled after those of Japan. Toward the 1900's, the basic tenets of the economic policies became obsolete, and, the thrust of these policies was in need of overhaul in order for the country to adjust itself to the new international economic environment. The country did make effort during the early 90's to reform its system with the slogan of "Segewha"(世界化), and the government policy direction took a new turn; the financial sector began to be liberalized. It was liberalized to foreign investors prior to making commensurate domestic liberalization, and this perverted policy sequence caused excessive short-term off-shore borrowing by the Korean conglomerates to finance their long term investments. The old paradigm of state-led growth continued to persist. Excessive lending to big businesses by the state-led financial institutions continued unabated, and so did the unprofitable investments of the conglomerates. The conglomerates became highly leveraged, and many of them were unable to repay the loans, while the balance of current account deteriorated rapidly. The debt crisis which hit the foreign exchange market in July 1997 in Thailand spread over to Korea, which found itself unable to meet the demand of the foreign lenders to call in the loans. Faced with the looming default, the country was forced to seek the IMF rescue in November 1997.

The IMF rescue loans dealt Korea a great blow. Sovereignty in policy making was temporarily lost. But the Korean businesses as well as the government made great effort to reform the old paradigm in business and finance. The effort was well rewarded and the country was able to rid itself of the IMF helm in about two years. The economy has since been showing good performance; according to some foreign observers, it is among the best of all IMF rescue recipients.

Many features of the globalization processes are exceedingly difficult to be adapted to East Asian conditions, as exemplified by the Japanese experiences during the last decades. Korea has performed with fair degree of success in this regard, but the reform which the country has been undertaking is still left unfinished. The current economic conditions show that Korea simply cannot afford to be complacent about the future.

The new administration which will be installed in December this year will face many difficult problems. In the international sphere, the country will confront three related problems. First, the country needs a clear vision on the general direction of international as well as domestic economic policies during the coming decades. The overall priority should, in my opinion, be to maintain and promote peace in the Korean peninsula and in the rest of East Asia. The country ought to promote peaceful economic relations on the regional as well as multilateral bases. Korea needs to strengthen its competitive ability by enhancing technological and managerial levels to generate further development. Korea ought to make use of the WTO not simply as a means to promote trade, but more as a promoter of reform in its deficient structure and of inefficient practices.

Second, Korea has to make every effort to prepare itself for the Doha Development Agenda (DDA). It has to live up to the spirit of the WTO, and come up with fair measures of solutions with respect to agriculture, services, and financial matters. Third, in view of the fact that the multilateral trade negotiations are not always adequate to suit all countries and most countries in the world have formed, at present, as many as 162 regional cooperative bodies, Korea ought to play its proper role in establishing with neighboring countries regional organizations such as Free Trade `Agreement (FTA).

Korea has tried unsuccessfully so far to establish a FTA with Chile. Currently Japan is showing interest in establishing a FTA with Korea, and the two countries have formed study groups, which met in Seoul in July and in Tokyo in early October. I personally advocate the establishment of a FTA of the three North-East Asian countries - Korea, China, and Japan. If these three countries cannot be brought together in a single FTA, Korea should, as I am advocating in Korea, try to establish one FTA with China and the other with Japan, separately and simultaneously. To do so, the country needs to have a political leadership with a vision for the future and courage to pursue its policies on its own initiative. It is unfortunate that the sense of common destiny for these three countries is still so inadequate among the people of the three countries.

Ⅲ

From the global point of view, perhaps the most significant phenomenon during the second half of the 20th century would be the transformation of the Chinese economy; the success of which during the last two decades seem to be enough to promise the emergence of a great economic power in the coming century. As I observe the process of transformation of China, the country is almost certainly on the path of great ascent during the coming decades.

During the last half century, the People's Republic of China has, as I observe, achieved three miracles. The first is the unification of the country in 1949. The second is transformation in 1978 in the direction of the Socialist Market economy. The third, still in the process of emergence, would be the era of a new and thorough-going transformation. One has to wait and see what will emerge from the 16th Party Congress next month, but it seems that the era of revolution is being succeeded by an era of general progress comprising of all segments of the country.

The accession of China in 2001 to WTO was a significant event for the country. For other countries, it might be simply a matter of course, but for China, its was a historical event not only for China, but for the rest of the world. The entry marked the end of 15 years' effort on the part of the Chinese government. It is not simply an instrument of trade promotion;

it is more an avenue to achieve economic reform necessary and indispensible to make China a modern country. In order to gain accession, China made many concessions to the U. S. and other countries, but the price was, in my opinion, was worth taking.

I assume and hope China will live up to the principle of WTO as closely as possible, though, of course, it will have to make an intense effort for the coming 5-7 years in preparing itself for the great competition in almost every aspect of the economy. The sectors particularly vulnerable would be: the financial sector, including banks, insurance, and equity market, agricultural sector and IT sector. I am sure that the government is well aware of the danger as well as the opportunity that the WTO will bring to the country. The country should make every effort not to be overwhelmed by international competition.

Fortunately for China, the foreign direct investment continues to be attracted in spite of the slowdown and uncertainty prevailing in the world economy. However, foreign capital cannot be a panacea; in some cases it will create as well as solve problems. The Chinese economy is perhaps more complex than those of the most other economies. Problems are many and the solutions difficult.

China would have to overhaul and initiate many laws and regulations. The public has to be better informed and educated. Unemployment has to be dealt with. The agricultural and the service sectors have to be made more productive and equitable. The social safety net has to be established. The central and local governments have to strike better balance with respect to revenue and authorities.

The future success of the Chinese economy hinges importantly upon the Western Region Development Program.

It would appear that the implementation of the program needs an Herculean effort on the part of the national leaders and the people. The shortage in water resources in the Northern provinces and encroachment of desert in those dry region will call for a national effort comparable to those which made the Great Wall possible more than two thousand years ago.

All these seem to suggest that China's development effort has just barely begun; it is only the incipient stage of a long march. During this long march, China should show to the rest of the world humanism, courage, patience, and love of peace - the attributes amply demonstrated by its long history.

I think that the economic development of China so far is remarkable by any standard, but if it continues to mean merely to increase production and income along the line of an ordinary capitalist country, with sole value placed on market and competition, and callous disregard for the disadvantaged, it will run counter not only to its long tradition of humanism, but also to the expectation that East-Asian value will serve as a remedy for some of the excesses of modern capitalism - such as destruction of nature, erosion of morality, ever widening disparity in distribution of income and wealth.

Arnold J. Toynbee, toward the end of his life, expressed in 1972 his hope and expectation that China, with its long tradition of humanism, cosmopolitanism, and rationalism, will play a central role in shaping the new world order in the 21st century. The contemporary China seems busy emulating Western model, but I am sure that China is very well aware of the limitation of the Western model, and will start eventually to find its own model.

Lastly, I would point out its need for China and the rest of

East Asia to come to terms with the bitter memory of their recent history, and form a kind of FTA between China, Korea, and Japan. China has already has come to an agreement with ASEAN countries to form a FTA with them in ten years' time. This is of course fine, but what is needed is a FTA of the three East Asian countries, which will be a cornerstone of peace and prosperity in the north-east Asian region.

ASIAN PATTERN OF DEVELOPMENT IN THE 21ST CENTURY
- WITH SPECIAL REFERENCE TO RISE OF CHINA -*

I

More than a decade has passed since the Soviet Union collapsed. The cold war has ended, but history marches forward. At the end of the cold war, there was a talk of permanent peace under American hegemony, with the end of history. But this vision of the world is now dead and gone: the first chapter of post-Cold War history has turned out to be laden with wars and strifes. The "war on terror" - a strange war with no enemy clearly defined - is still continuing and it may last indefinitely.

The narratives in the new century could be very different in nature from those in previous centuries. No walks of human life - economic, social, cultural, and political realms - would be left unaffected. All over the world there will be great changes, and one of the most significant changes will be the emergence of different models of political, economic, and social development, the prototype of which will be the Asian one.

Now may be a good time for us to put into an historical perspective the main features of development in the East-Asian

* This paper was presented as the Keynote Speech of the Third International Conference Hosted by the Northeast Asia Intellectuals' Solidarity of Korea at Shilla Hotel, Seoul, Korea on October 24, 2003.

Region during the last century and a half. Asia has experienced several spurts of economic and social development, the first of which was modernization of Japan in the second half of the 19th century. From the western perspective, the Japanese experience must have appeared as a miracle. But from the Japanese viewpoint it was not; it was only a reflection of the modernization effort of the Japanese people and their long-nurtured ability to respond to the western onslaught.[1)] Japan's spectacular achievement created a great impact on other Asian countries, stimulating them to emulate it eagerly. Unfortunately, Japan disappointed them rudely; it chose to follow the practices of western powers by launching military aggression on neighboring countries, wreaking havoc on Asia, including itself. At any rate, Japan *did* demonstrate to the rest of Asia that an Asian country *can* modernize itself through diligent effort.

The second spurt of development in East-Asia was the emergence during the 1970s and 80s of "Four Tigers" (South Korea, Taiwan, Hong Kong and Singapore) to attain the status

---

1) Historian Arnold Toynbee described in his Study of History a gist of a conversation between Monsieur Gustave Le Bon, a distinguished evolutionist, and Viscount Motono, Japanese ambassador to Paris between 1901 and 1906. The former referred to the recent rise of Japan as marvellous, and compared her progress to that of a comet that flashes across the sky. He added that the comet is dangerous to approach and is extremely uncertain in its behavior. He further commented that Japan, like the comet, may someday abruptly pass away from sight yonder beneath the horizon. In reply Viscount Motono said to the effect that Japan had a long period of preparation for modernization, and, was now ready to play its own role; the emergence of Japan should not be viewed as something of an aberration. See Study of History, Vol. X, p.112.

Judging Japan from what I know of history, I think Motono was right; Japan has no reason to disappear from the world scene as Le Bon suggested. But, Le Bon did have a point; Japan was like a comet, its subsequent behavior was precarious and unpredictable.

of newly industrializing countries. The world Bank called it an "Asian miracle", but here again a close scrutiny reveals that it never was a miracle; it was but the result of a confluence of many internal and external factors, such as education, knowledge, discipline, and system of value rooted in Confucian tradition, and international environment.

In the context of the present paper, I would like to emphasize the importance of the then prevailing external factor, that is, the international *regime* of Cold War. After the Korean War, the cold war was at its peak, and anti-communist countries of Asia, such as South Korea, Japan, and Taiwan, were given unstinted support by the United States to build up their economies. Relegating their problems of defence to the United States, these countries concentrated their energy on economic development. Their economic policies, mercantilistic in nature, were primarily focused on exports-led growth, which succeeded enormously.

The third and the most recent spurt of development in East Asia is the emergence of China, and to a lesser extent, ASEAN, and perhaps India.[2] This is probably the greatest of all Asian spurts so far, and its impact on the rest of the world will greatly exceed that of the previous ones. First, economic and social development will spread to the whole of Asia: no corner of Asia will be unaffected by the great transformation of these countries. Second, the mode of development will be different from the previous ones. As such, it would be worthwhile for us to think about what kind of shape Asia will take in the future and what kind of impact it will have on the rest of the world.

As implied in my previous remarks, there are a few

---

2) India is not an East-Asian country, but in the context of the present paper, it could be viewed as one.

fundamental differences between the development of Japan and the Four Tigers in the past and that of China, ASEAN and India today. The former - Japan, South Korea and Taiwan - are small in size relative to the rest of Asia; their outlooks are more or less inward-looking; their policies basically mercantilistic. They have all been heavily dependent on bilateral trade with the U.S., with little of it among themselves. These characteristics made their development essentially isolated from, and independent of, neighboring countries.

Compared with these characteristics, the latter - China, ASEAN, and India - are vast in areas and population; they inherit ancient civilizations continuing to the present; their vision of the world is traditionally more outward-oriented[3]; their policies are geared less to mercantilism and more to global competition. These characteristics tend to make their development less isolated from that of their neighbors and easier to be assimilated by the rest of them.

One would say that Japan, Korea, and Taiwan were *beneficiaries of the Cold War System.* Their paradigm of development strategy - nationalistic, mercantilistic, and in some respect, chauvinistic - was suited to the Cold War era. The difficulties that Japan and South Korea are currently experiencing are, in some respects, *systemic* in nature, that is, they have difficulties in adjusting their systems to globalizing world. On the other hand, China, and, to a lesser extent, ASEAN, are *beneficiaries of the globalizing world.* Their

3) Sun Wen, the father of China's Quomintang (Nationalist Party) advocated at the time of the Revolution in 1911 that China needed foreign capital to develop its economy. He further advocated to build a great dam on the great river Yang-Tze Chiang, inducing foreign capital. His vision has become a reality under the Communist regime.

cosmopolitan world outlook, and relatively open development strategy are better suited to the globalizing world and true to then history.

II

The protagonist of the present development in East-Asia is China. It has had a series of revolutions since the establishment of the Peoples' Republic in 1949; it has traversed a long, tortuous, but successful, road to reach the present stage of development. During the initial phase of the Republic, the country did very well in its reconstruction efforts. But during the ensuing cold war era, it encountered a great many difficulties. The country was isolated from the international community; hostile forces were at all four sides. Its economy became nearly moribund with the ill-conceived national planning. All consumer goods were in shortage; with 70 percent of its people engaging in agriculture, it was unable to produce enough food to feed its population. People were demoralized, alienated, and became cynical about the future of the country.[4)]

It was with accession to power in late 1978 of the second generation leaders that the country embarked upon a fresh effort for reconstruction and development. Since then there have been two more generation changes in leadership, each introducing a series of liberalizing innovations - Chinese *Perestroika* - to successfully overcome newly emerging problems. The "Socialist

---

4) This does not mean that the Maoist era was nothing but a disaster. Contrary to the general impression one may get from discussions on Chinese development under Mao Ze-Dong, the Chinese economy actually owes a great deal to Mao's era. Without the basic physical and institutional infrastructures laid during the Mao era, the subsequent development would not have been possible.

Market Economy", a bold liberalizing experiment adopted in 1982, reaped an outstanding success. It was succeeded by the "Three Representations", another bold liberalizing innovation adopted in 2002 by the third generation leaders, that was a new step to accomodate entrepreneurs, professionals, and middle class to Party ranks. The fourth generation leaders with President HuJintao at its helm, is currently proposing a more democratic way of government - China's *Glasnost?* - at the Plenary Session of the Central Committee. Through these innovations, the Communist Party has ceased to be "communist" any more: never minds the party's name, what is important is how the country fares. This is one of numerous instances of Chinese art of pragmatism, nurtured by its long and unique history. How long and to what extent will this march of liberalization continue? I will come back to this question later.

Articles and books have been written on why the Chinese economy has to collapse; why its banking system has to explode or implode; how bad the human right record is; and why the country has to be unstable. From the narrow vantage point of social sciences developed in Western countries, one would tend to become a pessimist. After all, the Chinese society is so different from that of the West.

On the other hand, optimism about the country is equally abundant. Calculations and predictions are often made on China's GDP in the future. According to one calculation, China's GDP is supposed to surpass that of the U. S. in 2041. Well, 2041 is a long time from now, and anything can happen in the meantime. There seem to be more optimists among philosophers, historians, businessmen, and novelists than among economists or political scientists. Adam Wiliams, the British author of the recent best selling novel on China, very recently said that he was "enormously optimistic" about the future of the country[5]. President Richard M. Nixon, in a late book of his, said that China, "with world's ablest people, will become the most powerful nation in the world."[6]

I happen to be on the optimistic side. My optimism is based upon my own sense of history as well as upon economic analyses. I think China is going to be a locomotive of East-Asian economic train for at least a few generations, and from a longer run point of view it will eventually come up with a unique development model suited to solve its complex problems inherited from the past.

I do not want to repeat the success story of China's economic development for the last twenty five years. Suffices it to mention that the annual average growth rate of real GDP 1978 through 2002 would be in the neighborhood of about 9 percen t.[7] China watchers in western countries used to point at the alleged fraudulence in the Chinese statistics to blow up the growth rate, but recently these complaints have largely subsided. At any rate, what is important is the fact that the Chinese people are now confident that bright future lies ahead of them, with enough of social harmony and political stability. This is hardly a mean achievement for generations of leaders of a complex country.

---

5) *The Financial Times.*

6) Richard M. Nixon, *Leaders,* New York, 1982, p.248.

7) My descriptions of Chinese economic development may, I am afraid, give an impression to the readers that it has been an easy and smooth achievement. But it has *not* been that way. There have been several severe inflations and a serious deflation, in addition to policy errors and setbacks, along with political and social turmoils. All in all, however, it is true that the economic performance of the country has been very successful.

III

China's great spurt forward is going to change the pattern of Asian development. As mentioned earlier, Asian economic development has depended heavily on the U. S. Indeed, dependence on the U. S. was not confined to Asian countries; the whole world depended on it. The dependence of Asian economies on the U. S. will continue, but not as much as in the past. This trend has already become visible.

The first change one notes on the current Asian economies is the great increase of their trade with China. Between 1991 and 2001, the world trade increased by 80%, but intra-Asian trade increased by 120%. Particularly noteworthy was the tremendous increase of trade between China and its neighbors: between China and Japan 300%; between China and NIEs 680 %; between China and ASEAN 380%. No less noteworthy was much slower increase of trade of NIEs and Japan with neighboring countries other than China: between NIEs and ASEAN 110%; between Japan and ASEAN 60%; and between Japan and NIEs 40%. This shows that it is mostly China and not Japan or NIEs that is the engine of growth and trade in Asia. Does it mean a one-way dependence of Asian countries on China? No, not quite: a Chinese product labeled as "made in China" will contain ever more of parts and intermediate products produced in many other countries, so that "made in China" would more accurately be labled as "made in Asia." Since China's manufacturing sector owes so much to foreign direct investment, "made in China" should most accurately be relabled as "made in the world." As other Asian countries depends more on China, so does China on other Asian countries and the rest of the world.

Is East-Asia going to form an economic block, such as NAFTA, or former EEC? Without any doubt, the business ties on the company level will be strengthened, but as things stand now, a *formal* economic block of Asia is not likely to be formed. It is difficult to imagine that a free trade agreement between, say, China, South Korea, and Japan, such as the one proposed by the leaders of these countries at the recent ASEAN+3 meeting in Bali, will become a reality. An FTA between China and ASEAN has a good chance to be launched by 2010, as has been agreed. It might then be followed by one between Japan and ASEAN, and another between India and ASEAN. China wants to form some kind of economic integration among China, Korea, Taiwan, and Japan, But there is hardly any chance of such agreement being made. Japan seems to be reluctant to do anything like that with China. The pace of the process will be tardy and slow, though the march of business relations will move much faster.

Prof. Michio Morishima, a well-known Japanese economist, proposed a broad Northeast Asian trade integration long ago,[8] but it fell on deaf ears in Japan. As Morishima rightly points out in his book, such an agreement needs, as far as Japan is concerned, an American approval, which is unlikely to be given. Japan has for the last couple of years been proposing to South Korea to form an FTA between the two countries, and Korea seems to be ready to go along with it. Should this come

---

8) Morishima's proposal as expounded in his *Collaborative Development in Northeast Asia.*, Macmillan, 2000 and elsewhere, is an eloquent case for a sort of FTA for Northeast Asia; its only defect is that it is too much ahead of the time, especially for his compatriots.

into being, I think Japan would take it as one of *the* greatest diplomatic achievement in the entire post - W. W. II. period. How Korea would fare with this is less clear. History shows neither Japan nor Korea are adept at international diplomacy; both made serious mistakes, at the peril of their countries. But there are differences in style: the Japanese are calculators, often missing broad pictures, while the Koreans are plungers, often overlooking immediate dangers. These natural traits seem pretty well demonstrated in their approaches to this deal.

Ⅳ

China faces many challenges in the future. Water in the Northern China is in perennial shortage: the country has to develop water resources and has to reforest a great part of it. It has to secure new energy sources. It has committed to develop the vast western region, and recently it has decided to do the same for the three north-eastern provinces. Competent as the Chinese leaders are, they have to perform a number of Herculean projects, whose scale could match that of the Great Wall.

Will China try to increase its GDP to the level of the U. S.? My own answer to this question would be: No, it won't try it. First, the country would not be able to withstand the environmental deterioration brought by it. Second, China has many more immediate tasks than the idle game of GDP growth. And third, which is far more important, China can be a great country with GDP less than that of America. J. M. Keyes suggested 75 years ago,[9)] that economists may be giving too

9) In his seminal article "Economic Possibilities for Our GrandChildren" (1928), in

much weight to purely economic matters: they should be concerned more about those things which are far more important than wealth creation. With or without Keynes, China would *be forced to* do its best to promote peace in the world, to introduce in its development strategy greater doses of restraint, to strike a greater balance in its distributions of income and wealth,[10] and to achieve harmony among areas and ethnic groups. After all, these are the hallmarks of China's long tradition, each nurtured by practical reasons. Should they be neglected, whatever China might achieve in *mere* wealth creation would eventually fail and would be well-nigh meaningless.

I think China *is forced to* regard peace as most important in its international relations, though its leadership has been intent on improving its national status, deserving to its size, power, and its heritage. To achieve that end, China has found it has first to join the world. The "five principles of peaceful co-existence" upon which their foreign policy was based during the romantic revolutionary era, has been replaced by a more pragmatic approach. China applied for entry into GATT in 1987, and after fifteen years of long and arduous negotiations, it finally joined the WTO in November 2001. It has won a nod to host in 2008 the Olympic games in Beijing, and Shanghai was selected as the site of 2010 international exposition.

Essays in Persuasion. Keynes made the point that in a century or so, the human race will have largely solved its basic *economic* problems, and therefore economist should think of doing more worthy things than merely devoting himself to considering economic matters.

10) The concept of *equality*(平等), is alien to traditional Chinese thinking, but such values as *restraint*(節制), *balance*(均衡), and *harmony*(調和), are regarded as very important.

To secure peace around the nation, China has made numerous concessions in settling border disputes to neighboring countries including Russia, India, and Vietnam. In the same vein, China maintained a well-balanced low profile during the bitter debates on Iraq - the traditional aloof posture has been replaced by humility to safeguard its long-term interest. China perforce is exercising humility, restraint and peaceful posture in conducting domestic and international affairs, which is what makes the country look dignified.

China is receiving the largest volume of Foreign Direct Investment in the world, achieving the fastest growth of income, exports, and employment. Does this mean that China (and ASEAN) should accept the so-called global standard all along the road to their development? My answer: for a while, yes, but, in the long run, not so sure. Competition is good, and so is free market, but free market *fundamentalism* is something else. The cult of competition, profit, and the winner-takes-all philosophy of market fundamentalism is alien to traditional East-Asian social mores. This is a topic too weighty to be discussed here, but the conclusion is unmistakable in my mind that it is not what China or any other countries in East-Asian Region could stand indefinitely.

Is China going to go democratic in the future? It appears that answer is yes, but in a Chinese way. One is reminded of the policy announced by the new leadership of the Party that the politbureau should be criticized, if needs be, by the Central Committee of the Communist Party. I assume and hope that this is an harbinger of greater political liberalization in the future. I agree with Adam Williams, the British novelist, that "China is at its threshold of a civil society", but the country "won't follow George Washington model, and it will do its own thing."

All in all, China has been very successful for the last twenty five years in almost all spheres of its development efforts. But all indications are that the Chinese leadership is resourceful enough to know of the numerous problems that the country will be called upon to solve before the development becomes worthy of its name. China is in the midst of a *long march,* which is likely to occupy the country for the rest of the century. In some respect, the rest of Asia, and indeed, the world as a whole, badly needs a soul searching effort to reevaluate the 21st century and a long march to renew it.

ECONOMIC DEVELOPMENT AND CULTURAL CHANGE IN EAST ASIAN COUNTRIES*

The purposes of this paper are: (1) to trace the changing patterns of economic development in East Asian countries; (2) to consider the relation between economic development and cultural development; and (3) to explore the possibilities of renovating old cultures of East Asian countries to contribute to peace and prosperity of the world.

I. The Changing Pattern of East-Asian Development

Since the end of the W.W.Ⅱ, the world has witnessed great surges of economic development in the East Asian region. So spectacular was the growth in Japan and in South Korea and the rest of the Four Tiger countries during the 1960s and 1970s that it was regarded by the world as a "miracle". Of course, there were reasons why these countries' economies all grew so rapidly during this period. In fact, there were both internal and external factors conducive to this unprecedented growth.

From an international point of view, the world was in the grip of the Cold War, and this resulted in numerous advantages for anti-communist countries in the East Asian region. The Cold War worked in their favour because they were able to

* This paper was presented at Beijing Forum, Peking University, China on August 23, 2004.

concentrate their energy on economic development while relegating the problems of defense and international relations to the United States. Their export-led growth strategy was also very much in tune with the times.

From the domestic point of view, all of these countries had a labor surplus, which meant that wage rates were low enough to make their products competitive on the international market. Many of the economic activities in these countries were directed by strong governments who more or less pursued mercantilist policies. Theirs were not genuine market economies - certainly not as we now understand them, and the relationship between their respective governments and big business was very close. Terms like Japan Inc. or Korea Inc. aptly characterize the kind of economic structures that were in place.

However, when the Cold War ended with the collapse of the Soviet Union in 1991, the age of globalization set in and these countries needed a new paradigm for economic and social management in order to adapt to the newly emerging international environment.

Japan began in early 1990s to tread the course of what is known as the "lost decade". The country had as many as seven cabinet reshuffles during the 1990s, each introducing monetary and fiscal stimulus packages and structural reform programs, but none of them successful enough to meet the expectations of the Japanese people.

Korea was caught in 1997 by the foreign exchange crisis, and was obliged to call on an IMF stand-by loan. The government introduced a set of bold reform measures, departing radically from traditional mercantilist lines. It all looked good on paper; and the bold steps taken were applauded from abroad. But the good cheer only lasted for a year or so before the economic situation turned for the worse. Now, after seven years, reform is still incomplete and the economy has yet to regain its erstwhile dynamic character.

The events were important, but the most significant phenomenon in the East Asian region after the W.W.Ⅱ is universally recognized as the great transformation of China. The Chinese revolution, which effectively started in the 1930s, culminated in the founding of the People's Republic in 1949. Since then China has had a series of revolutionary changes, socio-economically and institutionally. Most spectacular among these changes were the promulgation of the Socialist Market Economy in 1978 and the declaration of the Three Representations in 2002. More changes, albeit less fundamental, are expected to come in the future.

There is no need to repeat here the success story of China’s economic development over the last twenty five years. We saw how the country experienced numerous setbacks, and yet it overcame them successfully. The Chinese people are now confident that a bright future lies ahead; and they are satisfied with an improvement in living standards along with a degree of social harmony and political stability hitherto unknown.

Will China continue to grow at about seven percent per annum? Will its per-capita income in 2020 be about four times that of 2000? The answers seem to be in the affirmative. China is doing well; the most difficult phase of her transition is probably now over and she has plenty of know-how in terms of the socio-economic management. Even if many of its institutions are obsolete, they can still be salvaged and overhauled to suit modern conditions. There are no compelling reasons why the future will be any less bright than it seems now.

Exactly how long can China sustain the 7% growth rate? Should there be no contingency thwarting the development momentum, the 7% growth rate could last for many years. There is still ample room for China to further exploit its growth potential. The country's leaders have a sense of mission and rule with a farsightedness while ordinary people for their part show a resilient fellowship. They will all be more than up to the historical task of rejuvenating their country and seeing it reborn.

Of course, one cannot overlook the probability that the Chinese economy will encounter formidable obstacles in the course of its development. For one thing, nature is not hospitable to China; it is a vast country yet limited in resources. Water and energy resources, in particular, are already in short supply, especially in the northern part of the country. The construction of the Three Gorges damn system will harness the Yang-Tze River for the north and the north-eastern part of the country, and there is a natural gas pipeline being constructed between the far west and the east. These and other engineering programs are indeed Herculean tasks comparable to construction of the Great Wall three thousand years ago. But China's struggle to overcome or reinvent nature is likely to be perennial one, and the problem of shortages will likely become more severe as economic development progresses.

No less difficult is the task of reinventing the political, social, and legal institutions, or, in other words, renovating ancient culture. Reform in these areas can not be a matter of simply copying western institutions, because they have limited applicability to China. China will need to reform and adapt its traditional institutions to the present, but, at the same time, assimilate foreign culture to Chinese circumstances. This two-way assimilation process will not be a neat and tidy one; it will be a matter of two steps forward and one step back. But, so far, the Chinese government has shown good performance in its efforts to reform without the aid of a reform manual; navigators without chart, they are nevertheless sailing on a steady course.

Ⅱ. Increased Interdependence of Asian Economies

Let us now turn to the cultural aspects of East Asian development. Culture is not something an economist willingly discusses: a good economist worthy of the title tends to avoid the subject. But, there is no denying the fact that economic development, anytime and anywhere, determines and is determined by the nature of the people involved in it and the culture they embrace.

The East Asian countries - Japan, Korea, China, and their southern neighbors - share the common cultural background inherited from the past. But there have emerged some important differences among these countries in their ideologies and practical approaches to modernization.

After the end of W.W.II, Japan concentrated its resources on industrial development, and brilliantly succeeded in catching-up with the West, achieving the second largest economy in the world. But the impact of the Japanese economic success on the rest of Asia was limited, because Japan’s economic policy was oriented towards the U.S. and the Japanese economy was not closely integrated with the rest of Asia.

A roughly similar picture prevailed for the Korean economy. Korea's bases of industrial development were laid during the Cold War era. The first priority of its economic policies was placed on exports, which consisted mainly of labor intensive goods processed and assembled in Korea on half-finished products imported from more advanced countries such as Japan and the U.S. The success of this strategy was so phenomenal that the country was admitted to OECD in 1996. However, at the initial stage of development, the flow of trade and investments between Korea and the rest of Asia excluding Japan was rather insignificant; Korea's economic policy was geared to the U.S. and Japan. The cooperation between Korea and the rest of Asia has yet to be fully exploited.

In terms of the extent of the structural change and its impact of development on the rest of Asia and the world, the Chinese story is easily the most remarkable one. China during the last phase of the Qing Empire was on the verge of collapse after the Opium War of 1941. The proud country lay prostrate at the onslaught of the combined forces of the imperial powers of the West and Japan during the early decades of the twentieth century, with major parts of the country being colonized by the imperial powers. The success of the communist revolution in 1949 brought forth the People´s Republic of China, whose economic policy ended in failure by 'the Great Leap Forward' toward the end of the 1950s and 'the Great Cultural Revolution' during 1967-76.

In 1978, China embarked on transformation of the economy and society. The economic policy aimed at achieving a 'Socialist Market Economy' through 'gradualist' approach to reform private as well as public sectors of the economy, including the long-term programs of liberalizing trade, investment, business, and banking and finance. These policies, however, incited students in major cities of China to demonstrate for immediate liberalization of political and social systems. The demonstrations culminated in the tragic Tiananmen Incidence in June 1989, only to be suppressed by military intervention. The student activities subsequently subsided, and the government has since been pursuing consistent, albeit gradual, liberalization policy.

Looking back 31 years of reform and liberalization, one cannot but note that China's development, in terms of its speed, depth and width, is quite unprecedented in economic history of the world. The annual average rate of GDP growth during the last three decades is about 9 percent, and it is expected to continue for quite a while in the future. No less remarkable is the extent of the transformation of institutions. The structural reform has proceeded on 'gradual' (as opposed to 'radical') approaches. The gradualist approach does not mean to be deliberately slow in implementing it; it only means 'step-by-step' and experimental approach in terms both of time and space, proceeding, for example, from 'easier' ones to more 'difficult' ones, and from coastal areas to inland areas. The initial phase of reform is now nearly over in coastal regions and the emphasis of reform efforts has moved to developing western and northeastern regions. There have been massive investments in infrastructures in these regions, and they are expected to galvanize private as well as public initiatives so as to transform the economic landscape of the whole nation.

One may ask what factors are responsible for the success of China's development policy. The best answer might be: that there are few reasons why it would *not* succeed. The gradualist approach to reform and liberalization conforms well with the Chinese traits nurtured through history. The Chinese people are diligent, self-reliant, frugal, creative, and surprisingly optimistic; the trait that are conducive to cooperation and development, anywhere and always. They are good farmers and most of them are good merchants. They value education and are good savers. The Chinese culture is noted for its secular, pragmatic, and rational orientation towards Nature and Man, with emphases on fairness and private and public virtues. The Hans(漢族) are highly heterogeneous in terms of racial origin; they are proud of Han culture, but not of race. With these qualities China remains to this day as the most populous country in the world.

China will become a modern and prosperous country, and will play in Asia the same role which the U.S. has been playing in the world; not only will it be the largest producer, but also be the largest market, of goods and services in Asia. China's success will strengthen international interdependence among Asian nations, which have hitherto been 'independent' of one another and will develop in the future networks of production, consumption, and investments among them so as to make the region a self-contained and peaceful economic union. This possibility may seem remote at present, but the world is changing, and it could be a reality, sooner rather than later.

There is no historical precedent for a communist party successfully transforming a socialist economy into a market economy. So what explains China's unprecedented performance? How has China been able to develop so fast with so little social and political upheaval? I would say that it is due to pragmatism, which, as will be discussed later, is one of the main characteristics of China's culture. China, in pursuing a Socialist Market Economy, has had no "textbook" for guidance, so its leaders have had to be pragmatic. In a sense, an old adage applies here: necessity is the mother of invention. Necessity, for China, inspired a new pragmatism; and what we have already seen of the transition from communism to a free market system gives us an inkling of what pragmatism will accomplish for China in the future.

China has historically been a "cosmopolitan" and open culture without a concept of "nationalism", that is, until it was invaded and many parts of its territory colonized by Western powers and Japan. Once fully independent, however, China hoped to regain its former status, and that meant putting an end to its unnatural isolation and joining the rest of the world. But joining the world was not easy; unlike other countries, China had to wait for fifteen years before it was admitted to the WTO, and even then it was only after making many concessions to the U.S. and the E.U.

The accession to WTO was not simply a means of promoting trade with the rest of the world; it was necessary to expedite reform. Many analysts wondered whether China could live up to the agreement with WTO or comply with its rules. But China surprised the world, and the validity of its decision to join the WTO has been well vindicated by its successes since its accession to WTO in 2001.

A problem China now faces is the variety of challenges posed by competing countries, economic, political and military. For a country which has been trying so hard to adapt to a globalizing world, it must be frustrating to constantly have to fend off unwelcome challenges. Recently, the E.U. has decided not to grant China a market economy status, heralding the possibility that anti-dumping duties will be imposed on her imports. As long as competitors are fearful of excessive imports, China will continue to be reminded that it can be dumped on rather than dump on others. China has no choice but to continue to overhaul existing institutions to satisfy western nations.

Ⅲ. The Need for Cultural Development in Asian Countries

Do increases in income and trade and the mutual dependence of Asian countries enhance culture or change respective cultural outlooks? Do they promote peace and prosperity of the Asian region? The answers to these questions, logically, should be: yes, but not necessarily so in the real world. It all depends on whether or not political leadership is enlightened enough to lead its country in that direction.

We can say ‘yes’ to these questions because an increase in income, trade, and investment will not only promote economic prosperity for trade partners but also improve interrelations, which is a necessary condition for cultural development. Increased trade and investment among the Asian countries may help erode the memory of unfortunate past events – events which, because of their tortuous nature, mean that while countries are physically near they are still very much psychologically apart. It's true that increased income, trade and investment make people pay greater attention to the enhancement of culture, but, as studies show, the single minded pursuit of economic growth does not automatically improve cultural prosperity.

At the moment, cultural exchange does not match the increased economic exchange. So for the short-term, at least, trade and economic benefits will not be in line with cultural development. As noted earlier, trade between China and Japan has recently increased in leaps and bounds, but understanding between the two countries is still wanting. Understanding between businesses has improved, but not between governments. Perhaps, in this age of globalization, there are many who still need to be reminded of the futility of nationalism.

To illustrate the importance of enlightened leadership, we should take a glimpse at the experience of Japan since the Meiji Restoration in 1868. By the early 1930s Japan had attained what it wanted, that is, to catch-up with the west with a "rich country and strong armed forces." It was rated one of the Big Three(comprised of the U. S, the U. K, and japan), but in socio-political terms Japan had, if anything, deteriorated. In the end, political culture of Japan had degenerated to the point where, after a series of military coups, it succumbed to the military which led the country into a war with China and subsequently a World War in the Pacific.

After the W.W.Ⅱ, Japan was again striving to catch up but this time it was in terms of per capita income. The Japanese are a patriotic people, who perform best when given a clear objective. Catching-up to the west's per capita income was an ideal objective to pursue. However, catching-up does not mean becoming more enlightened. Japan did finally attain its per capita goal in the early 1970s. But, while concentrating on economic matters, there was precious little time to develop the cultural side of national life, to more seriously examine its role in the world or to learn the art of getting along with its neighbors or to begin promoting prosperity outside of its frontiers. Other than economically, Japan seems to have achieved little.

Historically, Japan's insularity meant that it didn't feel the need to develop a system of values in harmony with other countries nor to contribute to peace and prosperity in the world. This insular world view was further strengthened with victory over China in 1894-95. To Japan, China and the rest of the Asian continent were barbaric and had to be saved by being taken over by a civilized nation like itself. It was about this time that the slogan of "Leave-Asia-Join-West" (脫亞入歐) became in vogue among the intellectual elites of the Japanese Empire, expressing Japan's sense of difference from the rest of Asia. The Japanese Empire is gone, but, alas, that sentiment behind that slogan prevails to this day. So, while Japan has belatedly started investing in China, for example, this does not mean that it has returned to the Asian fold. Perhaps Japan will some day 'join' Asia willingly, but it's difficult to say when or to be optimistic that it will be soon.

Having achieved its second 'catch-up' objective, Japan seems poised, wondering what to do next. Undoubtedly, it will remain a great economic power, but it is unlikely to play a leading role in remolding the world order. Japan has been content to follow the U.S.'s lead as a junior power; and it may be wise to stay that way. Yet, by remaining too snug and content, there is less incentive to develop a new and positive culture or to contribute to the outside world.

Now, let us turn to Korea. Korea was once also engaged in a catch-up effort of its own, but, before managing to 'catch-up,' it was obliged to call on an IMF rescue loan in 1997. The IMF crisis was a watershed for the Korea, dramatically changing its economic, social and cultural life. It has since been discovered that the root causes of this economic malaise were more serious and deeply entrenched than previously thought.

I will not dwell on the details as to why Korea had to receive an IMF loan. It is sufficient to mention that business firms were too reckless in their investment, financial institutions were too carefree in their lending, and the government was too complacent with regard to the "fundamentals" of economic management. In the context of the present paper, what I do want dwell on is something that has lurked in the background of these economic circumstances, something that has been evident in Korea since the "decades of development" – it's what one might call a cultural trait, and its components are these: ostentation over substance, easy gain over hard work, a cantankerous lack of reasoning, a myopic perception of the world, blind nationalism, an anti-intellectual style of life, and a ubiquitous rent-seeking mind set.

After receiving the IMF loan, the Korean government wasted no time in coping with its repercussions; it implemented a series of bold reform measures; however, these were not based on careful analyses but rather on acts of faith. Naturally, since economic problems are too complicated to be solved with gambler's luck or pious gestures, things did not go as planned, or, more accurately, as hoped for.

The government was not only sanguine enough to explore the vast territory of reform, but also had the temerity to jump one step ahead of the IMF, particularly with respect to the liberalization of the financial markets. This was a great about – face for a country which, since the founding of the Republic, had so jealously guarded banks and corporations against possible foreign penetration. At any rate, the government, with the help of 15.6 billion won of public funds, undertook various measures in accordance with IMF prescriptions – strong doses of the monetary and fiscal restraint, bold capital market liberalization, and privatization of public corporations. Initial "success" was achieved in attaining some of the main targets, such as balancing the current account, the debt ratio of corporations, the BIS capital ratio of financial institutions, and the foreign exchange holdings at the central bank.

Unfortunately, these measures had virtually no effect on stimulating growth, which is a situation commonly observed with regard to most recipients of IMF rescue loans. Now, with a continuing lack of dynamism, the country is currently grappling with the unfinished business of reform measures that have run out of steam and left the people weary. With the memory of IMF still fresh, the country has yet to fully recover from the crisis of confidence brought on by a lack of robust growth.

Korea has another daunting problem – dealing with its

draconian and unpredictable partner in the North. There are signs that North Korea and the U.S. will come to terms with each other: a welcome development for Korea and every other country in East Asia. But, no matter what comes of the dialogue between the two parties, South Korea will have to bear the burden. Those who flippantly talk about unification seem to have no idea about the real implications.

Overall, Korea's economic development has been impressive, but, its cultural growth lags behind, and this, in my opinion, is the source of many problems. Many people seem to have lost a sense of balance, restraint, sobriety, and steadfastness in their behavior. The country is being debilitated by political infighting, scandals and corruptions, which are symptoms of the deterioration of cultural quality.

Lastly, let's further examine China. Through its long history, China has developed a unique culture whose most outstanding characteristic is its great ability to assimilate other cultures. With this assimilative ability China has established and maintained some of the greatest empires in human history. So, it is a country already primed for globalization; and I am sure that we will see China become one of the most diligent defenders of globalization. However, China will not be able to go along with the contemporary global standard all of the way. The market is an important and indispensable means of development but, as economics textbooks will tell you, it can never be perfect. In order for it to function properly, government intervention is sometimes required.

China has also been engaged in a catch-up effort, and recently it has started paying greater attention to its long-term problems. Its leaders seem to be well aware of the need for independence of thought in their approach to economic and social development, and in maintaining the quality and speed of growth. They are fully aware that the "Washington consensus" for development policies has proved unworkable in many of the Latin American and Asian countries, and the same policy prescriptions certainly will not work for China. So China has been acting in accordance with its own perceptions within the framework of the promise it made with WTO, and has been successful in its economic and social policies.

China will continue to develop its economy, but to what level? It would be unwise for China to do nothing but try to attain a U.S. standard of per capita income. I lived in America when its per capita income was perhaps less than half what it is today, and I can tell you that it was a much better country then than it is today. China, too, can be a much better country with GDP less than that of the U.S., with happier and freer people, with a distinct and assimilative culture.

China is surrounded by many diverse countries with some jealousy of the "Center Kingdom." So it will need to keep peace with them all. It will also need to show restraint in the use of energy, strike a balance with its distribution of income and wealth, and achieve a harmony among its own regions and ethnic groups. After all, these are the hallmarks of its long tradition, and such virtues must not be neglected. To neglect them is to ignore the values of an ancient civilization, and such values are too critical to be ignored at this time in human history.

There are market fundamentalists, who hold the view that market, competition, and profit are all important, as if these exceed all other values. But in human society there are things which are far more important than the market and its circumstances. Market fundamentalism, if pursued too far, will destroy the values that are worth preserving in society. Not just China, but all East Asian countries must do their best to renovate their respective cultures to make the world a better place to live in than it is today. They have to protect the environment, conserve nature and foster resources. They have to make their development sustainable. They have to re-enforce the importance of traditional virtues such as restraint, balance, humility, and sobriety.

Ⅳ. An Invisible Hand in China

China has more than fifty ethnic groups, each with a different cultural heritage. What would be the nature of the main policy line to satisfy all of these in the future? The Chinese are now free from ideologies – communism, capitalism, and market fundamentalism – and so will have to learn from all available sources – foreign, domestic, past, and present – to cope with an uncertain future. If the past is any guide, it is probable that China will base its policy lines on the principle of "Seeking Truth from Reality" (實事求是), with its long-term ideal of a "Society of Great Harmony" (大同社會). These are the basic tenets of traditional political and moral thought as amplified by Confucius, developed further by the Neo-Confucianists of the Sung Dynasty, and adopted by almost all thinkers after that, including Mao Zedong, Deng Shiao Ping, and undoubtedly China's current leaders.

Chou En-Lai once told President Nixon that he was a Chinese before being a communist, and Nixon characterized

Chou as a Confucian communist. The same could be said of Mao Zedong. Driven by political expediency in the turbulent 1960s, Mao Zedong criticized Confucian philosophy and launched the Great Cultural Revolution. But revolutionary Mao was a Chinese before a communist, and could therefore be classified as a Confucian revolutionary. The un-Confucian Cultural Revolution was, in my observation, an aberration. I often wonder, if Mao were alive today, what he would say of Confucianism now. As a pragmatist, and as an ardent student of Chinese history, he would surely admit that what he did during the last ten years of his life was indeed an aberration, and he would have no qualm in following the Confucian path in the future.

The traditional Chinese philosophy on man, society and universe is of course not confined to the pragmatism behind statements like "Seek the Truth from Reality". It is heavily oriented toward ethics and morality as a way of maintaining peace and harmony in the world and thus creating an ideal state. Almost all Chinese philosophers from time immemorial have been humanists; with most of them holding the view that the purpose of knowledge, philosophy, and government, and even of religion and war was to serve man and not the other way round. Nowadays, of course, Confucianism has been blended with other East Asian thought, namely, Lao-Tze and the East Asian version of Buddhism, and they have become indistinguishable in some respects.

In any case, Confucianism is rich and versatile in its political and social thinking. But it has been subject to so much abuse and distortion that it is often regarded as the ideological backbone of despotism, responsible for the downfall of the *ancien regime*, and as something a progressive person would be ashamed to even talk about. These accusations, I think, are due to simple misunderstandings. Confucianism involves both idealism and pragmatism, which can be fruitfully utilized to cure the ills of market fundamentalism. In other words, the single-minded pursuit of economic gains – the cult of competition, and of profit, and winner-takes-all philosophy, which is a recipe for disaster – is perhaps an unlikely scenario for China.

I think China will eventually be guided by an invisible hand and approach their economic and social problems from a Confucian viewpoint. China will follow Confucian way without even evoking the name of Confucius, because this is the only alternative the country can take. After all, Confucianism developed and sustained so many empires throughout Chinese history that it is probably the most successful political thought in all history. China really has nowhere else to turn to. The tenets of Confucian thought – restraint, balance, civility and tolerance – will undoubtedly be part of the blueprint for China's own model for sustainable development.

We don't know what kind of economic system China will eventually end up with, but it will most assuredly be distinctly Chinese in nature. What impact it will have on the East Asian region is unclear. Nonetheless, we know that it will be substantial. East Asia is at threshold of a new age, and the Asian countries have to be able to create new cultures and contribute to the peace, prosperity, and lasting security of the world. Perhaps China will lead the way in that regard. We can only hope. But one thing is clear: the peace, prosperity and security of the Asian region and, indeed, the world, depend upon what China can accomplish.

CULTURAL FOUNDATION OF ECONOMIC DEVELOPMENT - THE CHINESE EXPERIENCE -*

Good morning, ladies and gentlemen:

First of all, I must tell you that I feel so honored to be here this morning. In this presentation I would like to talk, in general terms about the relation between economic development and cultural change, with special reference to China. China's economic development for the last several decades has truly been phenomenal; the world has never seen any such instance before. China, in many ways, is a unique country, with unique culture and a distinct view of the world. I would say that economic success of China owes a great deal to the core of its traditional culture. I am using the term culture in a broad sense; such as custom, tradition, value and institution nurtured through history.

Needless to say, there has to be a close link between culture and economic development. After all, economic life is a part of culture. Economic development will enhance the ability of the people to devote more of their mind and energy to elevate their cultural standard. But, on the other hand, it may lead them to decadence, degradation of morality, excessive exploitation of

* This paper was presented at Great People's Hall, Beijing, China on December 12, 2006.

nature, war-like activities, and so forth. Economic development, therefore, does not always bring benefit to the people. A man may get richer but not wiser, and so may a nation.

The Chinese economy has since 1978 been growing at an annual average rate of about 9.5%. This phenomenal growth is creating a great impact on the rest of Asia. On the demand-side, the whole of Asia is being integrated into a regional market, and on the supply-side, a system of production networks has emerged in the region. The Asian region has now become a sort of *self-contained* economic area, which is able to develop mostly by itself.

The world has now come to be aware that the Asian dawn is not a false one. It has become increasingly clear that China will be an economic power on a par with the European Union and America. To a great surprise of the world as well as of Asia, the economic map of the world is changing dramatically.

What, let us consider, would be the significance of the great development of China from the viewpoint of the world? That is, what kind of role China would play in the world? If development of China should only be a process of catching-up with the West in terms of GDP and other economic indicators, there would be little difference between this catching-up and the previous ones – one of Japan for example. China will only aggravate the familiar problems accompanying economic development, such as depletion of resources, global warming, destruction of environment, military conflict, and so forth.

The Chinese people of the present generation, I think, ought to do justice to the great civilization that they have inherited from the past – civilization based on humanism, high regard for morality, and for universal peace. To live up to this lofty ideals, they have to contribute to achieving a lasting peace among countries of different races and religions, preventing environmental deteriorations from spreading, and to promoting welfare of the people suffering from poverty and disease. Will China be able to make these contributions? My own answer to this question would be a "I hope so".

When the Peoples' Republic of China was founded in 1949, it meant to become a new nation. A new nation in the context of China was possible only with creation of a new culture. The old decadent culture of China had to be destroyed and a new culture had to be created. But the country had a spell of very difficult times with the "Great Leap Forward" and the "Great Proletarian Cultural Revolution". A part of the decadent culture was destroyed, but a new culture never emerged. The failure of creating a new culture, I think, was due to total renouncement of the essential part of the Chinese tradition of humanism and the ideal of "the Society of Great Harmony(大同社會)", as expounded by Confucius. The new culture could only be created through a *Renaissance* of the old tradition, but the latter was completely discarded, along with the decadent part, and the country got lost on the way to a new nation.

Harnessing the core of the ancient tradition to the present need of the country has been made possible by adoption in late 1978 of liberalization policy, which has brought the country an enormous development. Many observers of this economic success attribute it to imports of foreign capital and to abundance of low-cost labor. But I think they are only partially right. More important than these factors is the creative ability of the people, which though I have no time to dwell upon, is responsible for great transformation of the Chinese economy.

The success of the new economic policy ultimately is attributable to flexibility, rationality, and creativity of the people. The favorite slogan of the government－"Use the Old for the New" (古爲今用)－is I think very appropriate for contemporary China.

Mencius, an ancient Chinese philosopher said that a country needs; first, a favorable trend of the time; second, good geographical conditions; and third, a good harmony of the people. First, China's liberalization and reform conform well with the trend of the 21st century. A favorite slogan of the government "Proceed with Time" (與時俱進) expresses the current Chinese strategy. For the last two centuries, China has never met with better time than the present one.

Next, what about geography. China has many unfavorable geographical conditions. The terrain of the country is extremely unbalanced; desert is encroaching upon the north, and the vast grassland to the west is unfit for agricultural use. The country is poorly endowed with vital resources such as water and energy. Furthermore, geo-politically China is exposed to constant threat from all four sides.

The Chinese government has been making great efforts to overcome these geographical difficulties. The building of the Three Gorges Dam and development effort of the western and north-eastern regions (西部開發, 東北工程), building of railroads and aqueducts are but a few examples. Efforts are being made to establish diplomatic ties with Latin American and African countries. The geo-political disadvantage has instilled into the mind of the leaders the importance of preparing themselves for contingencies in peaceful times (治不忘亂). With all these efforts China has earned considerable successes in international community.

Lastly, harmony of the people. *All* Chinese philosophers including Sun-tse (孫子), the ancient military strategist, advocate the supreme importance of harmony of the people. The most favorite slogan of the government of PRC is 'People are Fundamental' (以人爲本), and 'Creation of Harmonious Society' (和諧社會). The government has been paying great attention to opinions of the people; it is keenly aware of the possible unrest brought about by development. With pragmatism and experimentalism, the collective leadership in the government is leading the 1.3 billion people with 56 ethnic groups.

The Chinese culture initiated by ancient kingdoms has taken in a variety of outland cultures, assimilating them into their own, so that what we call Chinese culture today is a kind of synthetic culture, the distinct features of which are noted for its flexibility, accommodativeness, and a degree of self-confidence.

I have so far talked little about culture in a narrow sense of the term, such as fine arts, caligraphy, music, play, and literature, not because they are unrelated to economics, but because I have little expert knowledge on causal link between them and economic development. I am confident, though, that these will play extremely important role in the future. The cultural ability of the Chinese people will be utilized in one way or another for economic advantage. I am aware of the explosive interest of art collectors in the works of Chinese artists at leading exhibitions in Europe. Other fields of arts such as music, play, and literature are bound to attract interest in Western countries in the same way. According to a report by *The Financial Times,* China has overtaken Japan in R&D spending; China will eventually become a leading country in science and technology. With development in science, technology, arts, and culture in general, China in the 21st century will play a positive role in the world in promoting peace and prosperity. The cultural soil of China is very fertile, and so is the potential of China's economic development.

TOWARD A BALANCED INDUSTRIAL STRUCTURE IN KOREA: ISSUES AND POLICIES*

Ⅰ. Introduction

When Korea launched its first Five-Year Economic Development Plan in 1962, it was faced with scarce resources and a low technological level, and therefore, like many other developing countries, it acquired resources and capital from abroad. However, unlike other countries that have experienced many difficulties due to a lack of entrepreneurship, the emergence of vigorous entrepreneurship in Korea enabled it to succeed by efficient management of economic resources so that it is now one of the leading newly industrializing countries. The emergence of such strong entrepreneurship is surprising when one takes into account the fact that, until Liberation in 1945, the social atmosphere of Korea had never been hospitable to entrepreneurship. The Yi dynasty of Korea did not witness a significant growth of commerce and industry, and the Confucian values of the time frowned upon commercial activity. Furthermore, during the colonial period, the Japanese effectively prevented Koreans from engaging in industrial activities.

---

* This paper was presented at an international conference in Seoul, Korea in 1990. The author thanks Drs. Kyu-uck Lee, Woo-kyu Park, Jong-seok Kim, and Jeffrey B. Nugent at Korea Development Institute; Mr. Seung-woo Chang and Dr. Kye-sik Lee at Economic Planning Board; and Dr. Duck-soo Han at Ministry of Trade and Industry for their helpful comments and suggestions.

Considering this historical background, it is truly remarkable that Korean entrepreneurs have demonstrated such a vigorous spirit of risk-taking and such great abilities in organizing and managing modern firms of sizes exceeding those in other developing countries.

What has made the emergence of vigorous entrepreneurship possible? One important factor is the leaders of the Korean business community, some of whom are perhaps among the best entrepreneurs anywhere in the world in terms of their keen and shrewd sense of business. Another reason is that these entrepreneurs have been operating in a favorable environment, which was generated in part by a supportive government. The Korean business system, particularly for large firms, had been such that enterprises were owned by individuals but directly influenced by the government through various incentives and regulations. During the 1970s, in particular, the government rendered various types of aid to the conglomerates, known as jaebul[1] in Korea, including favorable tax treatment, bank loans at preferential rates, and favorable allocation of foreign exchange. This system made it possible for the entrepreneurs to shift risk to, or at least share risk with, the government. The entrepreneurs thus assumed much less risk when making an investment than if their investment had been made under normal circumstances, and this made the entrepreneurs less concerned about risks than otherwise.

This favorable government-business relation, however, did not apply to small- and medium-sized enterprises[2] (SMEs

---

1) These are the Korean counterpart of the Japanese pre-war "zaibatsu."

2) According to the Basic Law on SMEs of 1982, an SME is defined as an enterprise with less than 300 full-time employees in mining, manufacturing, and transportation

hereafter). If anything, these enterprises were put in a disadvantageous position because all factors of production, including high-quality human resources, low-cost financial resources, and physical capital were directed towards large conglomerates. Therefore, the large enterprises effectively preempted these factors of production from the SMEs.

Furthermore, especially in the past several years, as the large conglomerates pushed up the wage rate in their capital-intensive industries, the wage rate in labor-intensive industries also tended to increase. One may argue that the existence of a large capital-intensive sector tends to increase the supply of labor for the labor-intensive sector and thereby reduce the wage level in that sector. This is true from a static point of view, i.e. the wage level in the labor-intensive sector would be lower.

However, from a dynamic point of view, the wage increase in the capital-intensive sector will pull up the wage level in the labor-intensive sector. That is to say, there seems to be a sort of signalling mechanism in effect in the Korean economy. The SMEs receive "signals" when wage rates rise in capital-intensive industries and offer wages that are higher than would normally be expected. In much the same way, labor unions, which are primarily firm-based in Korea, eye the gains made by other unions in the same sector and make demands based on these rusults. Thus, the labor-intensive SMEs had a higher cost of production than they would have had otherwise. This means that SMEs bore much more risk in making an investment than they would have had in the absence of conglomerates. The

---

industries, less than 20 in trade and service industries. A manufacturing enterprise with less than 5 employees, however, although technically a small-sized enterprise, is usually categorized separately as a "petty" firm.

larger the conglomerates, the larger the opportunity cost is in terms of crowded-out SMEs. As a consequence, there has emerged in Korea a highly polarized dual structure with large conglomerates dominating over SMEs.

In light of today's changing domestic and international economic conditions, if this unbalanced industrial structure remains unchanged, continued rapid economic growth will be difficult to achieve and perhaps even restricted. In other words, the socio-economic authoritarian order of the past contributed to the efficiency of the conglomerates, but with new democratic values, the old order has become difficult to maintain. It is now recognized that conglomerates, with their concentration of economic power, hinder free entry of other firms into markets, thereby blocking fair trade. At the same time, the dual structure has harmed the entrepreneurship of the SMEs, and therefore, SMEs have not been able to flourish enough to balance the economy. Another issue that has developed a new urgency with the recent process of democratization involves the call for equity, which questions the deteriorating income distribution symbolized by the consolidation of economic power by the owners of the conglomerates.

In regard to these issues, three main questions may be raised. First, will the conglomerates be able to maintain efficiency while being consistent with the sense of fairness and social justice which lies significantly in the minds of the Korean people? Second, what roles can the SMEs be expected to fulfill these roles? Last, what policies should the government take in the future to achieve a balanced industrial structure? These questions will serve as the focal points of this paper.

Ⅱ. The Economic Dominance of the Conglomerates

The concentration of economic power in Korea can be divided into two aspects. One has to do with a specific industry; concentration is measured by the market share of a conglomerate or a group of conglomerates in a specific industry, e.g. a monopoly in steel. The other has to do with a measure of the extent of dominance of a conglomerate (or a group of conglomerates) in a particular sector of the economy, e.g. in manufacturing.

To begin with, let us consider how concentrated specific manufacturing industries are. The Fair Trade Commission of the Economic Planning Board defines the term "monopolistic or oligopolistic firm" as "a firm which has more than 50 percent of market share of a particular item or as one of the three or less firms which collectively have more than 75% of market share of an item in an industry whose value of total domestic supply exceeds 30 billion won." In accordance with this definition, the Commission designates the number of monopolistic and oligopolistic firms and items each year. Table 1 shows the increase in the number of market-dominated commodities and firms from 1982 to 1989. Although there is a natural tendency for the number of firms and items to increase as time passes, the number of market-dominating commodities increased a significant three fold and the number of firms two-fold in the period from 1982 to 1989.

When we look at a World Bank study on monopolies in the Korean economy using slightly different definitions, we can see that economic concentration was indeed considerably high during the period from 1970 to 1985, with approximately 80%

of commodities and over 60% of sales deemed noncompetitive, as shown in Table 2. Favorably, however, Table 2 shows that the degree of economic concentration decreased slightly between 1982 and 1985.

Table 1. Number of Market-Dominating Commodities and Firms Designated by the Government

	1982	1983	1984	1985	1986	1987	1988	1989
Commodities	43	59	71	85	100	106	122	131
Firms	87	107	136	151	181	161	177	178

Source: Economic Planning Board.

Table 2. Market Structure of Korean Manufacturing

	1970	1974	1977	1982	1985
Noncompetitive Commodities*(%)	81.5	82.8	83.7	82.1	77.7
Sales	61.1	67.9	61.2	68.6	62.2

*: Top three firms produce more than 60%.

Source: World Bank, *Korea -- Managing Industrial Transition*, Vol. II, 1987, p.30.

Table 3. Shares of the Conglomerates in Manufacturing

	shipments (%)					employment (%)				
top	1978	1980	1982	1984	1986	1978	1980	1982	1984	1986
5	15.7	16.9	22.6	22.7	21.7	9.5	9.1	8.4	9.3	9.1
30	34.1	36.0	40.7	40.3	37.7	22.2	22.4	18.6	18.1	17.2

Source: Economic Planning Board.

The economy-wide dominance of the conglomerates can be easily shown by the conglomerates' shares in categories such as total sales and employment in the manufacturing sector. Table 3 shows the realative importance and growth of Korean conglomerates during the period between 1978 and 1986.

One might note things in this table. First, in both the cases of the top 5 and top 30 conglomerates, the share of shipments of each in the national economy has increased through the early 1980s and then either levelled off or declined. Second, in the top 30 conglomerates, the share of shipments has increased although it has declined somewhat since the early 1980s. On the other hand, the share of employment has been continuously declining during this period. This implies that the conglomerate businesses have been adopting much more capital-intensive production methods than other firms. This conclusion can also be drawn for the top 5 conglomerates because even though their share of employment has remained fairly steady, the increase in shipments implies this trend toward more capital-intensive production. One last observation is that the top 5 conglomerates are overwhelmingly large and growing at a faster pace than the rest of the top 30 conglomerates.

The conglomerates, most of which were founded in the 1950s, did not attain great relative importance until the latter half of the 1960s. In the following decade, however, conglomerates underwent a period of rapid expansion, due in the part to the great leadership of the elite business groups but perhaps due more to the industrial policies of the 1970s, which emphasized both exports and heavy and chemical industries. Conglomerates could feel secure because the government was willing to share the risk involved in the heavy and chemical industries, providing relief financing and debt write-off in order to implement industrial policy. Furthermore, because of their considerable resources and financial ability, the conglomerates also expanded easily into non-priority areas. By widening the scope of business in this way, the conglomerates aimed to expand their influence and to further diversify their risk.

The fact that the Korean economy has grown rapidly with the growth of the conglomerates suggests that this particular system has its own source of efficiency. Most of the Korean conglomerates are owned and controlled by the founders (or their heirs) and their families. There are two further consequences of this clan system of management which pertain directly to the issue of efficiency.

First, absolute centralization of power is maintained inside the firms. This top-down management system has been very effective in the start-up and rapid-expansion stages of the enterprises, in which the success of business heavily depended upon the speed with which finance was arranged, investment made, good quality labor employed, and output produced.

In addition, the nepotistic management system of Korean enterprises has created intense rivalry among conglomerates. This intense rivalry has contributed to the expansion of enterprises because it is considered more important for the conglomerates to be ahead of others in terms of the market share, export volume, and the level of technology than merely to make money. In general, the efficiency of a conglomerate is improved because firms within the same conglomerate can maximally use the scarce resources available through common utilization of resources. In much the same way, information is freely exchanged within a conglomerate network, thereby reducing the uncertainty of investment.

The sources of efficiency, however, can become the sources of inefficiency as time and economic atmosphere change. As the organization of an enterprise becomes more complex and the technology utilized more sophisticated, the leaders of the conglomerate will have to take all these into consideration in making decisions, and the top-down style of management will prove increasingly too inflexible. As consumer demand diversifies, "small-scale production of many items" cannot be performed efficiently in a system in which there is only a unilateral way of top-down style instructions without feedback from the bottom.

To consider the problems of efficiency and inefficiency from the viewpoint of the economy as a whole, let us assume for the moment that a conglomerate expands into an SMEs area and, using its name and ability, ousts the SMEs operating in that area and conducts business more successfully than the SMEs did. Some might regard this style of expansion as efficient through the utilization of economies of scale. However, in the conglomerates' case, their efficiency is derived not only from economies of scale, but also from factors such as easy access to bank loans, broad public relations, and the crowding-out of potential competitors from their fields of operation. This kind of expansion incurs cost on the national economy by ousting the existing SMEs, hindering competition and innovation, and upsetting the balance and equity in the economy.

It would appear that, especially to those who value equity and social justice, economic concentration in Korea is excessive. The topic of equity raises three major issues. In Korea, the founding families of the conglomerates hold concentrated ownership of enterprises, many of which are still closed to public ownership. In addition, intercompany shareholding provides a means for the owners to indirectly increase their control of the firms. For example, according to the Fair Trade Commission, the ratio of intercompany shareholding to total capital in the top 30 conglomerates was 48.5% in 1985. By combining the shares owned both directly by the founding family and indirectly through intercompany shareholding, over 60% of total capital is presumed to be under the control of a few top shareholders. Furthermore, a poorly enforced inheritance tax and insufficient anti-monopoly measures have only contributed to this consolidation of control in the hands of a few.

Not only has there not been enough concern about equity in the Korean economy, the spirit of social justice has sometimes not been upheld. In the past, the government helped conglomerates in order to develop certain industries by granting favors and incentives such as permitting exclusive rights, guaranteeing financial transactions, etc. In yet another practice that infringed upon social justice, conglomerates took advantage of greater opportunities to speculate in real estate, a practice which is especially lucrative in Korea due to the limited amount of land and to price uncertainty that occasionally arose during the course of economic development. These problems concerning the issues of equity and social justice have gained nationwide attention with the recent process of democratization. In the early stages of economic growth so much energy was focussed on escaping the bonds of absolute poverty that there were relatively few complaints about inequality in income distribution. However, as incomes have increased, people have come to perceive and resent the relative inequality in income distribution.

Ⅲ. Weakness of Small- and Medium-Sized Enterprises

For the industrial structure of a country to be sound, the large enterprises and the SMEs should be in balance in their relative importance, and proper division-of-labor between them should be established. They are essentially complementary to each other. An economy in which the large enterprises are weak and the SMEs strong is good mainly at small-scale production of many items, and an economy in which the large enterprises are strong and the SMEs weak is good mainly at large-scale production of a few items. Therefore, for an economy to be good at both types of production, the industrial organization should be such that there is a fair balance between the large enterprises at the top and the SMEs at the bottom.

Countries with a long history have good reasons for the SMEs to be relatively strong in that they would normally have evolved from rural manufacturing industries and urban handicraft industries catering to the traditional agricultural economy. Such SMEs would have both traditional elements, such as warm human relationships and a managing style centered on human concerns, and modern elements, such as new technology and an institutionalized management style at the same time.

There are some inefficient and pre-modern aspects in the traditional elements of the SMEs. Such aspects as a traditional value system and rule-of-thumb methods of management would work against efficiency and hinder the firms from being modernized. On the other hand, warm human relationships would make employees work together co-operatively, thereby resulting in a flexible management style. SMEs can also seek innovation by the nature of their flexibility and specialize more efficiently than large enterprises. In addition, SMEs can be much more efficient in making parts and components, although this function has so far been fairly weak in Korea. Given these characteristics, the SMEs cannot be portrayed as generally inefficient.

From the viewpoint of the economy as a whole, SMEs employ a considerable portion of labor supply as they are relatively more labor-intensive, especially as large enterprises become increasingly capital-intensive. SMEs can also meet diversifying consumer demand for more specialized merchandise and service through the use of their flexibility. Another way in which SMEs can be considered vital is the role it can play in promoting balanced regional development, especially in Korea, where large enterprises are concentrated in big cities. In addition, SMEs can help in alleviating tensions with major trading partners by diversifying export products. Currently, exports have become prime targets for protectionist measures. In addition, with the recent deterioration in international price competitiveness, SMEs can use their ability to adapt quickly to changing international demand.

Not only are the SMEs economically efficient, they are very important from a social point of view. They form the basis of social stability by instilling a sense of participation and cooperation among the members of the society and making the social atmosphere harmonious by relieving the society of the sense of alienation that is frequently observed in industrial societies. The SMEs can also function as the training fields for good managers and technicians.

Prior to the 1960s, Korean SMEs were engaged mainly in the processing of agricultural, forestry, and fishery products and traditional handicraft industries to meet the demands of the agricultural society. Examples of the processing industries were breweries, rice-milling, lumbering, Korean-paper, roof-tile, and earthenware, and some examples of the handicraft industries were textile and coal briquets. The number of the SMEs with 5 to 200 employees significantly increased from 1960 to 1970. (See Table 4) During this period, the import-substituting and export industries expanded greatly with the inflow of foreign capital, and firms in these industries were generally large. In 1960, there were 141 firms that were larger than SMEs, and that figure increased by 5.5 times to 779 in 1970. Since these firms held large shares of the employment and value-added amounts, the SMEs' shares declined substantially in spite of the increase in the number of enterprises. The share of SMEs in the number of employees declined precipitously from 78% in 1960 to 48% in 1970, and the share in value-added amount also declined from 66% to 28%.

Table 4. Share of the SMEs in Manufacturing Industries

	1960[a]	1970[a]	1980[b]	1987[b]
No. of SMEs	15,063	25,037	31,466	54,988
% of SMEs in total firms	99.1	97.0	96.6	97.6
% of employees	78.1	48.2	49.6	56.8
% of value-added	66.3	28.0	35.1	39.1

Notes: a. SME defined as a firm with 5 - 200 employees.
b. SME defined as a firm with 5 - 300 employees.
Source: Economic Planning Board.

As is well known, the 1970s marked the period in which large enterprises grew very quickly as the government emphasized growth of the heavy and chemical industries. By calculating from Table 4, SMEs are shown to have increased at a much slower annual rate in the 1970s than in the 1960s and 1980s. The annual rate of increase was 5.2% in the 1960s, slowed down to 2.3% in the 1970s, and surged to 8.3% in the

1980s. From 1970, the SMEs' shares in both the number of employees and value-added have increased, but when the relationship between employees and value-added is examined, it can be seen that SMEs have experienced relatively weak labor productivity improvement within the entire manufacturing sector.

Furthermore, the SMEs of Korea are relatively weak compared with those of Taiwan and Japan even though the countries have similar historical and economic backgrounds (See Table 5). In particular, Japan greatly exceeds Korea in terms of the SMEs' shares in both number of employees and value-added. Although per capita GNP has reached the top level in the world, the Japanese SMEs still show considerable strength.

Table 5. Comparison of SMEs' Shares in Manufacturing

	Korea (1987)	Japan (1986)	Taiwan (1984)
No. of SMEs in total (%)	97.6	99.1	98.8
Employment (%)	56.8	72.2	66.5
Value-added(%)	39.1	52.0	47.9

Source: Ministry of Trade and Industry.

The SMEs of Taiwan and Japan have played particularly important roles in the economic modernization of traditional society and have good reasons to be strong, at least relatively strong. The reasons for the relative unimportance of Korean SMEs are as follows. In the case of Korea, its agricultural economy had become too impoverished to allow the minimum of capital accumulation needed for the development of commerce and industry. During the colonial period, Japan's policies aimed at preventing Korean enterprises from being established. Even after Liberation in 1945, economic structure remained basically the same as before and so did the conditions for the SMEs. Furthermore, in the 1970s, as both exports and the heavy and chemical industries were placed at the center of economic policy, development of the SMEs lagged seriously behind.

Ⅳ. Review of Past Industrial Policies

Since the first half of the 1970s, the government has adopted a series of policy measures aimed at a balanced industrial structure. One of the earliest of such measures is the Presidential Emergency Decree of May 1974. This measure restricted the supply of credits and loans from the banks to enterprises (particularly to the conglomerates) and induced the enterprises to obtain funds for investment through the sale of owners' stocks. Thus, the Decree aimed at modernizing the structure of ownership of the closely held, family-run corporations and at development of the capital market. The major enterprises belonging to a conglomerate were induced to decrease its debt-equity ratio by going public, increasing the paid-in capital, selling subsidiaries, issuing corporate bonds, and merging or restructuring. To make these measures effective, the government terminated low-interest financing for any enterprises neglecting to carry out these instructions. In 1974, the government adopted the Prime Bank System to tighten bank loans so as to check the expansion of the conglomerates.

In 1975, the government enacted the Price Stabilization and Fair Trade Act to "maintain price stability and establish fair and free competitive order." The law enabled the government to designate maximum prices of important goods, including those of public utilities and monopoly products, and prohibited unfair trade practices and unjust restraints of competition. As it turned out, what the government was primarily interested in was the former objective, it was not meant to serve the latter objective.

In December 1980, the government enacted the "Monopoly Regulation and Fair Trade Act" which stipulated prohibition of business collusion. In December 1986, this law was amended to ban interlocking of directorates, establishment of holding companies, and practices of reciprocal investment by a group of firms in the stocks of other firms. The purpose of this law was to restrain monopoly or oligopoly and foster competition. Moreover, it aimed to prohibit excessive economic concentration and the abuse of market-dominating power. The Fair Trade Commission was created to deliberate upon and resolve matters of importance regarding this law.

In spite of the elaborate provisions, the law has not been very effective in restraining monopoly or checking the growth of the economic power of conglomerates. There are, for example, many provisions in the law that allow business combinations and restraints of competition if they are deemed necessary to rationally restructure the industry concerned or to strengthen international competitiveness. Also, the Fair Trade Commission remains not sufficiently structured to function as an overseer.

Most importantly, the weakness of government policies in stemming the consolidation of economic power by the conglomerates is due to the basic thrust of government policies since the 1970s, which has been to maximize the growth rates of exports and GNP through sponsoring the giant conglomerates.

This is incompatible with the principles which state that the government should prohibit concentration of wealth, fulfill social justice, and foster equity.

In the past, the government alienated the SMEs by pursuing policies that concentrated on conglomerates in order to promote economic growth. In the 1960s, the main concern of the Korean industrial policy lay in promoting exports, and government policy on the SMEs was carried out primarily as a means to increase exports. The share of the SMEs in total exports in the beginning of the 1970s was about 40%. Considering that the share of the SMEs in the total value-added was 28% in 1970, we can see that until the beginning of the 1970s the SMEs of Korea had specialized more in exports than large enterprises.

Since 1973, when the heavy and chemical industries began to be vigorously promoted, the SMEs' role in producing the parts and components to be used by large enterprises began to be recognized. Thus the word "kyeyul"[3] began to be used, and a law to promote the alignment of enterprises was enacted in 1975.

Government policies on the SMEs after the adoption of the alignment policy in the 1970s can be categorized into two principal directions. One was to increase the financing for the SMEs, and the other was to determine and designate the fields of business suitable for the SMEs. The former policy was implemented by the administrative guidelines that instructed the banks to increase the share of bank loans to the SMEs. This policy brought forth an increase of bank loans for the SMEs, but there still remain considerable difficulties due to the lack of securities on the part of the SMEs and to the complex

---

3) "Keiretsu" in Japanese, meaning "aligning" SMEs with large enterprises.

administrative procedure. The contents of the latter policy of securing specific markets for the SMEs were as follows: (1) to designate specific fields of industries for the SMEs and deter the entry of the large enterprises into these fields, (2) to designate specific portions of the production process of certain products exclusively to the SMEs, and (3) to protect the SMEs from being unfairly damaged by the large enterprises in subcontracting.

With the help of these policies, the number of the SMEs has greatly increased since the latter half of the 1970s, as was shown in Table 4. However, the policy of alignment has not been fully successful. The large enterprises tend to oppose it, asserting that the policy causes inefficiency; the SMEs tend to prefer producing finished goods to producing parts and components for large enterprises.

Since the early 1980s, the correction of imbalances in the industrial structure has become the focus of economic policy. In 1982, the SMEs Promotion Act was enacted in order to establish the SMEs Promotion Fund and to build the Industrial Complex for SMEs Promotion. The purposes of this law were to expedite modernization of the SMEs, to encourage joint effort among the SMEs, and to furnish managing and technical skills for the SMEs. In 1986, the Act for Supporting the Foundation of the SMEs was enacted for the purpose of helping entrepreneurs start new SMEs with tax incentives and financial support. In 1986, the Industrial Development Act signified the change in the direction of the policies from supporting specific industries to encouraging the "rationalization" of the entire industrial structure.

However, the conversion of the focus of economic policy

since the 1980s has only been somewhat effective, and in the short term, it may be difficult to expect completely satisfactory results. This is because the concentration of economic power of the conglomerates is very high and the rate of growth of the conglomerates is expected to continue to outpace the rest of the national economy. In particular, because conglomerates will make capital-intensive investments, real wage rates will rise, and if the exports of these conglomerates' commodities increase, the value of the Korean won will appreciate. This will cause a reduction in the exports of SMEs, especially in the exports of labor-intensive SMEs, and the wage rates in the SMEs will rise, thereby causing difficulties in management. All this will result in an increasing imbalance between the conglomerates and the SMEs.

Ⅴ. Policy Directions for a Balanced Industrial Structure

What must now be done in order to remedy the imbalance in the industrial structure in Korea? This very issue may decide the future evolutionary course of Korean capitalism. Political democracy and economic democracy have always had an interdependent relationship, and in the past two years, Korea has been experiencing firsthand the dual process of political and economic democratization. Therefore, the issue of establishing a balanced industrial structure in Korea should be approached and understood from the viewpoint of the state as a whole.

Under the free market system, some concentration of economic power is expected, and there exists no built-in function to automatically reduce or eliminate this concentration. In Korea, government efforts to lessen the concentration brought about by market mechanisms have been weak, and instead, unequal opportunities have been provided among firms. What is needed to solve this problem would be consistent government policies, enlightened public opinion, and voluntary efforts on the part of the conglomerates to modernize their own system. The owners of the conglomerates of Korea should not consider their enterprises as completely private properties. Instead they should exercise a *noblesse oblige* commensurate with their wealth and power.

Democratically oriented government policy should induce the conglomerates to become compatible with industrial democracy in the following three aspects: (1) how to deal with the dominant position of the conglomerates, (2) how to prevent excessive expansion and to encourage concentration within specialized areas, and (3) how to reduce concentrated ownership by a few individuals.

First, in regard to the dominant position of the conglomerates, the Monopoly Regulation and Fair Trade Act was amended in 1986 to restrain the growth of conglomerates. However, the Act's effectiveness must be strengthened by concrete operational provisions and regulatory penalties. In addition to these improvements, the Fair Trade Commission's organizational scale must be increased and its position strengthened. In the past, the competitive function of the free market mechanism was limited, in part, due to the government's interventionist methods such as giving exclusive rights permission to certain enterprises and providing support for a few select firms. Legislation and administration curbing these types of government intervention while strengthening the government function of solving market failures must be developed. To introduce this kind of system and, at the same time, to rectify the current concentration of loans to the conglomerates, there is a plan to reduce, within the next 2-3 years, the amount of loans available to the top 30 conglomerates to a certain percentage of their value-added in the national economy.

Second, the conglomerates should, if possible, be induced to voluntarily specialize in a few fields of main businesses and to withdraw from other miscellaneous fields. The main line of business should be determined, of course, by each conglomerate itself. It is desirable to gradually decrease the number of the firms belonging to the conglomerates. This will offer SMEs opportunities to concentrate on their specialized fields. In order to facilitate this process, the government will prohibit intercompany shareholding by March 1990. In addition, the government will provide tax incentives and financial support for the conglomerates who turn over control of their firms in the SMEs-only designated fields.

Third, the concentration of ownership in the hands of a few individuals and families impairs equity in income distribution, and therefore, policies to reduce this concentration are needed. First of all, economically-sound firms must be induced to go public, and by March 1992, a strictly-enforced ceiling on the total amount of assets that can be owned by the top shareholders will be set at 40%. The possession of non-operational real estate will be discouraged by increasing taxes on such property so that ownership will be reduced. Furthermore, the inheritance tax will be strengthened, and the family-oriented management system will be improved in order to further correct the imbalance between the conglomerates and the SMEs.

In regard to SMEs, it is important to first realize that SMEs comprise the core of the national economy. SMEs, as the foundation of the national economy, provide economic stability as well as the flexibility needed to quickly meet changes in demand and circumstances. In order to promote the start-up of more SMEs, the government will facilitate the procurement of land for SMEs and simplify the administrative process. In addition, an SMEs Restructuring Fund of one trillion won will be established by 1992 to help support the birth of new SMEs.

The government will also expand support to improve technology needed for quick adaptation to changes in demand and for development of high value-added products. At the present, investment for technology improvement is significantly below desired levels. For example, in 1987, SMEs' technological investment amounted to only 0.22%, which is insignificant in comparison to the total manufacturing sector's average investment level of 1.93%. Therefore, the above-mentioned Restructuring Fund will also give priority to technology development, and other support such as tax incentives and a technology information network will be established.

One of the reasons why the SMEs in Korea have not been able to grow is that men of ability, including competent technicians and managers, do not join the SMEs due to low prospective incomes and uncertainties about job security in comparison with the large enterprises. Therefore, support policies for the SMEs should include measures to secure and develop human resources as well as capital financing and physical equipment. Plans have already been made to expand the vocational high school educational curriculum to include six months of compulsory on-the-job training in connection with SMEs. Furthermore, in order to train high-quality human resources for the SMEs, a Production Technology Institute will be established in 1989. In addition, universities and research institutes will be encouraged to expand training opportunities for managers in order to modernize management systems.

Ⅵ. Concluding Remarks

Large enterprises with abundant technology and capital are desirable because Korea must compete with developed countries in the international market. However, the conglomerates of Korea expanded, not by specializing in a certain field, but by simply increasing the number of enterprises within the conglomerates and by using their economic power to intrude into the SMEs fields. Therefore, rationalization of the family-oriented management system has not been realized, and by causing inequity due to the concentration of ownership, the conglomerates have had unfavorable influences on the national economy.

The Korean economy has experienced rapid growth during the past few decades, but many socio-political problems have yet to be addressed. As such, the means of efficiency that prevailed in 4the past will no longer function as well. In order to solve these problems, since the beginning of the 1980s, the government has been making efforts to reduce the conglomerates' concentration of economic power on the one hand and to promote the growth of SMEs on the other to create a balanced industrial structure. Clearly, the government will have to strengthen these policies in the future.

However, the imbalance between the conglomerates and the SMEs is not a problem that the government can solve through its short-term efforts alone but one that must be solved through the comprehensive, long-term efforts of both the government and businesses. In particular, it must be remembered that the conglomerate's position in the national economy is so important that any restrictions on them will have an impact on the entire economy and also that the owners of the conglomerates may not fully cooperate. Therefore, the government's firm will to solve this problem is vital. At the same time, the owners' understanding of the social duty of firms and an enlightened sense of *noblesse oblige* are also required.

With strengthened efforts to reduce concentrated economic power and its adverse consequences and with the development of the SMEs into the foundation of the national economy, a healthier balance in industrial structure can be achieved, thereby reducing inefficiency and inequity in the Korean economy. By indeed correcting the imbalance within the industrial structure, Korea can hope to successfully traverse the next stage of its evolutionary course.

The Democratic Tradition in Asia*-A Korean Perspective

I hope I do not have to remind you that I feel most honored to be here to deliver the Sir Hermann Black Lecture at the University of Sydney. 1 would like, first of all, to express my sincere thanks to Research Institute for Asia and Pacific for inviting me to be here before you. The topic that I have at hand is both weighty and complicated, the title being "Asia's Democratic Traditions viewed from a Korean Perspective". Since Asia is a vast area, lacking in homogeneity in just about all respects, few generalized conclusion on this topic would be appropriate. 1 therefore would like to confine my observations to Northeast Asian countries, namely, Korea, Japan, and China.

It is commonly held that the 21st century will be the century of Asia. This observation is based upon experiences of rapid economic growth of Asian nations(Japan, South Korea, Taiwan, and China) for the last several decades. Some maintain that China will become an economic superpower by, say, 2020, surpassing even the United States. Certainly the pace of industrialization of Asian countries during the post-W.W.Ⅱ period is unprecedented in the history of industrial development. Little wonder that the rest of the world should extrapolate their past records into the future, and come up with the conclusion

---

* This paper was presented at a Sir Hermann Black Lecture at the University of Sydney, Sydney, Australia on November 27, 1995.

that the 21st century will be the century of Asia.

Extrapolation of the past growth record, nevertheless, may be a poor basis for predicting the future. Recently, the Asian countries have begun to show signs of strain in economic, political, and administrative matters. Their political outlook is beset with uncertainty, which, unless dispelled reasonably quickly, might breed a spell of crises. The root of the political crises lies in their political structure and behavior, which will persist for some time.

What, then, is the nature of their political, and to a lesser extent, economic, problems? In a nutshell, it is that the pattern of modernization pursued by more or less authoritarian political and administrative regimes of these countries is failing to adjust itself to the change in domestic economic and political needs and to the change in international environment. The East Asian countries have more or less succeeded in their initial modernization effort, guided by strong central governments. As is well known, their economic success has been phenomenal. But, economic growth does not always bring forth commensurate political and social development. Economic success, more often than not, carries with it the seed of destruction of the very political and social bases upon which industrialization proceeds. First, the economic growth increases the number of the people - namely, the middle class - who can pursue their lives independent of the government. This weakens the grip of the government on the people. Furthermore, the post-Cold War globalization process ensuing the rapid diffusion of information and knowledge is undermining the efficiency of the control of the states. It is becoming increasingly difficult for the central governments to exercise sovereignty in international, economic and social policies. The closer tie among regions, cities and local governments of different countries is eroding the authority of the central control.

Thus, both internal and external development processes involving East Asian countries point at more decentralization, which normally strengthen democratic elements. The question is: can they, within a reasonably short time, successfully accomodate more decentralization and more democracy? The answers would be a qualified yes, with possible exception of China. But before they achieve more democracy, they need to undergo a substantial change with respect to their political behavior and international outlook.

Let us first of all ascertain whether or not the East Asian tradition is completely alien to democratic ideals. The East Asian tradition is based importantly upon Confucian thought, which is generally regarded in the Western world as a rigid and authoritarian social philosophy, imposing obedience and hard discipline on the people. It is, according to this view, in its very nature, undemocratic or antidemocratic. But, this perception, 1 am afraid, is wrong. True, it has been used since the Han Dynasty onward, by authoritarian rulers as their ideological basis. But, this is not the fault of Confucianism; rather it only shows its many-sidedness. Confucianism, like Christian ideals, has been used not only by despots but also by democrats and even by communists. Sun Wen, the father of the 1911 Chinese revolution, adapted it to enunciate his Three People's Principles. It is supremely adaptable to business management; it was extensively and successfully made use of by Eiichi Shibusawa, the most eminent business elite of Meiji Japan. Confucianism places emphasis on the ability of human beings to improve their moral as well as intellectual qualities through education and self-purification effort. To achieve moral perfection is the most important aim of the elite of society. It is, as far as its original version is concerned, enlightened and humanitarian, and as liberal as any other social philosophy or religion. Its basic tenet can go along very well with democratic ideals.

The ideal, or ultimate aim of the Confucian thought lies in enlightened government of the universe. Only persons attained to certain moral standard can put a household in proper order, govern a country, and ultimately bring peace and harmony to the universe. Thus, the Confucian thought is as much a political, as an ethical, thought. This aspect of the Confucian tradition has produced, in China, Korea, and to a lesser extent, Japan, many outstanding humanitarian scholar-statesmen and scholar-generals.

The Confucian system, nevertheless, has never produced a democratic *system*. The idea that checks and balances in the exercise of powers are prerequisites for an enlightened government is indeed there in the core of the thought. But, what is important is not whether a democratic ideal is present or absent, but whether the ideal is made implementable through institutionalization. Unfortunately, the fine liberal ideal of Confucius and Mencius has failed to bring about democratic institutions. This is perhaps the basic difference between Confucianism and Western democracy.

What causes the basic difference? I think it has to do with the difference in the perception of human nature. According to Confucian thought, man can improve; one can become a sage through education and moral endeavor, and therefore, a ruler of a country to whom powers may be concentrated has to be educated and achieve a high moral standard so as to set examples to the ruled. A country can be best ruled by such enlightened ruler, who can exercise self-control and restraint in using his power. The Western thought is different in this respect. It can be surmised by Lord Acton's famous adage: "all powers corrupt; an absolute power corrupts absolutely." Therefore, unless power is checked by countervailing power and is balanced by countervailing weight, there is no way to prevent a despot from emerging. In sum, Confucian thought presupposes that human nature is essentially good and man can be made infallible, while Western thought presupposes that man cannot be made infallible.

At any rate, without being translated into institutions, the Confucian ideals became all-but moribund toward the middle of the 19th century, when East Asia began to be exposed to the modernized Western powers. It was the period of history when Korea and China, especially, were corrupt and weak. They became easy prey to Japan which succeeded in mordernizing itself and turned into an imperial power.

As stated earlier, the Asian countries have since succeeded in industrialization, but their institutions of democracy are still imperfect. Can they now be transformed to institutionalize their political system so as to adjust themselves to the global trend of democratization? Korea, Japan, and China are so different from one another that no general answer to the above question would be satisfactory. At the risk of oversimplification, however, I would like to venture a few observations.

First, Japan. Japan launched its modernization program since the Meiji Restoration of 1868, with "Rich Country with Strong Military Force" as its guiding principle. The single-minded pursuit of modernization program brought Japan an outstanding success. But, modernization brought forth militarization, not democratization. Towards the turn of the century, Japan became one of the first-rate military powers of the world. It stunned the world by winning the wars with China and Russia in 1895 and 1905 respectively, and colonizing Korea in 1910. The successful military operations in the Asian continent brought euphoria to Japan: Japan was unable to contain the unruly military. The political leadership was too weak and its vision too unimaginative. The country was eventually brought under military control, and was led finally to an all-out war with China and eventually to the Pacific War. The modernization effort of Japan since Meiji Restoration thus culminated in the destruction of the country.

The post-war Japan put economic growth as the primary aim of reconstruction effort. Bureaucrats, industrialists and political elites were now united to form a so-called Japan, Inc. to build up the Japanese economic power and catch up with the West. The system, which was so successful in making Japan the first-rate military power during the pre-W.W.Ⅱ days was now brought back to life to make Japan the first-rate economic power.

The economic success did not bring Japan an "open" democracy. The Japanese politics during the catching-up period was monopolized by the ruling Liberal Democratic Party. The one party rule made the Japanese politics gradually degenerate in its effectiveness, efficiency and moral cleanliness. But the cold war and the spectacular performance of the Japanese economy served as a shield for the increasingly ineffective politics. Now, the cold war has ended, the bubble economy has burst, the national objective of catching up with the West is gone, and the Japanese politics has lapsed into the era of multi-party system, the era of uncertainty. The Japanese people have shown the great ability to unify their energy when tangible and clear-cut national objective is given, but they have not had the experience of successfully operating a multi-party system when the national objective is lost sight of. It is expected that some kind of harmony will emerge as borne out by the political development since the Hosokawa era. But the harmony can easily be the product of what the Nobel prize winner novelist Kensaburo Ohe termed as the Japanese "ambiguity", rather than the product of an "open up" democracy.

The Japanese "ambiguity" is manifest in its relation with its neighbors. The odious historical experience of Japanese occupation of Korea and China - to a lesser extent, to other countries in East Asia - is still haunting these countries. Since the end of the War, the Japanese government occasionally pronounced its "regret" over the wrongdoings, but cabinet ministers one after another have been making contrary remarks at regular intervals, as if to remind one that the "apology" was not intended. This is a reminder that Japan is still a prisoner of the distorted view of Asia which is their own making, and is a sign that it will be a long time before the country can be ready to fully "open" to the rest of the world. Fairness is the soul of democracy, and the lack of candor, clarity, and fairness on this problem is a reminder that a true democracy may still be a far cry for Japan.

Secondly, Korea. Democracy in Korea has had a checkered career, as is manifested by the lives of the six former Presidents. Three were forced to resign, one was assassinated, and two who served out to complete their terms are leading less than fully enjoyable lives. The democratic tradition has not yet been fully established in politics and in social life. Last June, Korea held local elections and ushered in an era of local self-government. It was easily the most significant event in the history of the republic. Before the local election, all powers were vested to the President, who appointed all important posts of local administrative bodies, and effectively controlled and appointed the leaders of important non-governmental organizations. The laws, regulations, and administrative practices established during the authoritarian days are still mostly intact, circumscribing the authority and autonomy of the local governments.

Whether or not the local self-government and democracy can take root depends importantly upon the current central government and national assembly. As stated earlier, the laws and regulations governing local governments are rooted in authoritarian tradition, and if they are not overhauled, the local government system will eventually be stifled.

Currently the country is rocked with financial scandal involving a former President. Korea is being debilitated by corruption, unreason, and greed emanating from the elite groups. It is hoped that this unfortunate event will be an opportunity for the political parties to undergo a thorough process of self-purification. The current political debacle is likely to leave a lasting imprint on the political life of the nation. The country, like Japan, has entered into the era of multi-parties with great uncertainty for the future. Korea has chosen democracy as the guiding principle of the country. Whether or not democracy can succeed depends importantly upon elite groups. The mass of the Korean people, 1 believe, are good; they are hard-working and are ready to play their own parts for democracy. In order for their effort to materialize, their effort. has to be matched by that of the elite groups in various walks of life - business, politicians, religious groups, financial groups, academia, etc. The most important groups of people, who can provide leadership in leading the country to democracy are those whose duty is to stick to the principles of democracy in these turbulent days. In term of occupation, four groups seem most important. They are: scholars, lawyers, journalists, bankers and financial managers. When these groups live up to the principles of freedom, fairness, and justice in performing their duties, the country will eventually succeed in establishing democratic tradition. The Korean people deserve better contributions from these four elite groups than they have hitherto had.

Lastly, China. China is still engaged in the struggle for survival. All ancient civilizations in the world have been obliterated from the globe, except that of China. For many observers the biggest problem for China is economic problem; for others, it is political problem. But in my observation, the root of the problem lies in what one may call Chinese identity, or Chinese civilization - the problem is whether or not a most ancient civilization that is China can long endure the aftereffects of modernization. The country has belatedly joined the smaller neighbors in pursuing modernization policy along more or less capitalist lines under a non-democratic political regime. If experiences of other countries can be of any guide, China will probably succeed in its modernization effort - after all, there is no reason to believe otherwise - but only at the cost of undermining the political and social bases of the central regime which initiated the modernization process.

It is doubtful that China will or can choose democracy as its political system any time soon. The primary concern of China has been, and will continue to be, the unity of the country. To keep the national unity for a country of 1.2 billion people in the globalization age will be admittedly very difficult, but I believe that the aspiration of the people as well as that of the regime lies in national unity rather than democracy à la Western pattern. At this stage of economic and social development, China does need central direction from the Beijing government, if only to attain certain level of material well-being. It is an irony that China needs a communist party to transform its economy along the line of capitalist system. When the political system disintegrates, economic development will be impossible, as shown by the Russian experience.

When and if the Chinese people choose more democracy, its form and operation would be different from those of a Western country. It would be a democracy adapted to the Chinese tradition. It will be exceedingly difficult for such a vast country as China to adapt itself to any system with which they are not quite familiar, no matter how good it is supposed to be. Before the people are led to adapt themselves to an unfamiliar system, the system will be led to adapt itself to the people. Eventually, of course, China may change, but so may Western democracy. China will continue to encounter great challenge from the West, notably from the United States. The two great nations lack the degree of mutual understanding needed to maintain cooperative international atmosphere in the Western Pacific, although the pragmatism and self-interest of these two countries will serve to preserve peace in the area.

As I have argued above, East Asia has entered to an era of confusion and uncertainty. As shown by recent experiences of Korea and Japan, the success of industrialization effort under a monolithic political system tends to bring forth moral decay and political disintegration. The Asian countries are not noted for their ability to maintain fair and open social system, laws, and regulations. They have yet to find their own ways to overcome the confusion and uncertainty. A new paradigm in politics and public administration would be needed to help dispel them. Eventually, 1 expect, they will find better ways, but it might be some time before the confusion can be completely cleared up.

編輯後記

우리의 스승이신 趙淳선생께서는 지금 八旬을 넘긴 고령에도 불구하고 왕성한 著述活動을 하면서 선생의 심오한 學問과 思想을 세상에 펼치고 계신다. 이 선생의 學問과 思想體系가 後學들에게 널리 그리고 後代에 오래 동안 傳授되도록 하기 위해 선생의 未出刊 論文들을 정리 · 편집하여 이와 같이 선생의 文集을 刊行하였다. 우리 編輯委員들은 이 文集이 선생의 學問과 思想世界가 讀者들에게 잘 전달되도록 노력하였으나 제대로 편집되었는지 염려스러움을 禁치 못한다. 여기서 한 가지 밝혀두고자 하는 바는, 선생께서 같은 時期에 서로 다른 媒體나 場所 등에서 발표하신 글들 중에는 그 內容이 重複되는 것이 없을 수 없으나, 이를 무릅쓰고 모든 글을 싣는 것을 원칙으로 하였다. 이 점 讀者들의 諒解를 바란다.

앞으로 선생께서 米壽紀念文集을 다시 출간하게 된다면 지금의 경험을 살려서 더 좋은 文集이 되도록 편집하기를 다짐해 본다.

이 文集을 발간하는 데 재정적으로 후원해 주신 여러 寄附者들에게 진심으로 감사드린다. 또한 이 文集을 간행하는 데 本人을 도와 편집작업에 수고해주신 서울大學校의 朴鍾安 教授, 釜山大學校의 金基承 教授와 또 어려운 출판작업을 도와주신 比峰出版社의 朴琪鳳 社長께도 深心한 謝意를 표하고자 한다. 아울러 이 文集이 刊行

되는데 있어 모든 財政業務를 맡아주신 崇文高等學校의 徐遵鎬 校長과 이 文集의 配布業務를 담당해주신 KOSA商社의 金相男 代表에게도 감사를 드린다. 마지막으로 이 문집 원고 전부를 打字하고 또 誤打를 수정해 준 朴恩鎭氏에게도 진정으로 감사드린다.

끝으로 趙淳선생의 萬壽無疆과 後學들에 대한 끊임없는 指導鞭撻을 기원하면서, 삼가 이 文集을 趙淳선생께 奉呈하고자 한다.

2010年 5月

趙淳先生八旬紀念文集刊行委員會 委員長

韓國外國語大學校 敎授 金勝鎭

저자약력

趙 淳
號 少泉 若泉 奉天學人

1928년 2월 1일
江原道 江陵市 邱井面 鶴山里 출생

학력
경기고 졸업
서울대 상대 전문부(3년) 졸업(1949)
미국 보오든 대학(Bowdoin College) 졸업(1960)
미국 캘리포니아 주립대학(Berkeley) 대학원 졸업, 경제학 박사(1967)

약력
육군 중위, 대위(1951~1957)
육군사관학교 교수부 교관(1952~1957)
미국 뉴 햄프셔 주립대학교 조교수(1964~1965)
서울대학교 상과대학 교수(1968~1975)
서울대학교 사회과학대학 교수(1975~1988), 초대학장(1975~1979)
한국국제경제학회 초대회장(1979~1981)
부총리겸 경제기획원 장관(1988~1990)
한국은행 총재(1992~1993)
이화여자대학교 석좌교수(1994~1995)
서울특별시 초대 민선 시장(1995~1997)
민주당 총재(1997)
한나라당 초대 총재, 명예 총재(1997~1998)
제15대 국회의원, 강릉 을구(1998~2000)
민주국민당 대표최고위원(1998~1999)
민족문화추진회 회장(2002~2007)
한국학중앙연구원 이사장(2005~2008)
자랑스런 서울대인 선정(2008)

현재

대한민국학술원 회원(1981~현재)

서울대학교 명예교수(2002~현재)

명지대학교 명예교수(2002~현재)

저서

『경제학원론』, 법문사, 1974.

『한국경제의 현실과 진로』, 비봉출판사, 1981.

『J.M. 케인즈』, 유풍출판사, 1982.

『貨幣金融論』, 비봉출판사, 1985.

『續 · 한국경제의 현실과 진로』, 비봉출판사, 1986.

『아담 스미스 연구』(공저), 민음사, 1989.

『존 스튜어트 밀 연구』(공저), 민음사, 1992.

The Dynamics of Korean Economic Development, Institute for International Economics, Washington D.C., USA, 1994.

『趙淳 經濟論評』, 이가책, 1994.

『열린사회, 휴머니스트가 만든다』, 비봉출판사, 1995.

『韓國經濟改造論』(尹健秀, 柳在元 譯), 다산출판사, 1996.

『韓國的 經濟發展』, 中國發展出版社, 中國 北京, 1997.

『창조와 파괴』, 법문사, 1999.

번역서

『J.M. 케인즈』의 『고용, 이자 및 화폐의 일반이론』, 비봉출판사, 초판, 1985.

『J.M. 케인즈』의 『고용, 이자 및 화폐의 일반이론』, 비봉출판사, 개역판, 2007.

寄附者 名單

家族一同 李成熙 朴琪鳳 淸泉會 權五春 崔泰源 金東洙
金相男 朴佑奎 徐遵鎬 鄭雲燦 趙明載 左承喜 洪龍潔 姜光夏
姜鎬珍 郭承濚 金大中 金勝鎭 金英埴 金仲秀 盧俊燦 孟廷柱
閔相基 朴世逸 朴鍾安 서울商大經濟學科25回同期會 尹榮燮
李啓植 李榮善 李廷雨 李鍾輝 李泰鎔 李孝秀 張丞玗 姜文秀
金大敬 金東秀 金秉鉉 金永燮 朴元巖 宋寅騎 俞正鎬 李景台
李根植 李榮九 李元暎 李之舜 秋俊錫 洪起浩 朴興基 申方浩
李相憲 丁道聲 玄定澤 文宇植 白雄基 尹奉漢 李永檜 安孝承
鄭一溶 李翰裕

조순 문집 (2002~2010)

이 時代의 希望과 現實(Ⅲ)

– 人本主義로 未來를 열자 –

초판인쇄 | 2010년 5월 5일
초판발행 | 2010년 5월 10일

지은이 | 조 순
펴낸이 | 박기봉
펴낸곳 | 비봉출판사
주 소 | 서울 금천구 가산동 550-1. IT캐슬 2동 808호
전 화 | (02)2082-7444~8
팩 스 | (02)2082-7449
E-mail | bbongbooks@hanmail.net / beebooks@hitel.net
등록번호 | 317-2007-57 (1980년 5월 23일)
ISBN | 978-89-376-0373-0 04300
978-89-376-0370-9 04300 (전5권)

값 25,000원